ルソーと人間の倫理

自由・平等・友愛に向かって

Jean-Jacques Rousseau and Human Ethics

: Liberty, Equality and Fraternity

仲島陽一 著

北樹出版

まえがき

人間が消えつつある。

日本では人口減少に転じつつあるという話ではない。人々から、人間らしさといったものが失われつつあるということである。近代とともに、人間本性の疎外といった言葉で、それは思想家たちに語られてはきた。現代において、それは加速化し、深刻化している。チャップリンは映画『モダン・タイムズ』において、労働現場で現代人が自分の道具の道具、歯車の一つになっている状況を描いた。いまや人々は消費や娯楽の場においても、スマホを通じて無意識の深さから操作される「欲望機械」となっている。ビックデータを独占した企業はこうした間接的手法だけでなく、(「心に」でなく「脳に」)直接快楽を与える「物質」や「体験」を提供してこれらの「機械」を管理するであろう。番号を付けられ一望監視されるのは近代では「塀の中」だけだったが、いまは塀の外でも製造番号よろしく十二桁の番号で一元管理される。管理「している」側のつもりの企業CEOや高級官僚も、刷り込まれた「負け組になる恐怖」からそう動かされている。

実態がそうである以上、思想もそうである。近代は「神の死」が宣せられたが、現代思想は「人間の死」「人間の終わり」「歴史の終わり」が合言葉である。ちょうどルソーの同時代に『人間機械論』という著作が現れたが、いままたあらたな人間機械論と自由意志否定論が、挑発的というより深刻な論点となっている。社会思想においても、理性的で道徳的な一般意志による共同体の形成でなく、あるいは市場主義と自己責任論による新たなアナーキズムか、あるいはプレイヤー全体としての「快」を「最大化」する「解」を導出する社会工学かが、肩で風を切っている。

本書の「人間の倫理」とは、こうした状況や思想に対抗するヒューマニズムの倫理のことである。ルソーは近代社会の「人間疎外」をはじめに理論的に解明し、その克服の道を示した思想家である。それは歴史上重要であったのはもとより、今日にも大きな意義を持つ出来事であったと私は考える。本書はこのような観点からとりくまれたもので、ルソーを「テクスト」の一つとした単に主観的な遊び（戯れ）でも、単に客観的な「理解」や「読解」でもないつもりである。

ルソー特有の用語法として、「人間」と訳せる〈homme〉を〈citoyen〉（公民、市民）と対比するものがあるが、本書の表題はふつうに、ヒューマニズムの倫理のことである。ヒューマニズムの政治面での表れが民主主義とも言えよう（そして民主主義もまた今日、実態面でも思想面でも危機に見舞われている）。本書の第一部は、ヒューマニズムと民主主義との一体性を特に考慮する観点から、ルソーの『エミール』を検討したものである。第二部は、倫理を中心としたルソーの思想を、いろいろな領域から、また他の諸思想との関係から、考察したものである。

前著『ルソーの理論――悪の原因と克服――』（北樹出版、二〇一一）では、ルソーの理論を全体的に体系的に整理して検討した。本書では、ルソーの理論と思想が、いくつかの特定の観点から考察されている。一種の姉妹編をなすものであり、関心ある方は合わせて参考にしていただければ幸いである。

目次

——第一部　ルソーの『エミール』と民主的人間の形成——

第二部　ルソーの思想

凡例および略号

○引用文中の原語は引用書に従い、必ずしも現在の正書法によらない。
○引用文中の〔…〕は引用者による中略、〔　〕内は引用者による補足または注記である。強調は断らない限り引用者による。
○慣例に従い、故人（であることを筆者が知っている者）と外国人には敬称を略した。
○注では現在のアカデミズムの通例に従い、著作名は「　」で示し、書名のみ『　』にしたが、本文中では、著作、劇作、楽曲とも、それがタイトルであることが一般読者にもわかりやすいようにすべて『　』で示した。
○現在「権利」と表記されている語は、引用文中を除き「権理」とした。この翻訳語の意味としてより適切と考えるためであり、明治期にはこの表記もあった。
○貴族を示す姓の前の de は原則として訳さなかった。ただし「ダランベール」「ドルバック」のようにエリジョンによりdeつきの日本語表記がふつうのものは慣例に従った。
○第一部の諸章では、『エミール』の引用・参照頁は本文中に記した。
○以下に挙げるルソーの著作は略称を用いる。その注における頁数をここに示した訳書（ただし訳文は必ずしも従わない）と、O.c. 当該巻を合わせて記した。

「学芸論」：『学問芸術論』岩波文庫、一九六八：O.c.t.Ⅲ
「不平等論」：『人間不平等起原論』岩波文庫、一九七二：O.c.t.Ⅲ
「言語論」：『言語起源論』岩波文庫、二〇一六：O.c.t.Ⅴ
「政体論」：『政治経済論』岩波文庫、一九五一：O.c.t.Ⅲ

「摂理論」：「ヴォルテール氏への手紙」『全集』第五巻、一九七九：O.c.t.Ⅳ
「演劇論」：『演劇について——ダランベールへの手紙——』岩波文庫、一九七九：O.c.t.V
「ジュリ」：『新エロイーズ』岩波文庫、全四冊、一九六〇—一九六一：O.c.t.Ⅱ
「契約論」：『社会契約論』岩波文庫、一九五四：O.c.t.Ⅲ
「エミール」：『エミール』岩波文庫、全三冊、一九六二—一九六四：O.c.t.Ⅳ
「告白」：『告白録』新潮文庫、全三冊、一九五八：O.c.t.Ⅰ
「対話」：「ルソー、ジャン＝ジャックを裁く——対話」『全集』第三巻、一九七九：O.c.t.Ⅰ
「夢想」：『孤独な散歩者の夢想』岩波文庫、一九六〇：O.c.t.Ⅰ

○他略号

「全集」：『ルソー全集』全十四巻、白水社、一九七九
「研究」：桑原武夫編『ルソー研究（第二版）』岩波書店、一九六八
「論集」：桑原武夫編『ルソー論集』岩波書店、一九七〇
「百科全書」：*Encyclopédie ou dictionnaire raisonné des sciences*（compact edition, Readex Microprint, New York, 1969）
O.c.：*Jean-Jacques Rousseau, Œuvres complètes*, sous la direction de Bernard Gagnebin et Marcel Raymond, Gallimard, t.Ⅰ, 1959; t.Ⅱ, 1964; t.Ⅲ, 1964; t.Ⅳ, 1969; t.V, 1995
C.c.：*Corréspondances complètes*, éd.critique établie et annotée par R.A.Leigh, Genève
AR.：*Annales de la Société Jean-Jacques Rousseau*, Genève
『ルソーの理論』：拙著『ルソーの理論』北樹出版、二〇一一

第一部

ルソーの『エミール』と民主的人間の形成

ルソーの『エミール』は教育論の古典としてあまりに有名である。しかしそれがどのような「教育論」なのかと問われて、すぐに、簡単に、そして自信をもって答えられる者はほとんどいないであろう。その理由の一つは、『エミール』は「教育について」と副題があるが、通常の教育論をかなり超える分野を扱う思想書だからである。ルソー自身、これは実際的な教育法の本でなく、性善説を論証する哲学的な著作であるとしている。またやはり有名な彼の著作『社会契約論』（以下『契約論』と略）と合わせて一冊になるものだとも述べている。ということは『エミール』をしっかり理解するには、ルソーの哲学や宗教思想、政治論や社会思想も理解しなければならないことになるが、これはそれ自体でまたたいへんなことである。それをこの「第一部」で行うことはできないが、しかしまたそれらを十分把握しなければ『エミール』がさっぱりわからないというわけではない。むしろ難しいことを考えなくても（本の半分までは）しろうとでもけっこうおもしろく読めてしまう著作である。だがそれゆえかえって異なるイメージやときには誤解も生まれやすい。いずれにしてもさしあたり言えることは、『エミール』はルソーの理論全体――その中心は彼の言い方では相互補完的なものとしての「倫理学と政治学」――を背景にしているということである。その際、『契約論』においては「あるがままの人間」を所与としてあり得べき社会体制を構想し、『エミール』においては、現存の社会秩序を所与としてあり得べき人間の形成が論じられている。そして両者が「相互補完的」であるということは、あるべき社会の実現にはその担い手が必要であり、またあるべき教育の実行にはそれを支える社会が必要で、どちらかが単独で完成されることはないということである。これを『エミール』の側からみると、二つの面でとらえられる。一つは、現存社会は悪いものであるから、教育に対するその影響を排除するということである。これは現実には不可能なことであるから、そのように想定された場合の教育原理を仮想的に述べていくということになる。これはたいていの解説書で、『エミール』は現実社会で実行すべき教育法の書ではないと正しく注意されている。もう一つは、しかしその原理で形成された人間が、あるべき社会の担い手とみなされるということである。このことはあまり注意されないが、ルソー自身が明示的にそう述べていないからではある（ただしあるべき社会の原理自体は第五篇で明示されている）。しかしそれは実質的に十分読みとれると私は考えるので、本書第一部において考察されるのはこの面である。あくまでも『エミール』の一面であり、表に出ている面ではないとも言えよう。しかしルソーの理論全体の中で『エミール』を理解するうえでは重要な一面である。

この面に留意して『エミール』を読み取るのは、単にルソーを理解するのに重要というだけでなく、現代の日本に生きている私達にとって意義があると考える。かつて大塚久雄は「近代化の人間的基礎」を問題にした。「近代化」は、経済や政治の制度だけでなく、その担い手となる人間の「近代化」を必要とするという問題意識を、（M・ヴェーバーの「エートス」論を理論的に援用し、またおそらく戦後日本を生きる実感から）展開したものである。本書第一部の私の問題意識は、形式上かなり重なるものである。内容上も一部は重なるが、重要な違いもある。私が問題にしたいのはいわば「民主化の人間的基礎」である。近代化と民主化とは同義ではない。ここで本書における「民主主義」とか「民主的」の定義を要求され得るが、私は敢えて提示しないままにする。歴史的に多義的であり、今日標準的と思われる語義とルソー自身の用語法とのずれもあるからである。ルソーがある「べき」と考えている社会や人間を、一語で表すのに最も近いものを、（彼自身の用語法とは異なるが）私は「民主的」と呼びたい。この意味で『エミール』の中に「民主化の人間的基礎」の思想と理論を読み取ることは可能であり、かつ有益であると考えるのである。それが「私達の標準的な」または「私個人の考える」民主主義の観念と異なる場合もむろんあり、その理由や是非についての考察も含んでいる。読者がまた自らの観念と異なるものについてそれぞれ考察することも、また有益なことと考える。

第一章　第一篇：幼年期

一　個人教育と公民教育

ルソーの主著『エミール』の第一篇に即して、民主的人間の形成という問題がどのように扱われているかを検討することが、本章の課題である。

『エミール』の副題は「教育について」であるが、ルソーにおいて「教育」とは何か。それは、人が生まれたときに欠けているもので、おとなになって必要となるものを与える働きである（p.247：上二四頁）[1]。

まずルソーは、三種類の教育を区別する。①「私達の能力と器官の内的発達」である「自然の教育」。②「私達を触発する事物についての私達自身の経験の獲得物」である「事物の教育」。③「人が教えるこの〔①の〕発達の用い方」（p.247：上二四頁）。——このうち②は中間的なものであり、この「事物」が自然的なものであるほど①に、社会的なものであるほど③に近付く。それゆえこの分類における本質的なものは、「自然の（自然からくる）教育」と「人々の（人々からくる）教育」との区別である。私達は前者を自然成長的教育、後者を目的意識的教育と呼ぶこともできよう。

これらの教育の関係について、ルソーは次のように考えている。これらの教育のうち、「自然の教育」は私達の力ではどうにもならない。ところでよい教育には、これらの教育の一致が必要である。それゆえ「自然の教育」に他の教育を合わせなければならない（p.247：上二五頁）。――このルソーの見解を、どう考えるべきであろうか。今日の科学的知見からすれば、「能力と器官の内的発達」は、外からの（人為的・社会的な）働きかけによって媒介され得るものであり、少なくともある程度までは「私達の力」で左右できる。けれどもそれが人為的に「どうにでもなる」とまでするのは根拠の薄い極論であり、少なくともどうにもならない部分があることは認めるべきであろう。それにしてもその「内的発達」に人為的教育を合わせるのが「よい教育」であると言い得るためには、「自然の教育」そのものに価値が認められることが前提である。もし「内的発達」が悪いものであるならば、たとえ人間に矛盾をもたらす結果になっても、それと闘い、内的発達を抑えるほうがよいかもしれないからである。それゆえ、「自然の教育」中心論の妥当性は、人間の能力と器官の内的発達の価値の、すなわち性善説の証明[2]によってはじめて示されることになる。しかしこのことを裏から言えば、「自然の教育」中心に育てられた人間に価値を与えることができるならば、性善説に有力な一根拠が与えられたことになる。[3]

ところでルソーはここから、「自然の教育」と「人々の教育」との概念規定をずらしていく。「自然の教育」とは、人間を「その人間のために」育てることであり、「人間」または「自然的人間」を形成することである。「人々の教育」とは、人間を「他の人間のために」育てることであり、「公民」（citoyen）または「社会的人間」を形成することである。「自然的人間」とは、他の諸個人から独立した存在としての個人である。「公民」とは、「その価値が社会という全体との関連において決まり」、本人のほうでも自分を独立した個体とは考えず、共通の統一体の一部と考え、何事も全体においてしか感じない人間である（p.249：上二九頁）。私達はこのような意味での「自然の教育」を個人教育、「人々の教育」を公民教育と呼ぶことにしよう。そしてこれは「自然成長的教育」および「目的意識的教育」と同一のものではない。この二組の概念が、ルソーにおいては連続的に移行してしまうことの意味と評価は、ここでは触れない。以下ではこの個人教育と公民教育の関係について、さらに考察を進めたい。

ルソーは、その目的によって区別される二つの教育、個人教育と公民教育とから、異なる二つの教育形態、すなわち「個別的な家庭教育」と「一般的な公共教育」とが生じるとする（p.250：上二九頁）。この二つの教育の価値についてはどう考えるか。個人教育が個人にとって価値あることは明らかである。また公民教育が、公民的社会――それは独立した諸個人の寄せ集めでなく、有機的な統一体として「祖国」と呼ばれるもの――にとって価値あることは明らかである。では個人教育は「祖国」にとっては――あるいはまた「他の人間」にとっては――どのような価値を持つのか。他方公民教育は個人――「その人間」――にとってはどのような価値を持つのか。したがって「個人」は「祖国」にとって、「祖国」は「個人」にとってどのような価値を持つのか。これこそが『エミール』第一篇の冒頭において含意されている問題にほかならない。

この二つの価値の、したがってまた教育形態の関係について、ルソーは四つの場合を提示する。第一は、この両者が併存し、分裂と葛藤がある場合である。これに対しルソーは明白に否定的である。そのとき人は、「自然と人間とによって相反する道にひきずられ、その相異なる衝動に引き裂かれ、〔…〕自分にとっても他人にとっても何の役にも立たなかった人間として人生を終える」(p.251：上三〇頁)。第二は、個人教育だけを選ぶ場合、第三は、公民教育だけを選ぶ場合である。この二つに対するルソーの評価は、『エミール』第一篇からははっきりと確定できない。しかし第三の場合について、『エミール』ではそれを選ばない理由については、はっきりと述べられている。すなわち既に「祖国」がないので「公民」も実在せず、したがってまた「公共教育」もないから、というのがそれである(p.250：上二九頁)(明らかにこれは公共教育の価値を否定したものではない)。そしてルソーは、「後に残るのは家庭教育あるいは自然の教育であ」ると続ける。そこでしばしば、『エミール』は個人教育または家庭教育の書であると印象づけられることになる。しかしこれは性急な、かつ危険の多い判断である。なぜなら、第一に考えるべきことは、ルソーが第四の場合を考えていることである。それは「人間」と「公民」の総合の場合である。「人間をつくるか公民をつくるか、どちらかに決めなければならない」のは、(現状がそうであるように)両者が「対立している場合」であって(p.248：上二六頁)、この対立は乗り越えることができるものであり、また乗り越えるべきものである。この総合こそ、ルソーが最も高く評価するものである。矛盾のない人間、「それは人間か、公民か、あるいは人間であるとともに公民であろうとしてどのようにふるまうかを知」る必要がある(p.250：上二八―二九頁)。自然の教育と人々の教育の「二重の目的が一つに結び付けられるなら、人間の矛盾を除くことによって、その幸福への大きな障害を除くことになる」(p.251：上三〇頁)。父親は「人類には人間を、社会には社会的人間を、国家には公民を返さなければならない。その三重の債務を果たす能力がありながら果たさない人間はみな罪人であり、半分しか果たさない場合はおそらくいっそう重大な罪人である」(p.262：上四六頁)[4]。――ルソーが理想とするのは、個人教育と公民教育の総合である。確かに現状の下では、公共教育は不可能である(それを可能にする条件は、「祖国」の形成であり、それを主題にしたのが『社会契約論』にほかならない)。そこで、第二に考えるべきこととして、さしあたり残るものとされる家庭教育も、公民教育との総合をたえず背後で顧慮されなければならないものとなる。「残るものは自然の教育であるが、〔その教育の目的から〕もっぱら自分のために教育された人は、他の人にとって〔すなわち公民教育の観点からは〕どういうものになるか」(p.251：上三〇頁)と問われるゆえんである。『エミール』はこれに対する答えに向けて、前進を可能にする書物であると、ルソーは位置づけている[5]。

そこで第一篇を主に検討する本章では、次の課題が立てられることになる。①自然成長的教育[6]が公民形成に対立しないと考えられるのは、どのような意味においてであるか。したがってまたルソーは、人間の「自然」または「自然的状態」を、公民形成という課題からみてどのようなものと考えているのか。②公民形成のほうとしては、それが「自然的人間」、したがってまた人間の自然と対立しないと考えられるのは、ルソーにおける「公民」または公民的秩序がどのようなものであることによってなのか。③『エミール』第一篇で行われる家庭教育は、自然的発達という意味での「自然の教育」にはとどまらない。自然的発達の保障を第一の課題としまた目的とする、人間形成のための目的意識的活動、と規定できよう。このように考えられたものとしての家庭（個人）教育は、公民形成という面からみればどのような意味を（少なくとも潜在的に）持っているか。以上の三つの観点から、次に『エミール』第一篇の内容のいくつかを考察したい。

二　全面発達論

『エミール』では、さしあたり自然的人間の形成がめざされる。ところで「自然的秩序においては人々はみな平等であるから、彼らの共通の天職は人間という身分である」（p.251：上三一頁）。この平等には、政治的身分も固定的職業もないことが意味されている。そこで少年エミールは、特定の職業のためでなく、人間がなり得るあらゆるものに、必要に応じてなれるような教育を受けることになる（p.252：上三一頁）。これは全面発達をめざす教育であると言える。(7)

プラトンは、人間にはもって生まれた職業的・身分的適性があり、それが職業的・身分的社会秩序の根拠であると考えた。(8) しかしアダム・スミスは、むしろ現実社会の分業体制こそが、人々の特性を一面化・固定化しているのだと考えた。(9) ここでのルソーの考え方は、スミスの側にある。(10) 人間の「本性」は、あらゆる職業労働を容れる可塑性を持つとルソーは考える。自然的状態に身分的・政治的秩序は含まれないこと、それゆえ後者は本性にではなく人為に由来すること、これは啓蒙思想の共通の理解であった。しかしルソーはそれにとどまらず、支配関係を含む社会的秩序の土台が、分業（労働の分割）にあることを洞察した（cf. p.456：上三二七頁）。有機的な社会体である「祖国」の構成員、すなわち公民は、全体が見通せない部分品であってはならず、全体の利害を理解して「一般意志」を内在化できなければならない(11)。さもなければ、たとえどんなすぐれた職業人であれ、他人の道具になってしまう。それゆえ公民形成のためには、全面的に発達した個人が必要である。

ルソーの考える「祖国」は、諸個人の能力を一面化、固定化するものでなく、その全面的発達を前提し、また保障する社会秩序である。

エミールが受ける家庭教育は、彼がどのような地位につくことも許容し、準備するものであることによって、すぐれて公民教育である。第一篇ではそれは積極的にはほとんど具体化されていないが、第二篇における肉体的活動と精神的活動との総合の試み、第三篇における職業教育と科学教育との総合の試み、等々へと導いていくものである。

三　体の自由について

人間は裸で生まれてくる。国王のこどもも、奴隷のこどももかわりはない。そして生まれてきたこどもは、手足をばたつかせ、後にははいまわり、次には歩き回る。これは自然的発達にほかならない。少年エミールにはこの発達が保障される。

しかし当時のフランスでは、乳児は身動きできないくらいの産着でくるまれていた。これは、こどもに対する無知と無関心、乳母がおかれていた劣悪な環境に由来する。これに対するルソーの抗議は、今日では異議なく受け入れられよう。

しかし、「こどもの体や手足を完全に自由にする」というルソーの方針は、健康という個人教育の面とともに、公民教育の面からも考えられていることが、注意されなければならない。

こどもの身体的自由に反対する意見には、こどもはとかく破壊や暴力を好むから、これを抑えなければならない、という徳育的観点からのものがある。こどもの破壊行為や暴力行為は明白な事実である。これは性善説に対する反証ではあるまいか。

これに対してルソーは答える。事柄の善悪を決めるのは、行為の物理的性格ではなくその理解と意図である。こどもは未開人と同様に、理性が未発達なので非道徳的な（反道徳的ではない）だけである。生命力に満ちたこどもは事物を変化させようとするが、作る作業よりも壊す作業のほうがてっとり早いので、後者に向かうのである（p.289：上八二頁）。

しかしそれにしても、こうした破壊行為は客観的には有害なものだから、禁止されるべきではあるまいか。――いや、そうすべきではない。幼児はその非道徳的な力で破壊行為に向かうとしても、その力はきわめて小さなものであるから、本来はさほど有害なものではない（p.289：上八二頁）。せいぜいその破壊力が彼自身を大きく傷つけないように、あまり高いところにのぼらせたり危険なものをまわりにおいたりしないように配慮すればよい。

そうした配慮は、しかしこどもに命令したり禁止したりすることで代用できる、と反論があろう。このやり方は、間接的な配慮に比べて、その実効性がやや疑わしいかわり、（おとなには）より簡便である、という利点がある。しかしそれでも、やむを得ないとき以外はこどもに命令すべきではない、というのがルソーの方針である。「こどもが、ただ事物にだけ抵抗をみいだし、けっして人々の意志に抵抗をみいださない」（p.287：上七九頁）ことには、健康のため以外に公民教育上の意味があるからである。なぜならこどもに命令（禁止）することによって、支配（と服従）の観念を彼に与えるべきではないからである。こどもにおける破壊や暴力は、けっして「支配欲」からくるものではなく、善悪以前の「自然の衝動」から来るものであった。したがってそれは「事物の抵抗」による自然的制裁によってだけ抑えられるべきであり、これを禁止することは、彼がもともとは持っていなかった支配の観念を、かえって注入することになる。

以上の考察から、ルソーの「祖国」についてさしあたり想定されることは次の二点である。第一に、諸個人の「自由」を基盤とすること。この「自由」は、確かに直接には「自然的自由」とは区別される「公民的自由」であるが、後者は前者を土台としている。[12] 第二に、それは支配関係を含まないこと。こどもが人間（親や教師といえども）に支配されず「事物の抵抗」だけに服するように、公民は人間（役人や国家元首といえども）に支配されず、ただ「法」だけに服する（p.311：上一一五頁）のである。

四　支配欲の源

こどもの能力は弱い。この弱さが、彼の非道徳的行為が大きな禍いをもたらすことを妨げているが、同時に彼を他の人間に依存させることになる。幼児は泣いて助けを求める。ここに社会秩序を形づくる鎖の最初の輪がつくられる（p.286：上七八頁）。したがってここに既に公民教育が始まる。

こどもの最初の泣き声は願いであるが、やがて命令になる場合がある。依存の意識に続いて、権力と支配の観念が生まれる。こどもの破壊や乱暴は、「自然的な支配欲」の存在を示すものではない（前節）としても、おとなとのこのような関係から、支配欲が生まれてくるのは必然的ではないのであろうか。――ルソーはこれに反論する。この観念はこどもの必要からよりも私達の接し方から生じるのであって、「その直接の原因は自然の中にあるのではない」（p.287：上八〇頁）。

幼児は未だ身体的な欲求しか知らないから、身体的に苦しいときしか泣かない。そこで（少年エミールのように）体の自由を与えられたこどもはめったに泣かない。それでも、こどもが助けを必要として泣いている場合にはすぐ助けなければならない。助けられなければ――あるいはちょっと転んだだけのように――助ける必要がないときには、落ち着いているのがよい。そのような際の助けは不必要なだけでなく、どうすれば機嫌をとってもらえるかを覚えたこどもは「主となり」、自分の意のままに他人を使うようになる（p.290–291：上八四頁）。

現状の子育ては、しばしばそれと逆になっている。こどもが泣くと、単にこどもを宥めようとしてあやしたり、黙らせようとしてぶったりする。こどもは命令するか、命令されるかである。「だからこどもが最初に持つ観念は支配と服従の観念」になるのであり、そうしたこどもは「同時に奴隷で暴君」にならざるを得ない。これは私達の誤りの産物である。ところが私達は、このように早くから悪い情念をこどもに植え付けながら、「それを本性のせいにする」のである（p.261：上八二頁）。支配欲はこどもの無力からではなく、それを補うためにまわりの人を自分の道具のように考えさせる習慣を、私達が付けさせるところから生じるのである（p.289：上八二頁）。ここからもまた、人間の「本性」が支配関係を内在させているものではないことが示される。

幼児が泣いたときにどうするか。これは丈夫な子、分別のしっかりした子、忍耐心のある子をどうやって育てるか、という個人教育の観点からだけでなく、公民教育にもかかわる問題である。援助を必要とするとき、依頼するのはよい。しかし彼は、命令されてはならないと同様、命令してもならない。彼は「主《あるじ》」でも「僕《しもべ》」でもなく、他の人間と平等な人間にならなければならないからである。

以上からルソーの「祖国」が、平等な人間関係に基づく、主も僕もない社会秩序であることが示されよう。

それにしても、ルソーが幼児教育にさえ、どんなに注意深く公民教育的考察を行っているかに、私達は驚くべきである。たとえば彼は、幼児が遠くの対象に黙って手を伸ばすときは、距離をよく把握していないのであるから、対象のほうへ彼をゆっくり連れていくことを指示する。また泣き叫びながら手を伸ばすときには、そのものにこちらにくるように、あるいはそれを持って来るように命令しているのだから、「ものは彼の言うことが聞こえないのだからものに命令しないように〔呪術の拒否！〕、またこどもは人々の主ではないのだから人々に命令しないように」無視せよと言う（p.288：上八〇頁）。同様にこどもが話をするようになったとき、彼がわけのわからないことを言い始めたら、無理にわかろうとして気をもむ必要はないと言う。いつでも人にわかってもらおうとするのは、こどもがふるうべきでない「一種の権力」だからである（p.297：上九三頁）。無論こうした細部を無批判に受け入れる必要はない。しかし、幼児教育におけるこれらの細かな公民教育的観点には、おおいに注目する必要があろう。

五　貧乏人の教育

ここでは本筋から少し離れるが、「民主的人間の形成」という主題からはふれておいてよい箇所を取り上げよう。

「貧乏人は教育を必要としない」というのが問題の一句である。ルソーの民衆蔑視、または貴族主義的側面の表れとする解釈（および批判）が従来あるからである。(13)

まずルソーの言うことを聞こう。貧乏人の「身分の〔彼がその身分から受ける〕教育は強制的なものである。彼は他の教育を持ち得まい」。他方金持ちについては、「彼がその身分から受ける教育は、彼自身にも社会にも最も不適切である」と考える。ところで「自然的教育は、人間をあらゆる人間の条件に適するものにする」。そして「貧乏人は自分自身で人間〔おとな〕[14]になることができる」が、金持ちを私達が教育すれば、「少なくとも人間〔おとな〕をさらにひとりつくりあげた」ことになる（p.267：上五三頁）。また名門の人間を教育すれば「同じ理由で、一人の犠牲者が偏見から救われる」ことになる(ibid.)。

ここではまず第一に、貧乏人や平民が蔑視されているどころか、金持ちや貴族に対する痛烈な批判があることがみてとられなければならない。彼らは「偏見の犠牲」であり、自分自身で人間（おとな）になることができないのである。

第二に、ここはルソーの全面発達論、そして労働の発達的意義という観点からとらえられるべきである[15]。労働によって人間は独立した存在（命令しもされもしない者）になることができ、また公民としての義務を果たし（p.470：上三四八頁）、また社会的偏見から自由になる。ルソーは第三篇において、貴族の息子エミールに職業を学ばせることによって、無以下の価値しか持たぬ貴族から、「彼を人間という身分に高めたい」（p.1440：上三四九頁）と言う。それゆえ、貧乏人は労働によって自分自身で人間（おとな）になる。おとなたる資格はその自立性にある。私達はおとなになるべくつくられたが、他人なしですまなくなるとこどもの状態に投げ込まれる。「金持ちも貴族も王侯もみなこどもである。彼等は〔…〕人々がいろいろと世話をやいてくれるのですっかり得意になるが、彼等が本当のおとなら、そんな世話をやかれはしない」（p.310–311：上一一四頁）。貧乏人より金持ちのほうがより「こども」である以上、彼等のほうにより「教育」の必要があると言っても驚くにはあたるまい[16]。なお、ルソーは既に『不平等論』において、労働がどのようにして人間の精神的発達をもたらしたかを、種の次元において具体的に展開していた。『エミール』ではこれを個体の次元においてたどっていく（当の個体にとっては即自的に、ただし für uns すなわち教師にとっては自覚的に）。ルソーでは反復説的な発想が比喩的な形ながら（すなわち自覚的学問的には未展開ながら）、一つの「導きの糸」になっていることも、注意されてよい(17)。

労働は公民の義務でありまたその尊厳をなす（p.470：上三四九頁）ものである。ルソーの「祖国」は働く民衆から構成される。金持ちを批判しつつ、ルソーは、「人類は本質において民衆の集合から成り立っていること、国王や哲学者がみんなそこから除外されてもほとんど何の変わりもないこと」（p.510：中三七頁）を言う。特権階級をなくす社会革命の可能性を予測しつつ（p.468：上三四六頁）、ルソー自身はそのような方法は望まなかったようでもある(18)。しかし少なくとも教育によって同じ結果に達することは、ルソーは望ましく思ったのではあるまいか(19)。

六　民主的人間の形成

第一節の終わりで提起した三つの問題のうち、ここでは②から答えていくことにしよう。――ルソーのめざす「祖国」とはどのようなものであるのか。第一にそれは諸個人の自由に基づき、それを保障する社会である。第二にそれは、諸個人の平等に基づき、支配と隷従のない社会である。第三にそれは、諸個人の全面発達に基づき、諸個人は社会のあらゆる職務と義務とを遂行でき、したがって全体的見地に立って「一般意志」を内在化できるとともに、一面的になることからくる他者の道具化を回避できる。それゆえまた個人的（自然的）自由だけでなく社会的（精神的）自由が存在することになる。第四にこの「祖国」は、労働する民衆の集合からなるものである。

以上のことから私達は、次の二点を主張できよう。ⓐ『エミール』の公民教育が志向する「祖国」は、民主的社会である。しかもそれは、身分制だけでなくあらゆる支配関係を否定する側面などに表れているように、きわめて徹底した民主的社会であると言えよう。ⓑ『エミール』で志向されている社会は、『社会契約論』で提起されている「共同体」と共通性を持ち、少なくともそれと対立するものではない。

次に①をまとめてみよう。人間の「自然的発達」は公民形成――さきにみた「祖国」の担い手となる民主的人間の形成――にとってどういう意味を持つのか。第一に、人間は自由なものとして生まれる。人間から自由を奪うものは、赤子を極度に拘束する産着に始まる社会的制度に過ぎない。人間の自然的発達は、自由な人間としての民主的人間を可能にする。第二に、人間は平等なものとして生まれる。「人間は生まれながらに国王でも、貴族でも、宮廷人でも、財産家でもあるわけでない。みんなまる裸の貧しい人間として生まれてくる」（p.504：中二八頁）。権力や身分が社会的制度であるだけではない。それらへの欲望そのものが社会的産物なのであり、それは、おとながこどもに命令したりされたりすることに始まり、現実社会の中の情念をこどもに注入、再生産しているからそうなるのである。それらを含まぬ人間の自然的発達は、民主的人間の平等な人間関係を可能にする。第三に人間の本性は、社会的分業のどの特殊な一つにも、人間を運命づけてはいない。分業制度にとらわれない人間の社会的発達は、全面発達した人間としての民主的人間を可能にする。第四に労働に関して言えば、ルソーがこれを人間の自然そのもののなかに位置づける姿勢は、前三者ほどは明瞭でない。少なくとも労働意欲に関しては、ルソーはこれを社会的産物と考えている。未開人はむしろ休息を欲しており、のらくら者である(cf. p.480：上三六四頁、et al.)。しかし同時に、「人間にとって自然な状態は、土地を耕し、その収穫物によって生活すること[20]」と言われ、人間発達における労働の（肯定的）意義へのルソーの注目については、さきにも述べた。そもそもルソーにおける人間の「自然」（本性）の概念については、ⓐ種としての不変的本質（Wesen）として静態的にみられた側面、ⓑ疎外された状態に対する本来的な状態を示す定在（Dasein）としての側面、ⓒ力動的にみられた発展（Entwicklung）としての側面がある。ルソーが「自然の歩み」「自然的進歩」などとしばしば語るのはこのⓒのためであり、労働の場合に問題になるのは特にこの側面である。

最後に③の、目的意識的活動（すなわち人為または技術）としての公民教育についてまとめてみよう。第一に、おとなはこどもの自由を尊重しなければならない。それが客観的な悪をもたらすときには、間接的にそれを妨げる手だてをうつべきであって、直接に彼の意志に抵抗すべきではない。こどもに命令せず、彼の能力を自由に発達させることは、民主的人間の形成にとって有害ではなく、むしろ必要なことである。第二に、おとなはこどもの気まぐれに服従してはならない。こどもは命令してはならず、自分が事物や人々の主ではないことを認識させなければならない。第一の点と合わせて、平等な人間関係のうちで育てることが、民主的人間形成のために必要である。第三に、それゆえ金持ちや権力者のこどもであっても、彼は「人生のあらゆる事件にさらされ」「人生における善悪に最もよく耐え」（p.252：上三二頁）られなければならず、労働を含めてあらゆる人間的経験と境遇を知り、その能力を全面的に発達させた人間にならなければならない。それが、まずは具体的な他者の内面を理解し（第四篇）、ひいては共同体一般の立場に立てる（第五篇）――認識論的に言えば、自他の互換性を通じて普遍性に至る――、民主的人間形成の基礎となる。

結論を繰り返そう。『エミール』は、個人教育の書であるとともに公民教育の書でもある。そしてそれは、『契約論』と（外から）の総合を想定されているという意味においてだけでなく、それ自体が公民教育的見地から書かれてもおり、しかもそれは第一篇から既にそうなのである。そしてその公民教育を内容的に規定すると、民主的人間の形成と言うことができる(21)。

七　いわゆる公共教育論との関係

目的からみて公民教育と呼び得るものが、具体的形態としては「公共教育」として現れるとルソーは考えていた。この節では言わば補足的に、『政体論』と『ポーランド統治論』にみられるルソーの公共教育論と、『エミール』における（家庭教育という形態において行われる）公民教育との関係について、考えてみたい。

『政体論』や『ポーランド統治論』における公共教育の眼目は、祖国愛、そしてそれと結び付いた法への尊敬であるように思われる。こうした教育内容は、『エミール』における教育と矛盾するものではない。ただし前二者では、こうした教育が「生まれ落ちると同時に」「母の乳を口に含むときから早くも」[22]行われる点が、『エミール』の方針とは整合しない。少年エミールには「祖国」がないのだから、この差異は形式的には当然である。しかしもしあるとしたら、『エミール』の教育原理は、「祖国」のための早期からの教育を許すであろうか。「祖国」というような抽象観念を、こどもは正確に理解できるであろうか。「所有」や「権理」をこどもに理解させることの難しさをよく認識していたのは、ルソー自身ではなかろうか（第二篇）[23]。実際たとえば『ポーランド統治論』においても、「生まれ落ちると同時に」始まる公共教育は、具体的には展開されていない[24]。早期からの、また「彼は祖国しか見ない」というような排他的な「祖国愛」の教育に対しては、ルソー自身に反論させることもできる。「身近な者に対して感じる愛は、国家に対して持たなければならない愛の根源ではないのか。小さな祖国、それは家族であるが、これを通して人の心は大きな祖国に結び付けられるのではないか。よい息子、よい夫、よい父親がよい公民をつくるのではないか」（p.700：下一六一一七）。以上からみて、祖国のための教育が初期に行われなければならない必然性はなく、公民教育は、少なくともその初期においては家庭教育という形態においても可能である、と言い得よう。

だが以上の考察を通して、もう一つの重大な問題が気付かれる。すなわちルソーにおける「公共教育」が国家教育を指す、ということである。家庭教育か国家教育か、このどちらかであって中間はない。ここには、当時のコレージュ（中等学校）が「笑うべき施設」（p.250：上二九頁）でしかなかったという歴史的事情だけが原因でなく、ルソーにおける「媒介」的思考の弱さということが挙げられよう。[25] 国家教育がなくても、そして公民でない「個人」の形成のためにも、集団的教育はあり得るし、望むべきものである。[26] とりわけ、「民主的人間の形成」の視角からみた『エミール』の最大の弱点が、集団教育という観点の欠如にあることは、疑うことはできない。しかしまた非国家的な形での公民教育ということを考えると、一見個人教育の書でしかない『エミール』に、かえって、『政体論』や『ポーランド統治論』にみられぬ公民教育の理論、民主的人間の形成という課題が説かれている。既に論じ尽くされた感のある『エミール』も、固定観念に囚われずに読み直すならば、まだまだ豊かな宝を秘めているように思われる。

（1）以下本書第一部では、『エミール』からの引用は、頁数を凡例のやり方にしたがって本文中に示す。

（2）ルソーにおいて人間の「自然的善性」は、単に個人的な「人間観」の問題にとどまるものではなく、「証明」すべき理論的命題であったこと、この点のしっかりした把握がルソー理解の根本である。拙著『ルソーの理論——悪の原因と克服——』北樹出版、二〇一一、参照。Cf. A.M.Melzer, *The Natural Goodness of Man*, The Uni. of Chicago Press, 1990.

（3）性善説が「論証を必要としない、内面的な感情の要請であり」、『エミール』における性善説と消極的教育という二つの原理の並立を「論理的な欠陥」とみなす押村襄「教育論としての『エミール』」（『フィロソフィア』67、早稲田大学哲学会、一九七九）には、それゆえ同意できない。

（4）また第三篇でも、「人間および公民〔の両者〕である者は……」という表現がある（p.469：上三四七頁）。

（5）ルソーの目標が人間と公民の統一であるとみる点で、私の立場は沼田裕之『ルソーの人間観』（風間書房、一九八〇）と一致する。ただし沼田氏が、「主として『エミール』で論じられている〈人間〉と、主として『社会契約論』で論じられている〈市民〉〔公民〕との関係を比較検討することによって、この問題に接近する」方法をとる（二六頁）のに対して、私は『エミール』

(6) そのものにおける「公民」形成の視角を取り出すことにより力点をおく。また『エミール』で提示される「社会状態の中に生きる自然人」こそめざされている統一的人間であるという沼田氏の解釈（九頁）はとらない。

(7) ルソーはこれを「自然の歩み」「自然的進歩」などとも表現している。本書では自然的発達と言い換えることにしたい。

(8) 吉沢・為本・堀尾『エミール入門』有斐閣新書、一九七八、一四頁参照。

(9) プラトン『国家』415A–C.

(10) A. smith, *An Inquiry into the Nature and Causes of the wealth of Nations*, (1-2), Oxford Uni. Press, 1976, p.28.

(11) というよりスミスにおける分業への着目は、まさにルソーを（批判的に）摂取する中から生まれた。両者の関係については、さしあたり内田義彦『経済学の生誕』（未來社、一九六二）参照。

(12) 「契約論」（2–4）参照。

(13) 同書（1–8）、p.364：三六頁。

(14) 従来の諸見解については、前掲『エミール入門』一一七頁以下参照。ただし筆者の解釈はこの書物のものとも同一でない。

(15) 原語の〈homme〉には「人間」という意味と「おとな」という意味とがある。

(16) ビュルジュランによるこの箇所の注釈（O.c.t.Ⅳ, p.1316）も、この点で的はずれに思われる。

(17) 確かにルソーはこども時代に独自の価値を与え、その尊重を訴えた。しかし彼はカントとともに「人間がその幼年時代を脱すること」（『啓蒙とは何か』）を求めた思想家であることを見間違えてはならない。私達は（自然が、ではない）人間を堕落させているので、むしろ無垢なこども時代をなつかしむ。しかしそうした回帰願望を理解しつつも、ルソーはけっして「自然に帰れ」とは述べず、むしろ自然に帰れないことを認識し、真の公民的状態の建設をめざしたことと同様である。

(18) 反復説とその教育学上の意義については井尻正二氏の諸著作に多くを負う。

(19) cf. réponse à Stanislas: O.c.t.Ⅲ, p.56.

(20) しかしそのような教育が、現にある政治権力から許容されること、迫害されないことがどれだけ可能であろうか。確かにそれゆえにこそ『社会契約論』と『エミール』とが「二冊合わせて一つの総体をなす」（à Duchesne, 1762. 5.23：C.c.t.10, p. 28）と言われるゆえんがあるのであり、これは悪循環と言うより、教育と政治との相互制約性の認識として評価すべきであろう。しかし両者の具体的関係についてルソーが展開していないことも事実である。

(21) 「ジュリ」（5–2）、p.534：（三）二二六頁。

(22) 無論これは、厳密には第二篇以降も考察して言い得ることである。しかし後の篇ほど公民教育的色彩が濃いことは言わば直感的にも感じ取りやすい。

(22) Sur le gouvernement de Pologne：O.c.t.Ⅲ, p.966.
(23) 「祖国」を具体的に認識する方法は、おそらく一つはある。それは「祖国」に対するものである「敵」の認識によってである。この点は平和（または軍事的）教育にかかわり、「民主的人間の形成」という観点からもみのがすべきでないが、ルソーにおけるこの問題点に関しては、別の機会に考察したい。
(24) たとえば十歳で自国のあらゆる産物に通じ、十五歳で全歴史、十六歳で全法律を心得る、といった教育課程が示されている。
(25) この点については、本書第二部第一章「ルソーの弁証法」第五節参照。
(26) 一歩進んで私達は、たとえ「祖国」が存在するときにも、非国家的な集団教育や個人教育の余地が存在することは、民主的な「祖国」の存立そのものにとっても有意義であると言えるのではなかろうか。

第二章　第二篇：少年前期

ルソーの教育論『エミール』の主題は、ふつう個人としての人間形成にあるとみなされているが、同時に社会的人間の形成にもあり、その内容は「民主的人間の形成」という観点からとらえられる、――以上の主張を、筆者は主に『エミール』第一篇に即して展開してみた（第一章）。本章はこれに続き、主に第二篇を同じ視点から考察したい。

第二篇は言語、すなわち記号能力の獲得から始まり、十二歳頃までの少年、ルソーの言葉では「感覚的理性またはこどもの理性」の段階（p.417：上二七一頁）を対象としている。

第一篇におけるこどもは自己意識を持たなかった（p.298：上九六頁）。しかし、能力が発達して自分でできることが多くなり、記憶力が自己の同一性の意識を可能にすると、自己意識が生まれ、幸福と不幸の感情も生まれる（p.301：上一〇〇頁）。ここからこどもを一個の精神的存在［un être moral］として考えることが重要である（ibid.）、とルソーは言う。

一　自由と依存について

既に第一篇において、こどもの身体活動の自由を保障する必要が説かれていた。その理由としては、こどもの乱暴は、悪意によるものではなく、自他に大きな害を与えるものでもないこと、これをおさえつけることは、かえって彼が持っていなかった支配と服従の観念を与えてしまうこと、にあった。

支配と服従とが民主的でないことが認められるにしても、なぜそれはいけないのか。それなしではおよそ社会秩序は成り立たないのではないか。事実完全な民主社会などは未だ存在したことがないのではないか。――このようなより根底的な反問に対しても、第二篇の位置からは答えがある。「精神的存在」として人間は自由をその本質とする[1]。こどもは確かにおとなではないが、また禽獣でもない（p.310：上一一三頁）。「こどもの幸福もおとなの幸福も、その自由を行使することにある」（ibid.）。こどもは精神的存在として親の所有物でもなく、「預かりもの」（p.268：上五五頁）に過ぎない。これは親がけっして忘れてはならないことである。あらゆるよいものの中で最もよいものは権力でなく自由であり（p.309：上一一二頁）[2]、「これが私の基本的格律である。それをこどもに適用することだけが問題であり、教育のあらゆる規則はそこから出てくるであろう」（ibid.）とさえ、ルソーは言う。

ところで自由に対置されるものは二つ考えられるが、「人間の本性には、事物の抵抗にじっと耐えることは属するが、他人の悪意に耐えることは属さない」（p.320：上一二八頁）。これはルソーの根本をなす考えであり、物質論的であるとともに精神主義的でもある。物質論的というのは、（観念論的傾向と違って）自然の必然性を人間の自由に対立するものとは考えないからであり、精神主義的というのは、自然界を人間の支配下において物質的繁栄を拡大するようなことには興味を持たず、人間関係のうちにこそ幸・不幸の分かれ目をみるからである。(3) この区別はルソーの二元論とも関係するが、(4) 後者から前者が出てくるというよりも、前者が後者の実生活上の源泉とみるべきであろう。

二種類の依存の区別もこれにかかわるが、ルソーはこの区別を、「社会体系のあらゆる矛盾を解決するのに役立つ」「重要な考察」と位置づけている。「一つは事物への依存で自然に基づく。もう一つは人々への依存で社会に基づく。事物への依存はどんな道徳性も持たないので、自由を損ねず、悪徳を生み出さない。人々への依存は無秩序であるので、あらゆる悪徳を生み出し、これによって主と僕は互いを堕落させる」（p.311：上一一四―一一五頁）。では後者にどう対処すべきか。孤立および自足としての独立の追求という方策も考えられる。これは独立小生産者としての小市民の理想を示しているが、続いてルソーが提出している解決策はそれとは異なる。「社会の中でこの病を癒す手段が何かあるならば、人間にかえて法をおき、あらゆる特殊意志の行為にまさる現実的な力で、一般意志を武装することである。もし諸国民の法が自然の法のように、人間の力ではけっしてうちかてない不屈さを持つことができれば、人々への依存はそのとき事物への依存に戻るであろうし、共和国の中で、自然状態のあらゆる利点が公民状態のそれに加えられ、人間を悪徳から免れさせておく自由に、人間を徳に育む道徳性が加えられよう」（ibid.）。著者も原注で指示しているように、これは『契約論』の構想である。孤立・自足した自立による自由ではなく、依存と譲渡――ただし個別的な人間にではなく共同体の「一般意志」への――を通じての、道徳的・社会的な自由の道徳的・社会的な回復である。これは（ルソーはそうは意識していなかったが）大工業段階の民主主義にふさわしい思想と言えよう。確かに、そうした共同体（「祖国」）の不在を前提として書かれている『エミール』の課題は、その一員（「公民」）の現実的形成にまでは至っていない。さきの引用の文末が反実仮想で書かれているのはそのためであろう。しかしここでも確認されるのは、少年エミールは、「公民」にはならないにしても、孤立・自足した人間にもならないことである。「エミールは無人の地に追いやられるべき未開人ではなく、町に住むためにつくられた未開人である。彼はそこで必要なものをみつけだし、その住民達から利益を引き出し、彼等と同じようにではないにしても、彼等とともに生きるすべを知らなければならない」（p.484：上三六九頁）。ルソーの志は、小市民的民主主義への単なる復帰ではなく、社会的民主主義の構築に及ぶ。

二　権力と権威の排除

こどもの自由を尊重しなければならない。それゆえ、「生徒には絶対に何も命令してはならない。どんなことでも絶対にいけない」（p.320：上一二七頁）。こどもが悪事をしても「どんな罰も加えてはならない」（p.321：上一二九頁）。力による支配によれば、こどもは自己防衛のために納得したふりをするが、彼は力に屈しただけであり、不愉快な思いをつのらせ、ごまかしたり、嘘をついたりすることを覚える（p.319：上一二六頁）。少年ジャン＝ジャックの場合は、親方になぐられることを自分の盗みの「損害賠償」のように考え、悪いとわかっていたことさえ正当化するようになってしまった。[5] 圧政は教育の場合も、このうえなく卑屈な人間をつくりだすか、さもなければ、「ただ力だけが彼〔圧政者〕を支えていたのだから、ただ力だけが彼をうちたおす」。[6] 力を増したこどもが親を金属バットでうち殺すとき、私達は彼の復讐を非難できるであろうか。この結果を避けたいのであれば、私達は『不平等論』の世界から『契約論』の世界に進んで、「力はどんな権理も生み出さない」[7] という原理を、親や教師に対しても言われた言葉として受けとめなければならない。

一つ付け加えておこう。教育者は絶対に暴力に訴えてはならないが、こどもの暴力も許されてはならない。「こどもがおとなに、または年下の者や同年輩の者にでも手を出すのを、けっして黙って見ているべきではない。彼が真剣に誰かをうったら、相手がたとえ彼の従僕でも死刑執行人でも、必ずよけいにうちかえさせて、こどもに二度とそういう気を起こさせないようにすることである。〔…〕こどものときうとうとする者はおとなになって殺そうとすることになる」（pp.329-330：上三八五頁）。暴力に対するルソーの激しい問題意識を感じさせる文である。しかしここでうちかえすのは罰ではないのか。否、うつ者はうたれるという自然的抵抗である。では彼に対する力による支配ではないのか。否、彼がさきにうったからこそうちかえしたので、何かを命令するためではない。ただし確かにルソーは絶対平和主義ではない。他者の暴力やふいうち（cf. p.388：上二二八―二二九頁）に対しては、実力行使を正当と認めている。

ルソーは暴力、強制、命令を排除する。そこで現れてくる人間関係は、契約によるものである。それゆえローネが行っているように、これを「教育契約」の概念の下に、『契約論』と関係づけることは正当であろう(8)。

ところが『エミール』第二篇には、これとはまっこうから反するような文言もみえる。生徒の要求とひきかえに教師が要求を出す「教育契約」を批判した後で、ルソーは言う。「諸君の生徒に対して反対の道を取れ。彼がいつも自分が主だと思うことであり、しかも主であるのはいつも諸君であることである。自由の外観を保つ隷従ほど完全な隷従はない。かくして意志そのものもとらわれる。何もわからず、何もできず、何も知らない哀れなこどもは、諸君の意のままではあるまいか。〔…〕疑いなく、彼は自分のしたいことだけをするに違いない。しかし彼は、彼がすることを諸君が望むことしか、望まないに違いない。諸君が予見していない限り一歩も進まず、何を言うか諸君が知らない限りは口を開かないに違いない」(p.362：上一九一頁)。――林幹夫氏はルソーの政治＝教育論に「民主主義精神」をみているが(9)、これはむしろ完璧な管理主義の姿ではあるまいか。ルソーの政治論を「全体主義」と特徴づける人々の説を裏書きするものではあるまいか。そして中川久定氏のように、「エミールのように教育されることを望まぬ(10)」のが民主的精神なのではなかろうか。

巧妙な管理主義としては、たとえばマスコミによる宣伝が挙げられる。今日の宣伝は、繰り返しによって、ある商品を買ったりある行動をとったりするように心理的な圧力を加える上に、そうした購買や行動がばら色の人生を開くかのような気分を与えたり、そうしなければ他人から不快に思われたり孤立させられたりするかのような不安を与えたりする。しかしその場合でも選ぶのは個人の自由に委ねられており、広告主はなんら「強制力」を用いていない。そこで残る問題は誘導者の精神が民主的かどうか、すなわち真に一般的な利害のためか、それとも一個人、または経済的・政治的・宗教的な集団であれ、私的利害が目的であって他者は単なる手段であるのか、ということになる。しかし前者ならばそのことを直接に訴えるべきであり、こうした術策を用いるのは首尾一貫しないであろう。そこでこのような「柔らかい支配」は、支配しようとする者が、形式的・法的には強制力を使えない場合に行われる手口である、と理解できる。

ではエミールの教師の場合はどうか。目的は生徒自身の幸福である。ではなぜ彼を説得することなく彼の主であろうとするのか。「理性の年齢」以前のこどもに対しては、説得は有害無益だとするからである。そうするとこれはパターナリズムの一種である。まさにこどもとの関係におけるパターナリズムの必要をまったく認めないのは、例外的な意見であろう。(11) それは放任主義の立場によってだけ可能である。放任主義の評価にまでは論を進めないが、それが「民主主義」とは別物であることは明らかであろう。もとよりパターナリズムの乱用は咎められるべきであるが、「父親にさえも、こどもに役立たないことを彼に命令する権理はない」(p.310：上一一四頁) というルソーの言葉は、この点についての彼の自覚を示している。というより、教師の「支配力」は、こどもの外にある何らかの「教育目標」に向けてではなく、生徒自身の「本性」(自然) の発達を保障するために、いわばもっぱら消極的に行使されるのであるから、最も狭く規定されている、と言ってよい。質的にみても、これは一切の強制力を用いない点で、きわめて独特なパターナリズムである[12]（無知な民衆に対する『契約論』の「立法者」が何の権力も持たない[13]のと同様である）。

以上のことから、私達はルソーの逆説的表現をもう一度裏返して、次のようにも表現できるのではなかろうか。この方法では、教師がいつでも主であるようにみえるが、実は生徒自身が彼の主なのである、と。

それでも『エミール』の説く教師―生徒関係は本当に民主的なものなのか、疑問の余地は残っている。それは、結局は同じことに帰すると思われるが、二つの形で示されよう。①教師の支配力は生徒の「本性」を守るために過ぎないとして正当化されているが、実はこの「本性」なるもの自体が、ルソーまたは教師によって捏造され、生徒の外から持ち込まれたものにほかならないのではないか？　②生徒の「本性」を何から守るのか？　ⓐ人々の臆見、ⓑこどものきまぐれ、をルソーは挙げているが、これらを悪いものとみなすのは正しいのか？　――このうち、『エミール』第二篇を主な検討対象に絞っている本章では、②のⓑの問題に焦点を合わせることが、最も適切なやり方であろう。

三　学芸と道徳性

前節で問題にされた教師の方針が示されるのは、こどもの「気まぐれ」［fantaisie］に反対するという文脈である。ルソーはかなり何度もそのことにふれており、その重要性を考える必要がある。「気まぐれという言葉を、私は、本当に必要でないすべての欲望、他人の助けをまたなければ満足させられない欲望を意味すると解する」（p.310：上一一三頁）。『プチ・ロベール』の〈fantaisie〉をひくと、これは四番目の語義、「真の必要に対応しない、一時的で独特な欲望または好み（十六世紀以降）」にあたる。どうやらこの概念からは、ロマン主義でなく古典主義の香りが漂ってくる。しかしどんな意味でも「古典」を持ちにくくなっている現代人からすれば、「真の必要」とは何か、と反問したくなるであろう。また生物学的・原始的な欲望だけを肯定し、社会的、文化的な欲望をしりぞけるのは正しいのかと、首をかしげるであろう。ここでもただちに想起されるべきことは、ルソーは社会的・文化的なもの一般をしりぞけるのではなく、悪いまたは（彼にとっては同じことだが）現実の社会や文化――ルソーの言葉では「人々の臆見」、もっと端的には「虚栄心」――に批判的な構えをとっていることである。そして『エミール』は、そうした現実を捨象した思考実験的な方法的前提に基づいていることである。

だがこれで問題がなくなったわけではない。たとえば「空を飛びたい」という欲望は明らかに〈fantaisie〉である。しかしそのこと自体は虚栄心の産物ではないし、それが経済的・軍事的な利害と結びつくのはずっと後になってからである。だがそうした〈fantaisie〉が学問と技芸の発達の大きな動因になってきたことは事実であるし、こどもの教育においても、逆に育むべきでさえあるのではなかろうか。

この問題は「想像力」[imagination]という語に即して考えるとよりはっきりする。[14]ルソーは「ここ〈第二篇〉では『想像力』に対して徹底的に消極的な態度を示す[15]」のである。これは少なくとも日本の

『エミール』受容においては、ほとんど理解されていない面である。わが国では『エミール』は、いわゆる大正自由主義教育を通じて、またその重要な支柱として現れたためか、そのような色彩に染まった先入見が強いためではなかろうか。「想像力豊かなこどもを育てる」といった教育理念に、ルソーは真っ向から反対している。彼の真骨頂は泥臭さいっぱいのリアリズムであり、大正教養主義を支えた都会的インテリのセンスでルソーを読んではならない。

「想像力」に対してルソーは不安を持ち、警戒し、ときには恐怖している。なみはずれて想像力豊かな人だったルソーは、その恐ろしさも身をもって実感している。しかし理論的にはそれは、ルソーにおける「幸福」のあり方から説明される。彼にとって幸福とは、欲望と能力との均衡にある（p.304：上一〇四頁）。そこで、「人間の知恵、すなわち真の幸福への道」は、「能力に対する欲望の過剰［excès］を減らす」ことである（ibid.）。そうしてみると、「想像力こそ〔…〕私達にとって可能なことの限界を広げ、したがって〔…〕欲望を刺激し、大きくしていく」（ibid.）。このことには二つの問題がある。

第一に、「現実の世界には限界がある、想像の世界は無限である」。それゆえ私達はけっして目的地に着くことができない自己疎外に陥ることである。しかしその指摘は、想像力に反対する論拠としては普遍性を持ち得まい。いわゆる「自己実現的幸福観」にとっては、特定の目標に到達することではなくて、耐えざる前進そのもののうちに幸福があり、そこに嘆くべき自己喪失や自己疎外でなく、なされるべき自己超克をみるからである。これに対してルソーはどう考えるか。第一に彼の「消極的幸福論」は直接に感得された価値であるから、彼自身にとっては論駁され得ない真実であると言える。しかし第二に彼は、彼には強迫観念的に思われる、だがゲーテらには手放しで礼賛される「前進衝動」が生み出す悪を凝視していたように思われる。このことは後でさらに考えよう。

もし人間の能力そのものがまったく固定的なものであるならば、想像力が欲望を大きくすることもないであろう。「あらゆる動物は、自己保存のために正確に必要なだけの能力を持つ。人間だけが余分な［superflu］能力を持つ。この剰余が彼の貧しさ［misère、悲惨］の道具であることはずいぶん奇妙ではないか。あらゆる国で、一人の労働力［les bras d'un homme］は彼の生活資料より多くの価値を持つ［valoir――「パリはミサに値する」の valoir である］。もし彼がこの剰余を無とみなすほど賢明であれば、何も過剰なものを持たないであろうがゆえに、いつでも必要なものを持つことになろう」（p.305：上一〇六頁）。ここには、剰余価値の発生こそが（不平等や支配関係、民衆の窮乏、精神的堕落などの）悪を生み出す条件であることの洞察がみられる。[16] このこと自体は必ずしも社会主義理論から来る発想ではなく、ギリシャ・ローマ以来のプリミティヴィズム思想がしばしばとりあげている。[17] ルソーの独自な点は、この過程における想像力の意味に注目したこと、そしてその上に立って、「不幸」を考える差異も、単なる物質的貧困でなく、発達の潜在的可能性の増大と現実の能力との矛盾の拡大にみるという、すぐれて力動的で現代的な観点にあろう。

ルソーの教育思想は、「想像力豊かなこどもを育てる」ことでないのと同様、「こどもの無限の可能性を伸ばす」ことでもない。ここで考えるべきは、ルソーが学問・技術・芸術などの進歩に必ずしも好意的でないことである。『エミール』は『契約論』との関連においてとともに、『学問芸術論』（中江兆民の訳だと『非開化論』）との関連においても読まれなければならない。従来、民主主義と言えば「進歩の思想」であり、学芸の発達促進と一体のものと考えられがちであったが、そこに反省が必要ではなかろうか。ここで言われそうなことは、ルソーは学芸そのものでなくその悪用を批判したのだ、ということである。それは間違いではない。しかしルソーの学芸批判の射程を、フランス絶対主義における学芸の反民主的な役割だけに限定することはできない。「生徒が学者になることより善良になったほうがいい」（p.337：上一五一―一五二頁）というルソーは、学芸を道徳性によって制約する立場に立っている。

歴史的に位置づけると、学芸の進歩に反発を感じていた、少なくともその否定的な作用の面により問題意識を感じていたという点で、ルソーの思想は、小市民的な民主主義を表していたとは言えよう。それは大工業段階の民主主義からすれば確かに「素朴」である。しかしまた環境問題や核兵器、生命倫理などの問題をみると、学芸の進歩がすなわち人間の進歩であり無条件的な善であるという態度もまた「素朴」であったことは、いまでは明らかであろう。人間の「有限性」を説く思想は、確かにしばしば、その個人的実存だけを一面的にとりあげたり、その歴史的制約性（逆に言えば可能性）に対して盲目であったりした。私達は両極の一面観を排して、無限性と有限性との緊張関係の中で、人間を位置づける必要がある。核時代、環境時代の中の民主主義は、学芸と教育とに対して、また欲望の肥大化に対して新たな対応を求めている。「好奇心」の礼賛ではなく、知るにふさわしいことを知ろうとする「知恵」の立場、そして、禁欲主義や分限思想ではないが、果てしなき欲望の追求（もっともらしい言葉では「前進衝動」）でもない、真の「知足」による「消極的幸福」の観念は、この新しい民主主義に役立つものと考えられる。もっともこの問題は、「民主主義」という課題と「(人間的) 自然の歩み」の肯定との関係に、新たな問題を提起してもいる。「好奇心」の問題と合わせて、第三篇のところでさらに考えることにしたい。

四　賞罰と競争心の排除

教育者はこどもに対して強制力を使ってはならなかった。またルソーは、賞罰を用いることを否定する。信賞必罰法は、道理がわからないこどもへの方便とされる。こどもを非理性的と考えるルソーがこれをしりぞけるのはなぜか。こどもをおとなの気まぐれに依存させないためである。賞や罰を与え得る人間に、従属させないためである。強制力も賞罰も持たない――そんなことで教育ができるか、という反発は十分に理解できる。――まさにここに「民主教育」の悪弊がさらけだされている、と保守的な人々がしたり顔で叫ぶのも聞こえる気がする。確かにこれはきわめて難しい課題であるし、逆にこれを間違ってとれば、放任主義や、「こどもの友達となること」(cf. p.265：上五〇頁)「こどもと同じ目の高さに立つこと」だけを、「民主教育」と思い込む誤りにもつながる。しかしルソーは続けて言っている。「生徒にはただ、彼が弱いものであること、そして諸君が強いものであることをわからせることである」(p.320：上一二七頁)。教育者はこどもと単に「友達のような」関係にあればよいのではなく、両者の違いをこどもが感じていなければならない。教育者は「強く」なければならないが、それはこどもへの暴力や賞罰によってではない。彼のおとなとしての能力によってであり、それは身体的なものとともに精神的なものをもとより含むが、しかし社会的なものではない。

ルソーのこうした考えは、こどもには社会的権威を認める能力がない、という認識に基づいている。『エミール』ではこども集団の問題は捨象されているが、事実自然発生的なこども集団はふつう「民主的」ではなく、「強者の権威」が行われることが多い。これに対してルソーの原則を適用するならば、教育者が彼等に「民主主義」を強制するのは、正しくないことになる。こどもは民主主義を学習せず、親や教師といった社会的強者に従うだけであり、これこそ強きにおもねり弱きを支配する人間、最も反民主的な人間を育てることになるからである。こども集団が自らより民主的なものへと育っていく必要があり、教育者が介入する場合――おそらくそれも必要であろう――においても、少なくともそれだけでこどもを本当に民主的にすることはできないという自覚が、働いていなければならない。

ではどうしたらよいのか。ルソーは言う。「人はこどもを導くために、競争心〔émulation〕、嫉妬心、羨望の念、貪欲、卑屈な競争心、といったようなものばかり道具に使おうと考えてきたのだが、そういう情念はみなこのうえもなく危険なもので〔…〕心を腐敗させる」(p.321：上一二八頁)。このようなルソーの考えは、他人より優越したいという「利己愛」〔amour-propre〕を、諸々の悪徳の精神上の源とみることからきている。そして教育においても、常に道徳性が優先されなければならない。競争心が諸能力を発達させるにしても、「学者であるより善良であるほうがいい」というルソーは、技能主義に反対する。

歴史的にみると、「中世の大学もコレージュも、競争心の体系をまったく知らなかった」[18]。競争制度一般、および教育上のその利用は、近代的制度と言えよう。わが国で「競争」に注目した思想家が福沢諭吉であったことは特徴的であるが、フランスで競争を教育方法の根幹に位置づけたのはイエズス会のコレージュである。デュルケムを読んでその実態を知らされると、その徹底ぶりと露骨さに驚くばかりである。林信弘氏はこれを、生徒の生活経験に役立たないラテン語などの学習を強制する必要から生み出されたと考え、本来の学習意義がすっかり失われ、他人を蹴落として自分だけがよい成績を収め、優越的な地位につくための単なる手段になり、利己心ばかりがかきたてられた、と指摘している[19]。

ところで、ルソーの同時代人エルヴェシウスがまた、競争心を繰り返し礼賛していることは見逃せない。「天才を生み出すのは競争心である。才能をつくりあげるのは名声欲である。栄光への愛が人間の中に感じられ、発達し始めるときから、彼の精神の進歩が始まる。おそらく教育学とは、競争心をかきたてる手段についての学問にほかならない、と私はいつも考えてきた」。「競争心は自己を多くの他人と比べるところから生まれる。才能と徳への愛をかきたてる手段の中で、それが最も確実な手段である」[20]。

イエズス会の名門コレージュの出身とはいえ、その最も仮借なき敵であり、教育目的や教育内容についてもまったく違うエルヴェシウスが、なぜ教育方法（学習動機）論については、イエズス会を鸚鵡返しにするのであろうか。ここで問題なのが、エルヴェシウスの功利主義である[21]。彼にとって徳または義務とは、もともと快楽のための手段なのである。彼は利己心をさえ否定しないし（キリスト教徒の「原罪」概念の世俗版である！）、それどころかその積極的活用を求めさえする。利己心を目覚めさせ、助長することと、それこそルソーにとっては最悪のことであった。だが利己心の評価はすぐれて近代的な思想であり、その代表はアダム・スミスである。[22] その意味で「競争心」に対するルソーの批判は、きわめて重要な思想史的意味を持つ。

かつて「進歩的」な論調としては、「競争」はすべて資本主義的害悪として退けられることもあった。しかしマルクスやレーニンの思想においてもことはそれほど単純ではなく、社会主義の側でもある種の「競争」を取り入れてもいる。また今日ではソ連などの失敗から、「競争」を再評価しようとする動きも（資本主義側からは勿論、社会主義を指向する流れにおいても）[23] みられる。ここでは、「市場経済」と「複数政党制」とを、民主主義と競争という観点から考えることにとどめたい。その際筆者の基本的立場は、本書補章二のものと変わらない。すなわち「競争」と「競い合い」とを区別すべきこと、前者は他者を滅ぼしたり支配したりすることを目的または結果とする点で後者と区別されること、後者は人間の社会的本性に由来するが、前者はその社会的に疎外された形態であり、したがって克服でき、克服すべきものであること、である。

市場経済は、生産・販売と購買・消費の自由を平等に保障するという点で、民主的であるように思われる。これに対して計画経済が対置されたのは、生産の無政府性からくる恐慌と失業とを防ぐ意味が大きかったであろう。しかし計画経済にあまりに多くを負わせていたことは今日では明らかである。同時に先進資本主義国では多かれ少なかれ経済計画を持っており、計画経済同様、古典的放任主義を評価することも非現実的である。また先進資本主義国でも失業者への社会保障が導入されており、より進歩する可能性もある。だがここで見落としてはならないのは、労働力をも商品として「市場経済」に投げ込む仕組みである。なぜなら「労働力の購入」による経済的支配（搾取関係）は民主的ではないからである[24]。搾取関係を可能にするものは生産手段の私有であるから、所有権を規制し、私人が他人を雇用することを禁止することにおいて、社会主義は「営業の自由」を制限するものであるが、資本主義よりも民主的な経済制度である。ただし何でも国有化というのは馬鹿げており、広範な個人営業や共同組合所有が併存するのが自然であり、相互に「競い合い」も行われ得よう。

複数政党制の場合も、結社の自由という能動的な面からも、好ましい政党に国政を委ねられるという受動的な面からも、民主的な制度である。ただし政党は権力をめざす存在であり、それゆえ他者の支配を目的としており、学芸やスポーツと違って「競争」でない「競い合い」になりきることはできない。それでもそれは反対者の政治活動も基本的に許容するという点で、専制主義よりも民主的である。そしてもし、（専制的な一党支配でなく、）政治利害の基本的対立がなくなったために政党そのものの必要がなくなったときでも、共同体の中で個人・集団間に「競い合い」が行われるのは、民主的な方法の一つである。そのときにこそルソーがひくスパルタの「公民」のように、私達は自分の落選を喜ぶことができるであろう（p.249：上二八頁）。

要するに「競い合い」は民主主義と両立するが、これと区別された意味での「競争」はそうではない、というのが私の考えである。それゆえ民主的教育にも「競争原理」は不要である。

民主主義と競争とは必然的関係を持たない。むしろ功利主義が、競争制度との関連を問われるべきであろう。なぜなら競争を是認する者は、ふつう競争という事柄そのものではなく、それがもたらすとされる結果（効用）によってそれを「よいもの」とみなすからである。イエズス会・ロック・エルヴェシウスを貫くものが功利主義であり、この点でルソーの功利主義（競争や賞罰による教育）への批判は、注目されなければならない。功利主義はなぜよくないのか。それは義務のために義務を行うのでなく、「そのほうが（結局は）得になるから」という原理である。だが損得で考えている限り、「強い者に従え」という帰結は避けられない。これは反民主的な原理であり、これこそルソーが何とかつぶそうと努めている態度である。損になっても苦しくても義しきを行うのが有徳な人間であるが、こどもにはこれは理解できない。さればといって競争や賞罰で動かすのは、反民主的な精神を植え付けることになる。それゆえこどもにはむしろ道徳を教えず、自然的障害だけによって悪徳への道を防ぎ、彼を「善良」に保つのがよく、この意味でルソーの「消極的教育」論は民主的人間の形成にとって適し得る。

もっとも『エミール』第二篇にある徒競走の話（p.393 ff.：上二三五頁以下）についてビュルジュランは「奇妙」だと疑問を投げ掛けている。この「物語は、知ることをルソーがまったく望まない競争心に基づいている」[25]。彼はしかし、この物語で問題になっているのはエミールとその教師ではなく、現実社会のあるこどもとジャン・ジャックとのものである（ただし後では混同されてしまう）ことに注意することで、整合性を保とうとしている。一人称の区別についての彼の指摘は正しいが、彼の疑問はあたっていないのではあるまいか。よく読めばルソーは、問題のこどもを他のこどもと比べることを意図していないし、菓子をほうびとして与えているのでもない。こどもが「知っていることはただ、その菓子を手に入れる方法は、他の者より早くそこに着くことだけだ、ということである」（p.411：上二六一頁）。このようにルソーは、一見詭弁とみえるほどに気を使って、「競争心」を遠ざけようとしている。

デッサンの話についても同様である。教師は生徒とともに行うが、「私は彼の熱心な、しかし危険のない競争者〔émule〕となろう。」（p.398：上二四二頁）と言う。「競争者」や「競争心」（ibid.）という言葉が使われていても、その実態は筆者の言う「競い合い」を示している。少なくとも『エミール』においては、「競争心」は徹底的に排除されている、と言ってよいであろう。

集団教育が論じられている『ポーランド統治論』においては、「競い合い」の組織化に力点がおかれている。遊びは「競争と競争心とを刺激する」[26]仕方でなければならない。というのは、個人としての成長だけでなく、「早くから規則、平等、友愛、競争に、同国民の目の前で生き、公的称賛を欲するように慣らすことが問題だからである。そのためには、勝者の賞品と報いとが、訓練の先生や学院の長によって恣意〔専制〕的にではなく、観客の称賛と判断とによって配分されなければならない」（ibid.）。つまり民主的原理が、「人々への依存」を止揚し、集団全体に依存しているとともにどの個人にも依存していない関係性をつくるのである。

五　所有と契約の世界へ

民主的人間の形成にとってまず重要なことは、自立＝自由＝平等であった。孤立して生きている未開人は、おのずからそういう状態にある。しかしもしそういう人間がいたとしても、エミールの理想はそのような非社会的人間ではなかった。社会関係を結ばざるを得ない彼には、完全な意味での「自立」は不可能であり、「依存」の質が問題である。ルソーは暴力、権力、支配と隷従を退ける。許容される社会関係は「契約」である。エミールと教師の間にも契約はあったが、それはパターナリズム的なものであった。エミールと園丁ロベールとのそれが、最初の契約である。それゆえ民主的人間の形成に対するこの段階の最重要点を徳目として単純に表すならば、暴力を否定せよ、ということと、約束を守れ、ということに集約されるのではなかろうか。契約に関しては第三篇に即してさらに考えたいが、さしあたり次のことだけ指摘しておきたい。この契約が、所有権にかかわること、そしてルソーは、自己労働に基づく個人的所有という（『社会契約論』と同じ）立場に立っていることである。このことを考えると、労働（家事や家業の手伝いを含め、そしてそれはこどもにとっては遊びとして始まるべきである）ということが、「所有権」を認識するために必要だということになる。労働の中で自ら学習がなされなければならない。前章ではそれは全面発達論の見地からふれられたが、ルソーはここでは認識論＝学習論の見地からも重要な理由づけを行っている。「こどもは、言ったり言われたりしたことはすぐに忘れるが、したりされたりしたことはなかなか忘れない」（p.333：上一四六頁）。所有権の尊重・契約の順守・嘘の否定、すべて同様である。たとえばこどもがわざと窓ガラスを壊すならば、言葉で叱る（権威を示すやり方である）のでなく、風の吹き込むままにしておくがよい。「風邪をひいても馬鹿者になるよりはましである」（p.334：上一四七頁）。このように悪徳には必ず自然的被害が伴うようにし、彼自身の損になるようにすることである。これは功利的方法であるが、功利主義的方法と混同されてはならない。後者は「功利を道徳の基礎と」する学説である（『広辞苑』「功利主義」）が、この時期のエミールは「道徳」を知らず、単に自分の効用をめざしてふるまっているだけである。「実存（的）」と「実存主義（的）」を区別すべきであるように、「社会（的）」と「社会主義（的）」を混同したら滑稽であるように、utilité（効用）とutilitarisme（功利主義）とは別物である。この時期のこどもは、単純な快・苦ではなく、「効用」によって行動するようになる。それだからこそ彼を「功利主義」によって操ろうとすることが大きな誘惑に、そして陥穽になる。この傾向と徹底的に闘いつつ、効用（有用性）の原則でこどもを導こうとするのが、『エミール』第二篇におけるルソーの苦心であり、核心であるのではなかろうか。

（1）「契約論」（1-4）。
（2）エルヴェシウスはむしろ人間は自由よりも権力を好むと考える。
（3）乳母の乱暴に関してルソーは言う。「この子の手の上に、真っ赤に燃えた炭火が偶然落ちてきたとしても、それほどひどくぶったわけではないが、明らかに害を加えようとする意図をもって与えられたあの平手打ちほど耐え難いものでなかったに違いない、と私は確信している」（p.287：上七九頁）。
（4）第二部第二章「ルソーにおける『憐れみ』と『良心』」参照。ルソーの「二元論」そのものの立ち入った考察としては、cf. P. Hoffmann, L'âme et liberté: AR 40, 1992.
（5）「告白」pp.34-35：上四九頁。
（6）「不平等論」p.191：二二七頁。
（7）「契約論」（1-3）、p.355：二〇頁。
（8）M. Lannay, *J.-J.Rousseau écrivain politique*, Slatkine, 1989.
（9）林幹夫「ルソーの教育理論における教育関係と方法」『フィロソフィア』第七十号、早稲田大学哲学会、一九八二、一八四頁。

(10) 中川久定「『エミール』とルソー」『岩波講座 転換期における人間、別巻（教育の課題）』一九九〇。

(11) 中川氏（前注）がクララン共同体にも同じパターナリズム的支配をみることは正当と考えるが、そこにルソーの根本思想をみる点では異なる解釈をとりたい（なお次注参照）。

(12) 「『エミール』において『パターナリズム』が存立するとしても、それは『同胞愛主義』[fraternitalisme]の形態の下においてであり、それによって下位の者は、自分の歩みを導く後見について意識し、そこから解放される手段を得るのであり、その結果最後には教育者と生徒との間の自由な愛着、誠実で能動的な友情を選ぶことになる」。M. Launay,*op.cit.*,p.382.

(13) 「契約論」（2–7）。

(14) 『プチ・ロベール』の〈fantaisie〉の第一項（古義）には、〈imagination〉とある。

(15) 吉沢・為本・堀尾『ルソー「エミール」入門』有斐閣新書、一九七八、一四四頁。

(16) 「不平等論」p.171：九六頁も参照。

(17) たとえば Seneca, Episturae morales, XL.

(18) E. Durkheim, *L'évolution pédagogique en France*, PUF, p.300.

(19) 林信弘『「エミール」を読む』法律文化社（京都）、一九八七、一六六―一六七頁。

(20) C.A. Helvétius, De l'homme（1–6、10–3）.

(21) 第二部第四章「エルヴェシウスの倫理とルソー」参照。

(22) cf. A. Smith, *An Inquiry into the Nature and Causes of the Wealth of Nations*, (1-2), Oxford Uni. Press, 1976, p.26.

(23) たとえば碓井敏正「市場原理と社会主義」『思想と現代』第二七号、白石書店、一九九一。

(24) 「不平等論」p.171：九六頁：「契約論」（2–11）：「エミール」p.831：下二一九頁。

(25) Burgelin, notes; O.c.t.Ⅳ, p.1396.

(26) Considérations sur le gouvernement de Pologne; O.c.t.Ⅲ, p.96.

第三章　第三篇：少年後期

『エミール』第三篇はおよそ十二歳頃から十五歳頃まで、今日の日本の中学生にほぼあたる時期を扱っている。それは思春期以前であり、能力が欲望を上回っている時期と規定されている。

一　市民社会への移行

第二篇までは個人としての自然的発達が全面に出ており、そこに潜んでいる公民形成の側面を、私達は注意深く掘り出さなければならなかった。しかし第三篇にくると、教育の目的が社会的人間の形成でもあることが、はっきりと示される。「エミールは無人の地に追いやられるべき未開人ではなく、町に住むためにつくられた未開人である」(p.484：上三六九頁)。そして公民の義務としての労働が示される。これは論理的矛盾であろうか。――否。確かにルソー自身が認めるように、用語の不統一や説明不足はあるものの、基本的にはこれは不整合ではない。

矛盾の印象には、二つの原因が考えられる。①教育形態としての公共教育は（少なくとも『エミール』

では）排除し、「祖国」が既にない以上「公民」も存在しない、と断定されたこと。②エミールがその実際の関係において、乳母と教師以外、極力社会的関係から切り離されようとしており、また彼に社会的観念を与えないように再三再四注意されていること。――まず①に対しては、第一に形態としては公共教育でなく家庭教育であっても、内容または目的としては公民教育でもあることは不可能ではない第二に、確かに現に公民は存在しないとしても、だからといって公民形成の教育が自動的に不可能にるわけではない。②については、ルソーの理由としては、ⓐそもそもこの著作は実際的な教育方法論でなく、人間本性の発達の考察が大目的であるから、また特に現実社会がこの本性的発達を疎外しているのであるから、極力これを捨象して叙述（darstellen）する方法が要請される。ⓑ彼の発想一般における原子論的側面。ⓒ人間が真に社会性を持つのは思春期以後、情念の発達をまってからだという彼の発達論（人間論）的認識。――ⓐについては、この著作の方法的設定であるから、さしあたり受け入れるしかないであろう。ⓑⓒについては、私はルソーの認識に全面的には賛同しないが、ここでは論じないことにしよう。

以上で『エミール』が公民教育を排除しないことが示された。しかしさらに問えば、それは公民教育でもあらねばならないのか。個人形成にとどまってはならない積極的な理由があるのか。――然り。それは、確かに「祖国」は既にないとしても、市民社会〔la société civile〕[1]は既にあるからである。ルソーにおいて時間〔歴史〕は不可逆であり、人はひとたび失った「自然状態」に帰ることはできない。「土地すべてが汝のものと我のもの〔私的所有〕で覆われているのをみいだし、自分のものは自分の身体しかみいださないから、どこから自分の必要物をひきだすであろうか。自然状態から脱することで、私達は同胞もまたそこから脱することを強いる。他人に逆らってそこにとどまることは誰にもできない」（p.467：上三四四頁）[2]。ひとたび始まると市民社会化（civilisation、文明化）は世界史的必然となり、それに抗する者は死ぬしかない。それゆえエミールは社会化されなければならない。

しかしここで問題になるのは、ルソーにとって、――そしてここにはきわめて独創的で深い論点があるのだが、――市民社会の誕生自体は、人間の本性的発達の一環ではなく、「忌まわしい偶然」と考えられていることである[3]。そこでもしエミールが完全に市民社会から隔離されて成長することが可能だとすれば（実際は不可能だが）、彼は（同じ偶然が奇跡的に繰り返されない限り）社会化されない。しかしまた現実の市民社会化が彼に及ぶがままに放置すれば、彼は疎外され、堕落した人間になるほかない。ここにディレンマがあり、それを乗り越えるためには、エミールの社会化の機縁と形態とが工夫されなければならない。がその本質は、どちらにおいても市民社会の肯定的契機を受け入れ、否定的契機を遠ざけることにある。

二　労働による社会化

エミールは社会化されなければならないが、それは「私達」[4]にとっての認識であり、エミール自身は（情念の誕生以前であるこの段階では）まだ意識していない。そのようなこどもに何かを「強制」することは根本方針に反していたから、ここに教師の術策が必要となる。

エミールが市民社会化される機縁となるのは労働である。人類史における市民社会の始まり方について、ルソーの説明は完全に一義的、または明晰判明とは言い難い。しかしエミールの場合は、『言語論』における「北方民族」のそれ(5)と対応するように思われる。すなわち、身体的必要のための労働を通じて、「手伝って」[Aidez-moi.] という形での相互依存の成立である。

ともあれ「私達」にとっては公民的義務である労働も、エミールにとってははじめはそのようなものとして課されるのではない。ではどのように始まるのか。彼の好奇心、活動欲、そして模倣本能によってである。すなわちエミールは田舎に住んでおり、「創造し、模倣し、生産し、能力と活動のしるしを与えることは、あらゆる年齢の、特にこどもの望むところ」なので、畑仕事を始めていた（p.330：上一四三頁）。いまや彼に示される新たな範例は、ロビンソン＝クルーソーである。孤島に住むロビンソンは、空豆だけでなく、自分の身体的必要を満たすすべてをつくらなければならない。エミールが模倣すべきは、この独立生産者としてのロビンソンである。

ここで私達は、「教師の術策」についてあらためて考えてみよう。第二篇ではそれを教育的パターナリズムとして考察した。がここで考えると、これは人間が類としては獲得したものを個において再獲得させる（なぜならそれは本能ではないのだから、完全な個のまま放置したら発現しない）必要から生じている。すなわち他の生物における系統発生と個体発生の関係の場合とは違って、この場合の反復には目的意識的な媒介が必要であり、それが（人為としての）教育と考えられよう。この意味では教師の術策は教育の本質そのものであるとも言えよう。

ところで、ロビンソンを模倣しようとするエミールは、まさにこの経済的独立の追求を通じて、その事実上の不可能、あるいは経済的依存の必要を認識する。「エミールは、自分が使う道具を手に入れるためには他人が使うものも必要であること、そのおかげで自分に必要なもので他人が持っているものを、交換によって手に入れることができるのを知る」（p.467：上三四四頁）。こうして「人々を互いに有用なものとしている工業と機械技術」の面から、「人々の相互依存」が示される（p.456：上三二八頁）。これは彼の社会認識における大きな一歩である。

このようにエミールが社会化される機縁になる労働、所有、交換は、また彼がさしあたり適応しなければならない社会において、肯定的契機をなすものである。

三　市民社会的平等

エミールが入って行く市民社会は、ある意味で平等な社会である。「どんな〔市民〕社会も交換なしでは存在できず、どんな交換も共通の尺度なしでは、どんな共通の尺度も平等なしでは存在できない。こうして社会はみな、人々の中のであれ事物の中のであれ、なんらかの約束による平等を第一の掟とする」（p.461：上三三五頁）。人々の中の平等とは、人格上の、あるいは法的・身分的平等、事物の中の平等とは、物件上の、すなわち労働生産物の交換における等価交換原則と理解される。

平等は民主主義にとっての本質的要因の一つであるが、まず自然的平等と社会的平等が区別されなければならない（自然的自由と社会的自由が区別されなければならないように）。自然的平等とは、人間が自然的（生まれながら）には他者との支配関係にはないことである。「人々の間の約束による〔社会的〕平等は、自然的平等とはまったく異なり、実定法を、すなわち政府と法律を必要とする。こどもの政治的知識ははっきりして限られたものでなければならない。彼は政府一般については、彼が既に幾分かの観念を持っている所有権に関係するものしか知ってはならない」（p.461：上三三五頁）。――問題の社会が市民社会であるように、ここでこどもが認識すべき政府は市民政府である。実際、ロックの言う「市民政府」とは所有権の保全を目的とするものであり[6]、ルソーもまた市民社会の本質を所有権にみる点では一貫している[7]。そして財貨の交換は、それが単なる贈与や収奪でない限り、政治上の実定法同様、経済上の平等の上に成り立つ。このようにルソーは人間の（社会的）平等を、労働・所有・交換という物質的生活過程から基礎づけている。すなわち宗教的（「神の下での平等」）に、あるいは観念的（道徳性の主体としての平等）に基礎づけようとはしない。これはきわめて注目すべきことであろう。確かにルソーはこうした宗教的平等や道徳的平等を否定するわけではない。しかし少なくても教育的（発達論的）な観点からすれば、むしろ物質的生活過程における平等が先立たなければならないこと、これは単なる観念論的な平等思想から区別される、重要な、そして評価すべき考え方であろう[8]。

四　労働の義務と尊厳

さきほどと逆の順序で言えば、労働は、この段階におけるエミールにとっては遊びの延長であるが、事柄そのものから言えば社会的義務である。「社会の外では、孤立した人は誰にも何も負っていないから、好きなように生きる権利がある。しかし社会においては、必然的に他人を犠牲にして生きなければならないから、自分の生計の価値を、労働によって他人に払わなければならない。これは例外なしである。労働することはそれゆえ社会的人間に不可欠の義務である」（p.470：上三四八頁）。そしてエミールは「未開人のようなのらくら者になってはならない」（p.480：上三六四頁）。このような義務の遂行は、彼に真価をもたらすものである。ルソーはこどもを職人にすることで、「どんな時代にも彼を尊敬させることになる地位」（p.470：上三四九頁）を与え、貴族の息子を「人間という身分にひきあげ」（p.1440：上三四九頁）ようと言う。

労働のこのような評価は、精神史上どのような位置を占めるのであろうか。

第一に頭に浮かぶのはプロテスタンティズムの職業倫理である。とはいっても、はじめから確認しなければならないのは、ルソー自身は、労働の道徳性において宗教的な基礎づけを一切していない、ということである。そこで問題は、それでも新教的職業倫理はルソーに影響を与えていると言えるのか、またそうだとしたらはたして（またどのようにして）ルソーのそれは前者の世俗化であると言えるのか、ということである。飯岡秀夫氏は、ルソーの『学芸論』にふれつつ、それが「職業労働（実践）にはげむことをすすめる、ピューリタニズムの精神に通ずるのではあるまいか。」と指摘しているが、詳しく論及はしていない。(9)

言うまでもなく、「働らかざる者食うべからず」は聖書の言葉であり、ギリシャ思想（ヘレニズム）と違って労働を万人の義務とするのはキリスト教（ヘブライズム）一般の思想であるが、カトリックにおいてはそれは原罪に対する罰という意義づけにとどまっていたのを神の召命であると積極的に意義づけたのが新教だ、というのがヴェーバー以来の通説である。

ルソーはカルヴァンの都ジュネーヴの職人の息子として生まれ、父亡命の後は親戚の牧師の家で育てられた。たぶん、ルソーの労働観は、直接にカルヴィニズムからくるものでなく、ジュネーヴの小市民階級のエートスからくるものであろう。後者が（少なくとも十六世紀において）前者の社会的共鳴盤であったように、両者には同質性がある。たとえばジャニセニスムに近いパスカルが、職業労働を「気晴らし」［divertissement］として否定的にしかとらえられなかったのに対比すると、(10)この点でルソーを「新教的」と言うのは間違いではない。しかしカルヴィニズムとルソーの労働観の間には、いくつかの違いもある。第一に前者では超越的義務として課せられるが、ルソーでは社会的必要としてひきだされる。したがって前者では消費と切り離された義務のための義務であり世俗内的禁欲を旨とする。ルソーは快楽主義そのものは退けるが、享受を切り離しはしない「理性のエピクロス主義」(11)の立場である。またたとえば四十歳で成功への努力は放棄して隠遁を希望していたが、(12)これはカルヴィニズムにはふがいない誤謬の態度とされる。第三に労働において人間の尊厳をみるような思想は、ピューリタニズムからは、むしろ危険な被造物神化と警戒されるであろう。こうしてみるとルソーの労働観は、より純粋な市民的合理主義のものと考えられる。しかし他方でマンデヴィルやアダム・スミスは、労働を自愛心［self-love］のわざとし、労働そのものに道徳性を与えはしない。この意味ではルソーの労働観は、個人主義的―功利主義的社会観でなく、有機体的―共同体的社会観を基盤にしている。

『エミール』において、労働の習得は職業の習得である。なぜなら労働は「社会的人間の義務」である以上、単に発達上の効用のために労働が取り入れられるのではなく、自らを職人「の身分に高める」必要がある。こどもは踊りの先生に習うように親方の「弟子」［disciple］になるのではなく、その真の「徒弟」［apprentif］にならなければならない（p.478：上三六一頁）のである。

しかしここで私達は、ルソーの「労働」概念をはっきりとつかんでおかなければならない。彼は「職人の身分」に対して貴族のそれをはっきりと対立させており、「貴族もまた働いている」といった議論は当然ながら妥当しない。またここでは明示されていないが、ルソーの宗教観からすれば、僧侶もまた職業としては認められない。ルソーが認めるのは彼の言う「手の労働」であり、当時のフランス社会における第一身分と第二身分はそのまま除かれることになる。が勿論ルソーにとっても、（後のシェイエス同様）第三身分こそすべて[13]、なのである。アンサール＝ドゥルランは、「手の労働に与えられた特権は、彼の時代と一致し、古代の政治道徳には対立する観点を採用している[14]」と指摘している。補って言えば、無論中世の政治道徳とも、すなわち奴隷制とも封建制とも対立している。貴族と僧侶とは、ルソーの言葉を使って端的に表現すれば、職業の一種ではなくて詐欺の一種なのである。逆に言えば人格的自由と平等は、民主主義そのものとは言えないにしても、近代民主主義の第一の基礎的要件であると言えよう。この意味でルソーの職業教育もまた、民主的人間の形成の不可欠の一環となっている。

なお、ここでは政治家も職業として出ていない。立法権者としては、『社会契約論』の論理からすれば職業でないのは理解できるが、行政官は必ずしも排除されないはずである。ここにみえないのは「祖国」の現実的不在という『エミール』の前提によるものであろう。また兵役は公民的義務であるが、職業軍人は認めないのがルソーの一貫した考え方である。政治家と軍人を認めないというのは、民主主義思想にとってもきわめて重要な論点を提出しているが、ここでは詳論しないことにする。

五　教育における労働

たとえばロックの教育論においても、こどもに手仕事をさせるように指示してはある。(15) しかしそれは彼を職人にするためではない。「紳士」の養成を旨とすることからは当然であろう。ルソーの教育は職業人（労働者）形成の教育であるという点において、ルネッサンス的・人文主義的教育とは異なる。しかしまたそれは、プロテスタント的専門家への教育とも異なる。ルソーは、「私達は単に職人の徒弟なのでなく、人間の徒弟なのである」（p.478：上三六一頁）と注意している。ルソーにあっては、いわば「（ルネッサンス的）万能人と（プロテスタント的）職業人」は、対立させるべきものではなく、総合されるべきものである。これは近代民主主義の物質的基盤としては、要をなす事柄であろう。

この点でエルヴェシウスの教育思想は、明らかに専門教育の側に偏っている。[16] イエズス会的人文主義に対する批判としては、その進歩的意義を認めることもできるが、功利主義の立場に立つその職業教育観は、その天才賛美とあいまって、民主主義形成という観点からは問題が残る。またルソーの「人間の徒弟」という言葉は、後の教養小説（Bildungsroman）を連想させるが、教養小説（における教育思想）においては、職業教育の問題はどうとらえられているのだろうか。私達はヘーゲルにおいて、労働が人間形成において持つ大きな意味を正面から概念把握する試みがあること[17]をよく知っているが、ルソーにおける労働の問題の大きさは、あまり論じられてこなかったように思われる。

六　職業の評価と選択

選択される職業から既に除かれたのは、貴族、僧侶、政治家、行政官、軍人であるが、ほかにも職業は数多くある。そこで私達はそれらを評価し、選択しなければならないが、その基準は三つある。第一はその職業が事柄そのものにおいて持つ独立性の高さ、第二は、それが私達との関係において持つ「現実的効用」の大きさである。

第一・第二がなぜ、また具体的にはどのように評価基準になるのかを明らかにするために、再び役立つのが孤島のロビンソンである。いまや私達はルソーの次の言葉に基づいて、このロビンソンがエミールの模倣対象であるというときの意味を限定し、また範例であるというときの意義を明確化しなければならない。「この状態は社会的人間の状態でないと私は認める。たぶんエミールの状態であってもならない。しかしまさにこの状態に基づいて、彼は他のあらゆる状態を評価しなければならない」（p.455：上三二六頁）。すなわちカント風に言えば、それはそこに帰るべきものとして構成的に用いられる概念ではなく、それを顧みるべきものとして統制的に用いられる概念なのである。とりわけ、現実の社会においては、職業の評価における疎外（または転倒）があるだけに、社会のゼロ地点とも言うべきロビンソン物語は、「諸々の偏見の上にのぼる最も確実な手段」（p.455：上三二六頁）とされる。これは古典派経済学が、封建的社会観（「偏見」）に抗して、その市民社会概念を構成するのにロビンソン物語を用いたのと同様の発想なのである。

こうして第一・第二の基準に従うと、農業が第一、鍛冶職が第二、大工が第三となる（p.460：上三三三頁）。現実の市民社会においては、これとは逆に、より加工業的なもの、より贅沢品用のものほど多くの価値が与えられることに対し、ルソーが人々の「臆見」と「偏見」のせいにとどめていることについて、彼の経済学的認識の浅さを咎めるのは、時代錯誤的な苛酷さであろう。ともあれここからするとエミールは、「最も立派で、最も有用で、したがってまた最も高貴な職業」である農民（p.470：上三四九頁）になるはずであろうが、そうでないのは、彼が既に農業技術は身につけているのと、彼が土地を持たなかったり、失ったりする可能性があるからに過ぎない。

ところで第三の基準は、個人の好みや適性である。職業選択においても、可能な限りは個人の自由が許されることは、民主主義にとって重要なことである。この点で中国の「文化大革命」は、肉体労働と精神労働の統一ということがたとえ少しはまじめに考えられていたとしても、民主主義への大きな侵害があったと言わざるを得ない。

最後に残っているのは、学者（ルソーの時代の言葉では「哲学者」）および芸術家の問題である。両者について共通して言えることは、第一に、どちらも職業としてはしりぞけられる。第二に、しかし学問（あるいはむしろ判断力）そのもの、芸術そのものは単純に否定はされない。第三に、当時にあっては、現実に「哲学者」や「芸術家」は職業としては成り立っていなかった。第四に、しかしルソーがこれらを職業としてはしりぞける理由は、現実からきているのではなく、政治家や軍人の場合と同様、理論的能力や芸術的能力は、特定の「専門家」に占有されるべきでなく、すべての人に統合されるべきだとする考え方からきている。

次に両者の違いを言うと、学問は真理にかかわるが、芸術は人々の意見［opinion］に依存している。この「意見」は、現実の人々が疎外されていることに力点をおいてみると、むしろ「臆見」という訳語が語感をよく伝えるであろう。つまり、ルソーの考えだと芸術は社会的情念を本質とするので、芸術的能力が肯定的な意味において統合され得るのは、思春期以後、『エミール』では第四篇以後の問題となる。しかし真理（あるいはむしろ判断力）は自然的世界においても必要なものであるから、第三篇においても既に、「こどもは哲学者になりながら、自分は労働者に過ぎないと思っている」（p.443：上三〇九頁）とか、「彼は農民として働き、哲学者として考えなければならない」（p.480：上三六四頁）とか指示されることになる。それではルソーが、職業としてではないが、あるべき人間の一契機として要請する「哲学者」とは、何なのであろうか。「全体の秩序をよくみてとる者は、各々の部分があるべき場所をみてとる。一部をよくみて、それを根底から知る者は、学識ある人［un savant homme］であり得る。〔他方〕前者は賢明な人［un homme judiciux］であり、私達が獲得しようともくろんでいるのは、学問以上に判断力である」（p.466：上三六二頁）。すなわち重要なのは知識の量ではなくてその全体性である。ここの意味でルソーがここで言う「哲学者」とは、十九世紀初頭の「科学の制度化」によって成立した専門家としての「学者」よりも、いわゆる「知識人」（インテリゲンチア）を考えるべきであろう。ところで単なる（現実の）「労働者」や「農民」には、自分の職業の内部での詳しい知識は持っていても、それを「全体の秩序の中で位置づける」能力は持たない。ここに「職業人プラス知識人」の形成という理念をルソーは示す。これは民主主義の文化的基盤をなすものと言えよう。これなしでは、政治制度としての民主主義はたえず形骸化する危険を内在させている。

七　理性の自立

労働は知性を発達させる。それは類においては既に『不平等論』で論じられていたが、ここではそれが個において反復される。

どちらにおいても注意されなければならないのは、ルソーにおいては発達が同時に疎外でもあるという両義的、または弁証法的な関係である。それは現実の社会においては、「堕落」であり不幸の源であるが、しかしそれは「病の内なる治療薬[18]」なのであり、この悪を克服する条件そのものとして、潜在的には有益な進歩なのである。現実の社会が捨象される『エミール』の枠組みにおいては、アンサール＝ドゥルランの言うこうした「肯定的脱自然化」[la dénaturation positive]としての発達を、正面からみるべきであろう。

たとえば「予見能力」[prévoyance]である。『不平等論』でもその両義性にふれられていたが、ここでも言う。「たえず新しく生まれてくる必然の掟は、より不快な悪を免れるためには不快なこともしなければならないことを早くから人間に教える。これが予見能力の効用であり、これをよく用いるか悪く用いるかにより、人間のあらゆる知恵とあらゆる不幸が生まれる」(p.444：上三一〇頁[19])。——すなわち快・不快による本能的行動を越えて、目的合理的行為に移行することであるが、その祖形が労働であることは言うまでもない。目的合理的行為において、人は時間を対象的に意識することになり、言い換えれば時間との関係に身をおくことになる。こどもが「時間というものの価値を知り始めている」とルソーは言い、ただしそれを未だ「道徳的秩序」において示すべきではないと言う(p.444：上三一一頁)。自己保存のための単独労働が必要なロビンソンは、この際の参照物としても役立つであろう。

「好奇心」[curiosité]も同様である。「好奇心は、正しく導かれるなら、私達が到達している時期の原動力となる」(p.429：上二八七頁)。すなわち好奇心は悪徳の源ともなり得るし、事実現実社会においてはそうなっている。そこでこれを「正しく導く」とは、知識の対象を「存在するものでなく、有用なものだけ」に制限する立場である。道徳性の優位であり、カント的に言えば実践理性の優位であろう。しかしではこの「道徳性」の内容は何か。それはここでは、こどもの幸福（健康・自由・必要物）を妨げないこと、裏から言えばそれにとっての現実的効用に結び付くこと、である。したがってこどもの好奇心を「正しく導く」には教育者の術策が必要であるが、それはこどもの自然的発達にとって外的な価値からなされるのではなく、それを保全するために消極的に働くのである。これは「消極的教育」という全般的方針からすればわかりきったことのように思われるかもしれないが、次のことを強調したい。「消極的教育」というと、何かこどもの発達を放任するだけのように感じられがちであるが、むしろ教育者の強い目的意識性と熟達した技術によって媒介されなければならないものである、と。

さて、この段階における知性の発達において、民主主義の観点から最も注目すべきことは、理性の自立ということである。「彼は他人の理性でなく自分の理性を用いる」（p.486：上三七四頁）。そもそも各人が自分で考えるということは、民主主義の人間的基礎、と言ってよいであろう。しかし特にここで注目すべきというのは、第一に、ここでは感覚的理性から知的理性に入り始めているだけに、それだけいっそう言葉だけの知識、すなわち（自分の経験に裏づけられていない）他者の知識の鵜呑みに満足したり、ひっぱられたりしてしまう危険性が強まるからである。第二に、彼は既に市民社会的秩序を理解し、その相互依存性の中に自分を位置づけていかなければならないのであるから、それだけいっそう、臆見にとらわれないように自覚しなければならないからである。

こうしてルソーは、「教えられたからでなく、自分で理解したから知る」（p.430：上二八九頁）のが大切とし、言われたからでなく自分でよいと思ってするようでなければならないと言う（p.444：上三一一頁）。そのためにはどうしたらよいか。彼は、「学問を学ぶ方法を教える」（p.436：上二九八頁）ことが重要と言い、こどもが「学問を学ぶのでなくつくりだす」（p.430：上二八九頁）とさえ言う。それには第一には、「感覚が常に精神の案内者になる」（ibid.）ことである。天文学の初歩は天体の観察から始まる。物理学になると、単なる観察だけでなく実験が必要となる。この際重要なのは、こどもが実験の器械を自分でつくることである。それは「理性を卑屈にして権威に服従させるようにならないだけでなく、いろいろな関連をみいだしたり、観念を結び付けたり、道具を作り出したりすることにいっそう巧みになる」（p.442：上三〇七—三〇八頁）。そして「工場から工場へと連れて行く」際にも、「どんなことでも自分で仕事をせずにただ見学するようなことはけっしてさせてはならない。〔…〕一時間の労働は、一日の説明を聞いて彼が覚えるより多くのことを彼に教える」（p.456：上三二八頁）。そしてついには、こうした自然科学—技術学—社会科学の諸々の知識を関連づけ、統括し得る上で最も参考になる書物として、『ロビンソン・クルーソー』が提出されるに至る。私達が他人の知識を鵜呑みにするのではなく、自分の判断力を養い、事物そのものについての知識を得るためには、事物そのものを観察し、そこから得た観念に基づいてその事物を加工し、そのことによってこの観念を検証しなければならない。「仕事場で勉強する」ことによって彼の理性は自立する。労働は、さきには社会的人間の義務という側面から要請されたが、精神的発達の面からも不可欠である。現実の「哲学」は労働現場から切り離されることによって、労働を疎外するだけでなく、観念論あるいは「偏見」となっている。

ただし、勉強と労働とは、関連づけられなければならないが、区別もされなければならない。「身体の訓練と手の労働」の習慣は、それだけでは「反省と省察」を生むとは限らない（p.479：上三六四頁）。ルソーは「純粋に」、すなわち経験からまったく離れた理論的知識は遠ざけようとするが、さきに全体的知識として位置付けた「哲学」は、職人仕事やその機械的加算によって自ずから生まれるものではない。

孤立して生きている未開人は、他者の臆見からの（自然的）自由のうちにある。エミールは、社会的相互依存の中に生きつつも、労働によって、それも金持ちや貴族の臆見に依存する物質的・精神的な贅沢品でなく、誰もが必要とする物を作る労働によって、そしてそれと結び付いた理論学習によって、理性の自立を得ている。この意味で彼は「町に住むためにつくられている未開人」（p.484：上三六九頁）である。すなわち理性の自立という意味では未開人と共通するが、しかしそれは社会的に媒介されたものである。

八　補足的結語

以上の論述に関し、最後に問題点を付しておきたい。ここでは、労働を通しての市民社会への移行が中心となったが、その際市民社会はその肯定的意義の面からとらえられた。しかしルソーは各所でその否定的意義についても語っている。過程を単純な成長、量的増大としてとらえるのでなく、質的な各段階への移行としてとらえ、それゆえ各段階においてその肯定的側面と同時に否定的側面においてみ、自らを乗り越え発展するものとみることは、ルソーの方法の神髄である。また鋭い市民社会批判は、それ自体ルソー思想の重要な内容でありまた魅力である。しかし本章ではその主題からくる視座のために、戦略的にその面は捨象されている。この戦略の妥当性自体は問題となって当然であろうが、捨象されている面がルソーに不在なわけでも、私が認めていないわけでもないことを、改めて断っておきたい。これは第四篇以降の考察に際して、取り上げられることになろう。

（1）この用語はたとえば p.463：上三三七頁などにみえるが、ルソーが単に「社会」という場合にも「市民社会」を意味している場合が多いことに注意すべきである。
（2）「市民社会」の本質を私的所有にみ、したがってその対概念である「自然状態」の本質を私有の欠如とするのは、『不平等論』その他でも共通する。前者を社会一般と、後者を（孤立状態である）「純粋な」（または「第一の」）「自然状態」と混同してはならない。
（3）「不平等論」p.171：九六頁。
（4）ここで言う「私達」とは、ヘーゲル『精神の現象学』における用語法を念頭においている。「ルソーの弁証法」あるいは『エミール』と『精神の現象学』との比較は、この視角からも可能であろう。
（5）「言語論」chap.X.
（6）ロック『市民政府論』第八章、岩波文庫、一〇〇頁。
（7）「不平等論」p.164：八四頁、「政体論」p.263：四二頁。
（8）ただしルソー自身は、物質から精神へと進む方法をまさに（ロック的）物質論に抗するものと位置づけている（pp.551-552：中九九頁）。この問題は改めて検討したい。
（9）飯岡秀夫「ルソーの人間観と社会観に関する一考察」『高崎経済大学論集』第十八巻第四号、一九七六。
（10）M. Weber, Die protestantische Ethik und der Geist des Kapitalismus: *Gesammelte Aufsätze zur Religionssoziologie*, I, Tübingen, 1963, S. 72, et al. なお拙著（永井・福山・長島編）『物象化と近代主体』（Ⅶ近代的自我と社会倫理思想――パスカル

をめぐって——）創風社、一九九一、参照）（ヴェーバー『プロテスタンティズムの倫理と資本主義の精神』岩波文庫、一九八九、一一四—一一五頁他。）

(11) 「ジュリ」（6-5）、p.662:（四）一三八頁、「人は享受するためにこそ働くのです。」同書（4-11）、p.470:（三）一二七頁。

(12) 「夢想」（3）、p.1014: 四〇頁。

(13) cf. E. Sieyès, *Qu'est-ce que le tier état?*, Flammarion, 1988, p.31.（シェイエス『第三階級とは何か』岩波文庫、二一頁参照。）

(14) Ansart-Dourlen, *Dénaturation et violence dans la pensée de J.-J.Rousseau*, Klincksieck, 1975, p.120.

(15) ロック『教育に関する考察』岩波文庫、三一六頁以下。

(16) Helvétius, *De l'esprit*(Ⅳ-16), Fayard, 1988, p.545 ff.

(17) vgl. Hegel, Die Phäenomenologie des Geistes.

(18) スタロビンスキー『病のうちなる治療薬』法政大学出版局、参照。

(19) 中村信子氏はルソーがこれを「常に」否定的文脈で述べているとしている（「ルソーの幸福論——労働の概念を通じて——」市川慎一編『ジャン＝ジャック・ルソー』早稲田大学出版部、一九九三、一三三頁）が、正確でない。氏がルソーの「貨幣」のとらえかたも否定的側面しかみないのも、同じところからくる偏りであろう。

第四章　思　春　期

民主主義は、自由を宣揚し、平等を要求し、友愛によってこの両者を宥和させる。これこそ民主主義が福音書的本質のもので、その原動力は愛だ、といわせるものである。その感情的起源はルソーの魂のうちに、その哲学的原理はカントの著作のうちに、その宗教的根底はこの両者のうちにともにみいだされよう。――ベルクソン(1)

一　はじめに

『エミール』第四篇は第一―三篇を合わせたものとほぼ等しい分量を持ち、形式上はっきりと、内容上もほぼ対応する三つの部分に分かれる。すなわち著者によって「サヴォワの助任司祭の信仰告白」と題された部分が中間の約三分の一を占める。そこで以後第四篇のうち、そこまでを「上の部」、この「信仰告白」を「中の部」、その後を「下の部」と分けて呼ぶことにし、本章では「上の部」を主な検討課題とすることにする。

この「上の部」が扱っているのは年齢で言えば十代後半、思春期の男子である。主題として重要な論点としては、①社会的情念について、②憐れみの教育について、③歴史教育について、と整理することが可能と思われる。

二　社会的情念について

もとより情念論は以前から哲学の主要な論題の一つであった。しかし民主的人間の形成という観点からはたして、そしてどのような意味で情念が問題になるのであろうか。およそ「民主的人間」を問うということは、「民主主義」が単なる制度の問題としてではなく、その担い手の資質あるいは「エートス」の問題、言い換えれば「民主化の人間的基礎」の探求と合わせてはじめて十全となることを意味している。その「人間的基礎」のうち精神的側面を、能力心理学的に分けて考えると、知情意の三つとなる。このうち自由な意志や理性によって啓発された精神が、民主主義の人間的基礎として数えられることはみやすいであろう。では情念はどうなのか。

情念［passion］または感情［sentiment］は生まれたときからある。しかしここで問題にされるのは、愛と憎しみを中心とする対人的または社会的情念である。なぜならルソーは、それが自然的に生じるのはここ、思春期とするからである。まずそのことの意味を考えなければならない。

第三篇で既にエミールの社会化は始まっている。①しかしそれは社会的情念［passion］ではなく、身体的欲求［besoin］による社会化であり、したがってまた前者を自ずから生み出すものではなかった。これはルソーにとっては真の社会化ではない。なぜならここに生まれる市民社会［la société civile］は、人間にとって必然的なものではなく、[2]またその構成員は個人としての独立性を完全に失った、「分母に対する分子」（p.249：上二七頁）に成り切っていないからである。②「自然の教育」を主軸とするエミールの発達においては、外から人為的に情念を与えられることはなかった。③そこで第四篇で人ははじめて真の社会化＝脱自然化（dénaturalisation）を遂げる。その契機とされるのが第二次性徴である。だがここでルソーの論理展開にはいささか短兵急なところがある。なるほど性的成熟は「自然の歩み」に属するが、単なる性欲は未だ恋愛でなく、社会的情念ではないからである。このことは『不平等論』でもここでも認められている。性欲は情念の原因ではない。④そこでルソーは性欲を恋愛に、すなわち異性間の偏愛または個人的愛着に変容させる原因を語る。それは諸対象の比較による知識である。その知識は、対象の客観的な美や価値——というものがあるとルソーは考えているようである——の知識である場合も、むしろ主体の「偏見」とされる場合もある（p.493：中一一二頁）。⑤それなら社会的情念は対象一般を評価する働きに還元されるのか。この働きは第三篇の段階でも可能であった。だが恋愛は——少なくともルソーには——対象を評価する感情であるだけでなく、対象から評価されたいという感情でもある（p.494：中一一三頁）。承認は相互承認としてだけ可能である。この意味で第三篇の世界では、他者は未だ他我ではないので、真の社会化に至らないのである。社会的人間は意見［opinion］の世界に生きる。それは既に『不平等論』でもみられたが、この事態は単なる悪しき疎外ではない。逆に言えば第四篇で自己意識ははじめて対他的・対自的な自己意識となるが、それは全体性を失った欠如態としての自己であり、人間の社会性の深い根拠は、個的存在のこうした不完全性による（p.503：中二六頁）。⑥社会的情念の対象が、他我に限定されない他者一般だと広すぎるのはわかるが、逆にそれを恋人に限定するのは狭すぎないのか。親子・きょうだい・友達・国民などは承認の場にならないのか。勿論ルソーはなり得ると考えている。たとえばリュクルゴスが人間を「脱自然化した」（p.250：上二九頁）と言うとき、非恋愛的な社会性の成立が考えられている。⑦そうしたことがここでは問題にされないのは、「祖国」の不在ということが『エミール』の世界の前提にされているのが、無論一因であろう。しかし性的成熟を「第二の誕生」と位置づけたり（p.489：中五頁）、『不平等論』でも（ここと同様）、最初の社会において、恋愛を中心として「価値と美の観念」が生まれ諸々の社会的情念の生成が描かれる[3]のをみると、ルソーが社会化の要因として恋愛にある種の優越を与えていることも否定できないように思われる。⑧そしてそれはまさしくフランス文化圏の発想ではなかろうか。確かにそれが人間の発達において重要な意味を持つとしても、個人的性愛に大きな意義を与えること――ルソー自身、ある意味ではそうした感性と思想との使徒の一人となるが――は西洋近世の刻印を帯びており、より歴史的・社会的な考察を必要としよう。また「第二の誕生」という観念、それ以前の段階との断絶を一面的に強調していないか、という疑問も持たれよう。

　いずれにせよ、エミールは諸々の対象を比較してその差異の観念を得、それらを評価する。そしてその基準は第三篇のときと異なる。かつては「事物をその物質的な享受によってしかとりいれることを知ら」ず（p.464：上三三九頁）、「それを感覚的な関連によってしか判断できない」（ibid.）ので、宝石細工師よりも菓子屋を尊敬し、農業を第一の技術と考えた。未開人と同様に、大金持ちの宴会よりも農家の食卓を好む彼（p.464：上三四一頁）に、社会的偏見はなかった。しかし意見の世界に生きるようになると、そう簡単にはいかない。ここに羨み、競争心、妬みなどの悪い情念が生まれる危険性がある。それをどうするかが、第四篇上の部の大きな課題である。

他人の意見など無視せよ、という趣旨ととってはならない。遅かれ早かれ社会化は不可避であった[4]以上、それは「自然の歩み」に逆らうこととなろう[5]。これは「自然に帰れ」を標語としてルソーをとらえる誤解と結び合うものである。外観を気にかけるな、ということでなく、仮面の下にある素顔をみるすべを学べ、ということである。自己充足でなく、他我認識＝社会認識の道を進め、ということである。

三　「自己愛」について

ルソーにおける人間＝社会の認識・評価においてまずとりあげるべきことは、「自己愛」〔amour de soi〕の中心的位置とその肯定である。

私達の諸情念の源であり、あらゆる他の情念の起源であり、人間とともに生まれ、生きている間は離れない唯一の情念は、自己愛である。原初的かつ生得的で、あらゆる他の情念に先立つ情念であり、それらはある意味でこれの諸々の変容〔modification〕にほかならない。（p.491：中八頁）

自己愛は常に善で、常に秩序に従う。各人は特に自分自身の保存を負わされているのであるから、その配慮のうち、第一の、そして最も重要なものは、たえずそれに気を配ることであり〔…〕（ibid.）

情念の基本に自己愛をおくことは、ホッブズやマルブランシュにもあり、遠くはストア派やアウグスティヌスにも溯れるふつうの考えと言えよう。これを民主主義という観点からみたとき、問題になるのは、この事実問題を、あらゆる人間の生存権の根拠として、権理問題につなげたことである。この情念が自然的（生得的）であることは、生きることは、ロックの言葉で言えば自然権であり、どんな他人も奪うことはできず、奴隷制は否定される。

しかしルソーにとって（も）、「自然的」とは「神によって」ということである。「自己愛」が神によって与えられたものならば、神によって、あるいは神のためには否定され得るのではなかろうか。事実ある種の（すべての、ではないが）宗教思想家――具体的にはジャンセニストなど禁欲主義的な系譜――はそう考えており、ルソーはそれを意識している。

これに対して生存権をあくまでも擁護する方策は、一つは、反宗教的（または自然主義的）快楽主義の立場に基礎を持つことである。ルソーはこの道をとらない。(6) 彼は第二の道、合理主義的宗教思想によって反対論を退けようとする。

もし神が、自らが与える情念を無化するように人間に命じるならば、神は欲するとともに欲しないことになり、自己矛盾するであろう。けっして彼はこうした無分別な命令を与えなかった。（p.491：中七頁）

無論これに対しては、現代の反合理主義的神学からの批判はあり得よう。しかしここでは神学論議への深入りは避け、民主主義と合理主義との結び付きの一例として念頭におくことにとどめよう。ただ逆に言えば、自己愛を原理的に否定する思想は反民主主義にならざるを得ない。現にたとえばジャンセニスムは、きわめてエリート主義的な思想であった。(7)

次に問題になるのは、この「自己愛」と「利己愛」[amour-propre] との区別である。

自分にしかかかわらない自己愛は、私達の真の必要が満たされると満足する。しかし比較する利己愛は、けっして満足せず、満足し得ないが、なぜならこの感情は、私達を他人よりも偏愛し、他人が彼等よりも私達を偏愛することをも要求するが、これは不可能だからである。(p.493：中一一頁)

両者の区別は既に『不平等論』においても強調されていた。

利己愛と自己愛とを混同してはならない。その本性とその結果とによって、きわめて異なる二つの情念である。自己愛は、あらゆる動物に自分自身の保全に気を配らせ、人間にあっては理性によって導かれ、憐れみによって変容 [modifier] されて、人間愛 [humanité] と徳を生み出す。利己愛は、相対的で、人為的で、社会の中で生まれる感情で、各個人に他の誰よりも自分を尊重させ、人々が互いに加えているあらゆる悪を彼等に吹き込み、名誉の真の源である。(8)

両者の区別もルソーが最初とは言えないが、それを倫理思想の中核に位置づけたことは、ルソーの特徴と言えよう。ではその意味はどこにあるのか。それは彼が諸個人の生存を権理として是認する一方、他者に優越しようとする情念、あるいは利己主義を悪徳として排除することである。「利己愛」または利己主義が悪徳であることは、概念的にはほとんど同義反復に過ぎない。しかしここで考えなければならないことは、ルソーの時代には、この悪徳をある意味で是認しようとする理論が既にあったことである。その代表は言うまでもなくマンデヴィルであり、彼は諸個人の悪徳が公共の利益に、翻ってまた諸個人の利益になることを主張していた。これに対して、諸個人の悪徳を認容する社会は彼等の利益にもならないことを証明しようとする内在的な批判もあり得よう。しかしそれはルソーにおいては、少なくとも本質的ではない。なぜなら美徳なき社会は、彼にとっては、それ自体望ましくないものだからである。それにしてもマンデヴィルらの主張は、私達の考察にとっても、一つの問題提起である。すなわち美徳なき民主的社会、美徳なき民主的人間はあり得るであろうか。ルソーは明らかにこの問いに否と答えるが、彼の言うところが、私達にとっても十分に説得的な理論たり得るかどうかは微妙である。そこでまず言葉の操作によってずらされた問いに答えると、ルソー的な民主主義は「利己愛」とは調和できない、ということになる。非ルソー的な、徳なき民主主義も、少なくとも観念形態としては可能であるから、私達は民主主義の二つの形態を区別できる。すなわちルソー的な、「自由、平等、友愛」として表現される民主主義と、非ルソー的な、「自由、平等、ベンサム」として表現される、功利主義的で手続き論としての民主主義である。そして私達はまず、ルソー的な民主的人間の内実を、ルソーに即してみていくことにしよう。

なお、「はじめに」の問題提起とも関連するが、社会形態に対応するエートスを考えるのは、（M・ヴェーバーに先立つ?）ルソーの発見かと言えば、そうではあるまい。とりわけ「共和制の原理は徳であるというモンテスキューの命題をルソーは継承する」[9]。ただしモンテスキューにおいて「共和制」は諸々の政体の一つに過ぎず、規範的意味は持たされていない。ルソーの「共和制」――今日の用語ではむしろ「民主制」にあたる――が規範的であるのとは異なる。またそう考えると、さきほどルソーが「利己愛」の説明において「名誉の真の源」という（それまでの説明と比べるといささかつながりが不明確な）規定を与えたことも、モンテスキューにおいて「君主制の精神」が「名誉」におかれていることに[10]関係づけたくなる。そうすればルソーにおける「利己愛」の概念は、平等の評価と表裏するあらたな証拠となる。確かに「自由・平等・ベンサム」的平等もあるが、それは機会の平等であろう。これに対してルソーの平等は実質的平等を含む。機会の平等自体、ある種の実質的平等に支えられなければ形骸化してしまうと、彼は考えるからである。[11]

さて、ルソーにおいて「徳」がとる主要な形態は、「祖国」があるときには「祖国愛」であろうが、それがないときには「人間愛」である。それゆえ『エミール』の世界での積極的な道徳教育は、「人間愛」の教育を中心とすることになる。

四　「憐れみ」の教育について

「祖国」なき社会的人間の徳が「人間愛」というのはわかりやすいが、実はこの『エミール』第四篇上の部で、「人間愛」以上に論じられているのは「憐れみの感情」［le sentiment de la pitié］である。それはなぜか。

まず「憐れみ」と「人間愛」とはどのような関係にあるのか。『不平等論』では憐れみは①「人間の魂の第一の、そして最も単純な働き」として「自己愛」とともに措定されており、[12]「唯一の自然的徳」として「あらゆる社会的徳の源」になり、[13]②「人間愛」は「人間の種一般に適用された憐れみ」とされていた。[14]

このうち①は『不平等論』で十分に示されているように思われる。すなわち憐れみは、「あらゆる感性的存在、主に私達の同胞が滅び、または苦しむのをみることへの自然な嫌悪をひきおこさせる」[15]、「苦しむ者の立場に身をおく感情」[16]として、ある種の動物にも共通する普遍性を持つ。他方それは結果として徳を生む、あるいは徳の働きをする。それゆえ「自然的徳」とは、ルソーにあっては形容矛盾のようだが、「憐れみ」の両義性を示すものとして妥当である。それが厳密な意味での「徳」でないのは、憐れみは「反省に先立つ自然の衝動」であるが、ルソーにおける「徳」とは、自覚的なものでなければならないからである。

だがこうしてみると、第四篇上の部の中心主題が「憐れみ」でなければならない理由は明瞭である。第三篇までの非社会的人間の道徳教育は、徳を教えることでなく悪徳を防ぐことでなければならなかった。いまや積極的な「徳」の教育が必要であるが、その際「あらゆる社会的徳の源」として自然的な憐れみの感情が、自然的な善良さと真の徳を生む良心［conscience］とのつなぎの役を果たすのである。

だがなぜつなぎが必要なのか。良心は第四篇中の部の主題となろう。上の部と中の部との差異を生み出すものは何か[17]。言い換えれば、社会的人間の誕生が同時に良心の誕生として考えられないのはなぜか。二つの理由があるように思われる。

第一の理由。真の徳は自覚的なものとして、理性の発達を待ってはじめて成り立つ。ところで上の部の終わり近くに、「人間は容易に考えるようになるものではない」（p.550：中九七頁）という恐ろしい言葉がある。ルソーは確かに、理性的人間を完成された人間と考え、また人間を理性的存在にすることを当為としている。しかしまた事実問題としては、すべての人間が理性的となることは（少なくともさしあたりは）きわめて困難であるとみているのである。では理性（知的理性）を持たない人間には道徳性を否認すべきか。それはきわめてエリート主義的な思想であろう。

理性によって徳を獲得することは、ソクラテスやそれと同質の人々に属するものかもしれないが、もし人類の保存がそれを構成する人々の推論にだけ依存していたならば、ずっと昔に人類はいなくなっていたであろう[18]。

ルソーはいたるところで「哲学者」に対抗して「民衆」を擁護する。「民主主義」の基盤には言うまでもなく「民衆」の評価がなければならない。「良心」の基礎に「憐れみ」をおいたことは、ルソーの倫理を、貴族的・エリート的なものでなく民衆的なものに性格づけている[19]。

第二の理由。また知的理性への移行を前提としても、道徳性の構成要素は不均等に発展する。それは知情意の三側面として考えられ、ルソーにおいては、理性・良心・自由な意志がいわば三位一体的範式となっている。これらのうち自由な意志はエミールにとってははじめから現れており、自然的抵抗以外には彼の「自由」を阻まないという教育方針によって保障されている。[20] 他方知的理性は最後に発達するものであるが、社会的感情はその中間において、すなわち思春期における他者への欲求と自他を比較する理性と想像力の発達とによって発現する。ところでこれは『不平等論』における種の歴史についても同様である。すなわち自由な意志は「第一の自然状態」においてさえ認められ、人間を禽獣から区別する顕在的な徴表であった。[21] これに対し「憐れみ」を中心とする社会的感情は、能力としてははじめからあっても、人々が孤立しているこの状態ではごく偶然的にしか顕在化せず、実際に機能するのは「生まれたばかりの社会」すなわち家族や氏族の誕生とともにである。そしてこれらの自然状態を脱して市民社会に入って、「磨かれた理性[22]」が問題になる。ここでも個が種を反復する。

憐れみの両義性からくる問題がなお一つある。『不平等論』ではそれが「あらゆる反省に先立つ」とされているのに、『エミール』（および『言語論』）では、逆にそれが反省を前提するように書かれていることである。ここから二つ（三つ）の著作の位置づけや関連について諸々の解釈が生まれることになる。[23] これについて私は、ここには説明の不十分さはあるが、本質的な不整合や変化はないと考える。すなわち彼の理論は、憐れみは本能に基礎を持ち、原理的に反省（理性）から独立した能力であるが、その発現は反省によって媒介されて発達する、と把握できると考える。血の滴り、傷、泣き声や呻き声などはより早くから、より一般的に人の心をとらえるが、精神的な苦痛、内面的な苦しみなどは、もっと遅く、もっと一般的でない印象であり、そもそもそれらに感じない人もいる（p.511：中三八頁）。これは憐れみが反省に媒介されることの表れである。この意味で「エミールに憐れみを教え込んではならず、それを感じさせなければならない」[24]。

憐れみにおいて前提されるのは自他の比較であり、しかも評価を伴う比較である。では何によって評価するのか。憐れみは徳に導くものであるが、未だ真の徳ではない。それゆえこの評価は美徳・悪徳でなく幸福・不幸という観点によってなされる。そしてここで主に問題とされるのは、諸個人の無数に特殊な幸不幸ではなく、身分〔état〕や階級〔rang〕や階層〔ordre〕の幸不幸の評価である。

このことは既に、ルソーの幸福論が没社会的なものでなく、すぐれて社会的なものであることを示している。それゆえ「ここで自然的および市民的な不平等の程度が示され、社会秩序全体の一覧表が示される。」(p.524：中五八頁)

現代の賢者たちは、同じ量の幸福と苦痛とがあらゆる身分にある、と言う。支持しがたく、また有害な格律である。なぜなら、もし皆が等しく幸せなら、誰かに心を痛める必要がどうしてあろう。各人はあるがままにとどまればよい。奴隷は虐待され、弱者は苦しみ、貧乏人は滅びればよい。〔…〕彼等は金持ちの苦痛を列挙し、彼等の空虚な快楽のはかなさを示す。なんというみえすいた詭弁！　貧しい人より不幸だとしても、金持ちを憐れむことはいらない。不幸はすべて自分がつくりだしたものだし、自分の意志一つで幸せになれるのであるから。(pp.509–510：中三六頁)

これは支配階級とそのイデオローグに対する激しい批判である。非社会的幸福論は、悪しき社会的現実を覆い隠す、それ自体社会的性格または役割を持たされたイデオロギーである。[25]

ルソーはこの批判を、ただちにストア派＝観念論（による幸福論）への批判につなげる。「エピクテトスは主人が自分の足を折ろうとしていることを予め知ったところで、どんな得をしたことになるのか」(p.510：中三六頁)。ここはたいへん微妙な、しかし重要な箇所である。なぜなら確かにルソーは二元論者で、精神の側に重きをおき、当代の物質主義＝快楽主義的幸福論に反対したことは事実だからである。またほかの点ではストア派の影響や評価が大きいことも事実だからである。しかしルソーはけっして物質や身体を忘れない。むしろそれらを捨象する精神主義ないし観念論の、反民主主義的なイデオロギー性に敏感である。彼の自由や平等も（ストア派とは違って）、単なる「理性的存在としての」ものでなく物質的、社会的基盤を伴うものであるように、彼の幸福には、身体の自由や健康も不可欠である。[26]

奴隷や貧しい人々は不幸である。では貴族や金持ちは幸福なのか。だとしたら私達は、彼等のようになりたいと思うのではないか。だがそれは平等と人間愛の感情教育には対立する。立身出世主義を防ぐため、ルソーは二つの社会認識を示す。

一つは、富と権力とが、けっしてそれを持つ者の努力や功績の産物ではなく、不正と暴力の結果であることの認識である。「他の諸階級に有益であると自称している優越した階層は、実際には、前者の犠牲において自分達自身にだけ有益なのである」。「この第一の矛盾」から、大衆が少数の、公益が私益の犠牲にされ、「正義や服従といったもっともらしい言葉が、暴力の道具、不正の武器として使われ」、公権力とは、「弱者を抑圧するために最強者に付与され」たものにほかならず、実定法は常に弱者に対抗して強者を有利にする（p.524：中五八―五九頁)。こうした社会科学的認識が、幸福および徳の観点から、「力への意志」の発生を予防する。ビュルジュランの言葉を借りれば、ルソーの教説全体は、「贅沢が人を腐敗させること、また金持ちであるのは不正と他人の抑圧によること、したがって良心の不満を持たざるを得ないことを示そうとする[27]」。

もう一つ。「後は、そういう階級が手に入れている地位が、彼等の幸福にいっそう役立つかどうかをみ」ることが第二である（p.525：中五九頁）。そしてルソーによれば、彼等はその外面的な輝かしさにもかかわらず、不幸である。それゆえ教師は生徒に、財産家や権力者の輝かしさに感嘆させず、彼等の惨めさを示し、それを恐れさせせなければならない（p.507：中三二頁）。これは反立身出世主義教育と言えよう。

下層階級は物質的不幸に苦しみ、上層階級は道徳的かつ精神的不幸を負う。ではこのような社会─倫理教育はどこへ導くのか。それは「若者に、人々に同情し、彼等に似ることを望まないようにさせるためである。これは〔…〕人間が自らの種に対して持ち得る最も当を得た感情である。」（p.525：中五九頁）

ルソーは人間の本性に対しては楽観的であるが、現実社会の（疎外された）人々に対しては悲観的であり、この矛盾の認識こそが彼の社会的人間観の要をなす。

世間をよく知ることを若者に教え、そこで行われていることすべてを悪く考えるほどであってほしい。人間は本性的には善良であることを知り、感じ取って〔…〕ほしい。しかしどのようにして社会が人々を堕落させ倒錯させるかをみてと〔…っ〕てほしい。（ibid.）

憐れみの教育は、性善説と社会的疎外の理論に結び付く。

憐れみは自他の平等に基づく。金持ちの苦しみは彼等自身からくるのだから憐れむことはないが、貧しい人の場合はそうではない。そこでエミール自身が憐れまれるほど貧しくはないとしても、不幸な人の苦しみを、貧しい人の苦労を、自分の栄光の高みから見下ろすことに、諸君の生徒を慣らさせるな。そして彼が彼等を自分に疎遠と思うならば、彼等に同情することを教えることを望むな。これらの不幸な人々の運命は自分のものになり得ること〔…〕をよく理解させせよ。（pp.507–508：中三三頁）

ここからも強者に対する痛烈な批判が生じる。

なぜ王たちは臣下に対して無慈悲なのか。けっしてふつうの人間になるつもりはないからである。なぜ金持ちは貧乏人に対してあんなに苛酷なのか。貧乏人になる心配がないからである。なぜ貴族は民衆をあんなに軽蔑するのか。けっして平民にならないからである。（p.507：中三二頁）

憐れみと平等とは切り離せない。現代において平等や民主主義に対して最も激しく攻撃して最初のファシストになったニーチェは、同時に「同情」に対する最も激しい批判者であった。

しかしルソーの憐れみ論は、必ずしも平等と不可分のものでなく、むしろ彼の言う「利己愛」に結び付くのではないかという疑問も生じ得る。それは彼が、「憐れみ」を「共苦」［commisération］と言い換えながらも、いま苦しんでいない者が苦しむ者に対して持つ感情としたり、それゆえそこに「快美さ」があるとしたりするからである。

憐れみは甘美［doux］である。苦しむ者の位置に身をおきながら、しかし彼と違って苦しんでいないという喜びを感じるからである。（p.504：中二七頁）

彼は同胞の苦痛を共有する。しかしこの共有は自発的で甘美である。彼は、彼等の禍に対して持つ憐れみと、それを彼に免れさせている幸運とを同時に覚える。(p.514：中四四頁)

共苦はとても甘美な感情に違いないが、なぜならそれは私達に有利な証言をするからである。(ibid.)

こうした文言から軽率にも、この憐れみが一種の優越感であると読んでしまうのである。

しかしこれが誤解であることはすぐわかる。第一にこれらの引用の「甘美さ」は、「羨み」の感情が「苦い」[amer] ことや、冷酷な人間の不幸に対比されて人間的連帯感の快さとして言われており、優越感に関係づけられてはいない。第二に憐れむ者がその相手より「恵まれた」位置にあるとしても、人は自分も免れ得ないと思う他人の不幸を憐れみ (p.507：中三二頁)、かつ誰しも人生の悲惨を免れ得ないこと、すなわち共通性が憐れみの前提になっているのであり、現在はたまたま自分にその禍が現前していないがゆえの喜びなのである。なお「私達の苦しみ」としての共苦、少なくとも原因と種類が同一の苦しみを「互いに憐れむ」同情の存在を、ルソーはけっして否定しないであろう。しかしここで論じているのは別の「憐れみ」なのであり、そして道徳の基礎として意味があるのはこちらの「憐れみ」であろう。

憐れみの甘美さが指摘されるのは、心理的事実として興味深いだけでなく、行論上の意味もあろう。第一に、憐れみの教育として生徒の目に「悲しみの対象」をふれさせることは、彼の心を苦しめるだけではないかという疑問への答えとなる。第二に、「他人の禍に同情するには、確かにそれを知っていなければならないが、それを感じていてはならない。」(p.514：中四四頁) という微妙な条件を知ることと結び付いている。

ところで問題の誤解は、単なる読者の不注意ではなく、事柄そのものとして、本来の憐れみが優越感の「同情」に転化してしまう危険性を持つことに基づく。ルソーはこのことに気づいており、したがってこの変質を防ごうとしている。エミールは他の人々に同情し、彼等に似たくないと思うであろう(p.525：中五九頁)が、この比較は危険性もはらんでいる。

彼等に同情することで、彼等を軽蔑しようし、〔…〕自分をより幸せと感じることで、自分がそうであるに値すると思い込むであろう。これが最も恐るべき誤りである。〔…〕自尊心［orgueil］の幻想よりも偏見の幻想のほうを私はより好まないであろうか〔…〕。(pp.536-537：中七七頁)

ここまでくれば少なくともルソーの意図は明白であろう。憐れみの教育は徹底して優越感と闘う。彼の教育は、「利己愛や自分自身についての尊大な意見を醸成させず、支配や他人の支配の中に自分の楽しみを求めることを回避」(p.545：中八九頁)させるものである。

青年が冷酷になり、人が感性的存在を苦しめるのを見て喜ぶようにさせるのは、一種の虚栄心で、同じ苦しみを、自分の知恵や優越によって免れていると思い込むときである。(ibid.)

ルソーの倫理思想が反観念論という意味で反ストア主義であることはさきにみたが、それは反個人主義という意味では反エピクロス主義である。[28] 現実の市民社会は不平等に基づくため優越志向の社会であり、それゆえ憐れみさえすぐに優越感に反転しようとする。こうした読解の一例が、ニーチェに好意的な哲学者中村雄二郎にみられること[29]は特徴的であろう。哲学者だけでなく、既に「同情」という日本語は、（少なくとも若い世代では、）優越感を含意するものになったことには、日常意識におけるその表れである。近年のサディスティックな風潮の一因には、優越心を煽る教育（「ボランティア」の福祉活動まで点取りの手段になってきた）が挙げられよう。それゆえその克服には、憐れみ（共苦・同情）の正しい復権が必要なのではないか。(30)

ルソー的同情は優越でなく平等を志向する。その同情が真実で深いものであるほど、それは理性を刺激し実践を促す情念となる。憐れみがある種の甘美さを持つとしても、それは自己充足する感情ではない。

不幸な人々をみて、癒し得る病に同情するだけで満足する、あの不毛で残酷な憐れみしかエミールが持たないとは、私は想定しなかった。彼の積極的な慈善心は、もっと冷酷な心なら得なかったであろう〔…〕知識を与える。〔…〕抑圧されている者が、権力者や金持ちに虐げられ呻いているのをみれば、これがどんな策略に覆われているのかを探求するが、彼はあらゆる惨めな者に関心を持つので、彼等の禍を終わらせる手段は、彼にとってけっして無関心ではない。（p.546：中九〇頁）

ここまでくれば、ルソーの憐れみの理論がまっすぐに『社会契約論』につながっていることは明らかであろう。そして（ルソー自身は否定するであろうが）、フランス革命へとつながる道であったことも、否定できないであろう。ルソーの仕事が民衆を動かしたのはまさにこの部分によってであるというミシュレの指摘(31)も、おそらく正しいであろう。

五　歴史教育について

憐れみの教育は、性善説と社会的疎外の理論に結び付くものであった。ここで歴史教育が現れる。事物が対象の教育は直接経験を旨としたが、人々の教育はそうはいかない。なぜなら「人間」[l'homme] は善良であるが、直接経験で知られる現実の「人々」[les hommes] は邪悪だからである。人々が彼を欺くならば、彼は彼等を憎むであろう。しかし〔…〕彼等が互いに欺き合うのをみれば、彼等を憐れむであろう。（p.525：中五九頁）

こうした観点から行われる歴史教育の実態は、歴史学的であるよりも人間学的―モラリスト的である。それは彼が「歴史」にほとんど「寓話」と同じ位置を与えていることに表れている。すなわちルソーには、実証主義的な意味でも、歴史主義的な意味でも、まだ十分な「歴史」概念がない。ここの「歴史教育」は、ヘーゲルの分類を借りれば「教訓的歴史」に近いであろう。[32] 確かにこの時期のエミールの歴史教育論であるこの部分だけで、ルソーの歴史把握を評価することは早計であろう。これは『不平等論』におけるあのすばらしい歴史把握ともあまりに距離がある。しかしまた「偶然」の過大評価[33]や、歴史家の「利害」や「偏見」――今日ならイデオロギーと呼ばれるもの――の過大評価、言い換えれば、歴史科学の方法論の理解不足を指摘されざるを得ないであろう。

以上は真理という観点からの、ルソーの歴史教育論への批判であった。では民主主義という観点からはどうか。民主主義は価値としては、普遍的（超歴史的）妥当性を持ち得るが、事実としては――思想・運動・制度のどの面でも――歴史性をも持つ。歴史主義に至らない社会思想は、抽象的理想主義と抽象的現実主義の二者択一か、両者の不整合な並立に陥りやすいが、ルソーの思想にもこの弱点は指摘できよう。

しかし「民主的人間の形成」にとって、ルソーの歴史教育論には、有益な点、注目すべき点もいくつかみられる。

第一に、視野の拡大という点である。経験重視はよいが経験主義に陥ってはならない[34]。人は自分や周囲の人々によって、「人間なるもの」の観念を捏造しがちである。しかしルソーは、どんな時代、どんな階級、どんな国民にも属するものだけを「人間」に属するものと規定し（p.550：中九七頁）、細部（現実の人々）をみるためには近づいて、全体（人間）をみるためには離れてみる（p.542：中八六頁）、複眼的方法を提出する[35]。

第二にここでルソーが、有名人の事跡を教えることに反対するのが、歴史教育としては問題であろうが、注目すべきである。「有名になるのは悪人だけである。善人は忘れられているか、笑い者にされている。」（p.527：中六二頁）という言葉は、痛烈であるが、ルソーにおいて「卓越」志向を批判する面において一貫している。さきにルソーの教育思想を反立身出世主義と呼んだが、反英雄主義であるとも言えよう[36]。

確かに彼の歴史教育の実例として有名人は出てくる。しかしそれは有名人としてではなく、私服の、一個の人間としてであり、無名人でも——もしその記録が残っているならば——構わないし、したがって寓話とも等価なのである。

ではそのようなただの人間たちの挿話から、何を学ぶのか。ここで私達は、『ジュリ』（または新エロイーズ）の「第二の序文」を想起してもよいであろう。そこで読者を代表する発言者が、この小説に描かれているような「ちっぽけな世界から何を教わるのか？」と尋ねるのに対し、著者の代弁者は答える。「人類を愛することを教わるのだ。大きな社会では人間を憎むことしか教わらない[37]」と。確かに通常の、しかし本当の「歴史教育」は、悪くて人間への嫌悪を、よくて彼等への同情をひきおこすはずである。けれども人間愛が民主主義の感情的源泉であるならば、——そして私はそれに同意するのであるが、また「性善説」はその理論的対応物であると考えるのであるが——その育成は何らかの形で考慮されなければなるまい。

六　おわりに

ルソーは自らの思想全体の一番の核心を、「人々は邪悪である、しかし人間は本性的には善良である」という命題で示す[38]。『エミール』もこれを証明する哲学的著作であると言う[39]。

この観点からすれば、第三篇まではこの真理はルソー（哲学的考察者）には知られていても、エミール（考察対象である意識）にとっては自覚されていなかった。ここ第三篇上の部において、それはエミール自身の認識するところとなり、即自から対自へと移行する。さらにこの真理が即且対自的になる地点こそ、中の部、「サヴォワの助任司祭の信仰告白」にほかならない。

(1) 「道徳と宗教の二源泉」『世界の名著　64　ベルクソン』中央公論社、一九七九、五〇四頁。
(2) 市民社会発生の偶然性については、「不平等論」参照。
(3) 「不平等論」p.169：九三頁。
(4) 「人間は社交的になるようにつくられている」p.600：中一七一頁。
(5) Cf. J. Polin, *La politique de la solitude*, Edition Sirey, 1971.
(6) 第二部第四章、参照。
(7) 拙著（永井・福山・長島編）『物象化と近代主体』（「近代的自我と社会倫理思想」）創風社、一九九一、参照。
(8) 「不平等論」p.219：一八一頁。
(9) 木崎喜代治『フランス政治経済学の生成』未來社、一九七六、四三八頁。この著者はヴェーバーを念頭において、ルソーの mœurs を「エトス」と訳すことを述べる。筆者はこれには従わないが、そのもとにある考えはよく理解できる。
(10) モンテスキュー『法の精神』（Ⅲ、6–7）。
(11) 「契約論」（1–9）。
(12) 「不平等論」p.125：三〇頁。
(13) 同書、p.154：七一頁。
(14) 同書、p.155：七三頁。
(15) 同書、p.126：三一頁。
(16) 同書、p.155：七三頁。
(17) 「憐れみ」と「良心」の関係性については、第二部第二章参照。
(18) 「不平等論」pp.156–157：七五頁。
(19) Vargas, *Introduction à l'Emile de Rousseau*, PUF, 1995, p.123. ルソーの思想を全体的に扱う研究はほとんど「憐れみ」にふれているが、その社会性に注目するものは少ない。その中でヴァルガスはそこに「民主主義の雛形」をみるなど、すぐれた解釈を示している。

（20）第一章第三節、第二章第一節、参照。
（21）「不平等論」pp.141-142：五二頁。
（22）同書、p.152：六八頁。
（23）スタロバンスキー、デリダ、ポルセなどの間で解釈の違いや論争があるが、詳しくは立ち入らないことにする。
（24）Ravier, *L'éducation de l'homme nouveau*, t.Ⅱ, Edition Spes, Isoudun, 1941, p.119.
（25）Cf. Mauzi, *l'idée du bonheur dans la littérature et la pensée française au* X Ⅷ *e siècle*, ch. Ⅵ. ヴォルテール、テュルゴ、コンドルセなどの不平等弁護論とルソーは対比され得る。
（26）Kriger, *La conception de la liberté chez Rousseau et ses répercutions sur Kant*, Nizet, 1979 はこの点でカントよりもルソーの自由論をより評価する。
（27）Burgelin, note：O.c.t. Ⅳ, p.1471.
（28）嵐で苦労する他人を陸で眺めるのはおもしろい、自分はそういう不幸にあっていないことを自覚するから、というルクレティウスの言葉（『事物の本性について』第二巻冒頭）参照。なお拙著『共感を考える』（第二部第一章「古代後期思想における〈同情〉の否定」）創風社、二〇一五、参照。
（29）中村雄二郎「ルソーのいう〈怪物〉、ルソーという〈怪物〉」『現代思想』一九七九年十二月号、青土社。
（30）拙著『共感の思想史』創風社、二〇〇六、第一章、参照。
（31）ミシュレ「フランス革命史」『世界の名著第48巻』四七頁。アレントは事実問題としてこの（同情倫理とフランス革命の）関連を認めつつ、価値問題として両者を批判する。拙著『共感の思想史』（第16章「アレント」）参照。
（32）ヘーゲル『歴史哲学講義』序論A（b）参照。
（33）「クレオパトラの鼻」や「クロンウェルの結石」に関するパスカルの反歴史主義的警句が思い出される。パスカルの歴史観については、前掲拙著『物象化と近代主体』参照。
（34）教条主義と経験主義とをともに退けるという意味に限定して言えば、毛沢東の「実践論」は有意義な論文であろう。
（35）「言語論」でも同じ方法を示している。p.394：五六―五七頁。
（36）ルソーには英雄主義的側面も確かにあり両価的であるが、私は批判面がより重要と考える。初期の論文「英雄の徳とは何か」でも同様なことが言える。名声欲への批判はDernière réponse à Bordes：O.c.t.Ⅲ, p.83, et al. なおアレントは「名を残すこと」と「卓越」とを求める活動を強く擁護し、礼賛する（『人間の条件』）。注（30）の箇所の問題と合わせ考えるべきであろう。
（37）「ジュリ」p.14：（一）一九頁。

(38) Dernière réponse à Bordes：O.c.t.Ⅲ, p.80：「不平等論」p.202：一四七頁；Lettre à Beaumont：O.c.t.Ⅳ, p.937；「対話」p.934.
(39) lettre à Clamer, 1764. 10. 13：C.c.t.XXI.

第五章　哲学・宗教と教育

一　本章の課題

ルソーの教育思想にはいろいろな評価があり得よう。だがいずれにせよそれはルソーの教育思想を理解することが前提となる。しかし従来はまず『エミール』以外の著作の教育論がほとんど無視され、『エミール』においても、思春期以前を対象とする部分からつくられた「イメージ」が理解の中心となることが多かった。そこからその全体的性格が十分に把握されず、社会教育的側面や青年期の教育が無視ないし軽視され、「こども時代」の教育についても誤解や一面的理解が伴いがちであった。これを是正するにはルソーの教育論全体を把握しなければならないが、さらにそれは、彼の思想全体の中で、それゆえたとえば政治思想や芸術思想といったものとの関連において位置づけないと十分に理解されない。哲学と教育論との関係もその一つであり、本章はその考察をめざす一つの試論である。ルソーの「哲学」は、その宗教思想や倫理思想と一体のものであるが、『エミール』第四篇の中間部、「サヴォワの助任司祭の信仰告白」(以下「信仰告白」と略)と題された部分に、最も詳細に展開されている。それゆえ主にここから考察したいが、それでもこの試論には広すぎる限定であろう。そこで私は、ルソーの教育思想を「民主的人間の形成」として検討するという自分の観点から、そのことと彼の哲学との関連に問題意識の中心をおくことにしたい。

二　哲学の端緒と認識関心

ところで哲学教育はなぜ必要なのか。ルソーは「自然の教育」を第一の依拠点にするので、哲学も外から注入するのでなく、思春期に至った青年が、「彼の知識の自然の進歩」(p.557：中一〇八頁)によって哲学的諸問題に自から関心を向けるときが待たれる。このように理性の自立を保障する方法は、民主的人間形成の一つの軸であった。これはカント風には人間の本性としての(からする)哲学[1]とも言えよう。

ではその中心的問題は何か。「私の存在の原因と私の諸義務の規則」であり、それは「私達にとって知ることが重要である事柄」(p.567：中一二四頁)である。また既に「こどもに教える学問は一つしかない。人間の諸義務の学問である」(p.266：上五一頁)と言われていた。ここまでの教育はしかし、心身の鍛錬、自然研究と労働、社会の技術的(非道徳的)研究として、その準備教育であった。それは悪を防ぐことによって善良さを保ったが、義務を知らせることで徳性を与えるものではなかった。ここで教育の大きな転換が行われ、それには「哲学」が不可欠になる。「哲学」のこの問題設定をどう考えるか。ここでルソーが重ねようとするデカルト哲学の認識関心は、より認識論的であり、そのさきには、「新しい実際的哲学」[2]――近代科学および工学――による自然の利用、という展望があった。これに対しルソーの問題設定はより実存的、倫理的である。[3]それはさしあたり民主的でも反民主的でもなく、近代社会の青年に稀でない問題意識に応えるものと言えよう。

三　ルソーの哲学と民主主義

「信仰告白」における狭義の哲学と倫理思想において、「民主主義」の観点と特にかかわるのは、自由論と良心論であろう。

まず自由論であるが、これは長い間哲学の重要な対象であり続けている。その議論は①意志の自由②権理としての自由③状態としての自由、の三つの水準に区別してなされるのがよいと思われる。この三つは「抵抗がない」という点で共通するが、①は神や自然的必然性から人間の意志が決定されないことであり、ここで扱われているものである。②は政治的権力から人間の行為が拘束されない保障を持つことであり、民主主義とはこの自由を政治体の成員に平等に保障する体制であると言えよう。③は人間が内的情念にも外的必然性によってもその自発性を支配されない存在であることであり、最も高次の自由である。

①と②の関係は、ホッブズやスピノザを考えれば、一見するほど単純ではない。しかし民主主義を快苦や「力」の面からでなく、道徳的要請として（も）とらえる立場からは、①は②の必要条件として確保されなければならない。またルソーにおいて自由は全思想を貫く一主題であるが、ここはいわばその哲学的基礎づけをなすものと言えよう。

ではそれはうまく行われているか。彼の論理は、意志の自由は意識の直接与件として明証的だ、と要約できる（pp.585-586：中一四九―一五一頁）。私はこれを承認するが、カントのものがより十全であるように思われる。すなわちカントは、それを道徳的意識の条件と限定することによって、問題の性質をより明らかにしているのではなかろうか。つまり自然的存在としての人間の「自由の意識」は、彼が自然的必然性によって決定されていること（それは証明され得ず蓋然的理説であるにせよ）の反論としては十分に説得的ではない。しかし人間の道徳性の存在根拠としては自由を想定せざるを得ないからである。このカントの自由論は、ルソーの存在論的な二元論を人間論的な二元論として組み換えることで、うまく継承発展させたように思われる。

次に良心論をみよう。良心はルソーによれば、「正義と徳の生得的原理」（p.598：中一六九頁）である。その生得性において、その感情性と普遍性とが含意される。これはまず性悪説を反証する根拠の一つである。ここでも性悪説そのものについてでなく、それと民主主義との関係を考えてみたい。まず明らかに、非民主的社会における運動としての民主主義は、性悪説からは出てこないのではないか。人間が利己的であり、「個人的利害」が唯一の動機であるならば[4]、人は「正義と徳」――すなわち人類や国民の共通の福利――でなく、強者に従ったほうが得だからである。次に市民革命以降の制度としての（個人主義的ないし資本主義的）民主主義においては、性悪論者は「多数」という名の強者に――あるいはむしろ強者である限りの「多数」に――従うが、ルソーによれば、徳は多数者の意志でなく一般意志に従うことであり、両者の一致はア・プリオリに保証されているわけではないから[5]、性悪説は原理的には民主主義ではない[6]。個人の損得を超えて公益を志さざるを得なくさせるものが良心であり、それは民主主義をその担い手の心情において支える原理である。しかしこれは何か抽象的な理論への「信仰」ではなく、また「良心は純粋理念ではなく一つの事実である[7]」。つまり「私達は他人の幸福も願っている」（p.597：中一六七頁）のであり、「共同の利害のために語る自然の感情」（p.602：中一七五頁）は、いきいきとしたエネルギーであり、少なくとも「『自我』の限界に心を閉じ込め」ようとする「偽りの思慮」（p.602：中一七四頁）と現に闘っている力である。ルソーの良心は「その放心を求め」、またそれを「拡充」しようとする「工夫」である[8]。

四　ルソーの宗教と民主主義

以上のように自由と良心とを重視する哲学は、各人の理性と感情による吟味を求めることになる。しかし助任司祭の「哲学」は、「自然宗教」に導くものであった（pp.606–607：中一八一―一八四頁）。宗教としてある「神」を定立する以上は、各人に内在する精神的能力を何ほどか制約するのではないか。これにルソーは答える。「彼〔神〕は私に、善を愛するために良心を、善を知るために理性を、善を選ぶために自由を与えているのではないか」（p.605：中一八〇頁）。それゆえ各人が自らの精神を「敢えて用いる」ことは、彼の「自然宗教」と矛盾するものではない。

しかし啓示宗教は、現に一つの権威である（あった）だけでなく、そもそもこうした「批判的」立場そのものを否定し、権威の必要性そのものを主張する。それゆえルソーの哲学＝宗教は、この点で啓示宗教批判を伴わざるを得ない。ただしこの批判そのものについて、ここで多くを述べる必要はあるまい。またそれは理神論や無神論の側からなされた議論の集大成をそう超えるものではない。本章にとってより重要な宗教問題は、寛容についてである。言うまでもなく寛容（tolérance）は、信教の自由、思想信条の自由として民主主義の根本原理の一つである。

まずルソーは言う。「公民的寛容と神学的寛容との区別はこどもだましでむなしい。これら二つの寛容は分けられない〔…〕。天使でさえも、自分が神の敵とみなすような人々とは平和に暮らせまい」（p.628：中二二二頁）。はたしてそうであろうか。「神の敵」を滅ぼすのは神自身の業として、彼等を愛さないにしても迫害はしない態度は可能であろう。実際ヴォルテールは、「神の敵」同士が世俗的に交際したり取引したりしているイギリスの実情を報告しなかったであろうか(9)。ルソーは問題を少し単純化しているように思われる。また哲学的には「区別」と「対立」との違いは重要な論点の一つであるが、これはルソーの哲学的弱点の一つである。すなわち彼には対立を克服しようとするあまり、区別をも否定して同一性へと還元しようとする傾向がある。しかしこの点でルソーを弁護すれば、次の二点が述べられる。第一は社会的背景であり、当時の実定諸宗教の側に、公民的寛容を意義づける内在的契機がなく、他方それを説いていたのはスピノザ、ベール、ヴォルテールのような、無神論的とみなされがちな思想家たちだったことである。第二に確かに、公民的不寛容と神学的不寛容とは、区別とともに関連をも持つことである。「神学的不寛容が認められているところではどこでも、それが何らかの公民的結果を生まないことは不可能である。それが生まれれば、主権者はもはや、世俗的な事柄についてさえ、主権者でなくなる[10]」。これはカルト教団の犯罪行為などを考えれば明瞭であろう。教主の命令とあらば民主的に制定された法も平然と犯す宗教活動を禁止・処罰することは、信教の自由の侵害ではなく、むしろ（万人にとっての信教の自由の保障を含む）民主的社会の必要条件である公民的＝宗教的寛容の遂行である。以上の但し書きはつくが、ルソーの寛容論が政教分離という観点[11]よりも、社会的＝宗教的寛容という観点からなされているとは言えよう。

こうして「信仰告白」におけるルソーの宗教教育思想は、自然宗教論とそれに結び付いた寛容論である。しかし彼の教育論を『エミール』だけでとらえてはならないことを、ここでも想起しよう。『エミール』はあくまで「祖国」の不在という前提の下で構成されており、祖国の――したがってまた公民教育の――不在はけっして望ましいことでもやむを得ないことでもない。この意味で『エミール』は、ルソー自身が言うように、祖国の再建をめざす『契約論』と相互補完的に読まれなければならず[12]、またその視角で読むならば、『エミール』もまた既に潜在的な公民教育論なのである。

そこで『契約論』の第四篇第八章「公民的宗教について」を検討してみよう。そこでは彼は宗教を

「社会との関係で」三種類に、すなわち①人間の宗教②公民の宗教③僧侶の宗教に分ける。「これら三種類の宗教を政治的に考慮すると、すべてそれぞれ欠点を持っている」[13]。③（カトリックや日本の宗教）は①と②との分裂・矛盾から成り立つもので、明らかに悪いとされる。残るのは①と②であるが、①は「福音書のキリスト教」とも呼ばれ、②は「原始の諸民族のすべての宗教」を含む。

私達にまず問題となるのは、「信仰告白」の「自然宗教」が①と同一のものなのかである。それは確かに、「神殿、祭壇、儀式なく、至高な神の純粋に内的な礼拝と道徳の永遠の義務に限られ」、「自然的な神法と呼ばれ[14]」る点で、①の規定に適う。しかしそれは「まったく精神的で、天国のことだけに専心する[15]」という規定には適わないし、「真のキリスト教徒は奴隷になるようにつくられている[16]」という規定などは正反対のものであろう。そこで私達はこう言えるであろう。①から非現世的・非公共的という性格を除いたものが、「信仰告白」の「自然宗教」である、と。

それにしてもこの「自然宗教」は、類型としては「公民の宗教」ではなく「人間の宗教」に属するものであろう。では『契約論』における「人間の宗教」の評価をどう考えるべきなのか。だがこれはルソー理論の中軸的問題である人間と公民との関係の問題の一環である。この両者もどちらも「それぞれ欠点をもっている」のであり、両者の分裂や矛盾は、ルソー思想の論理的矛盾ではなく、むしろ市民社会そのものの分裂と矛盾（のきわめて正しい認識）なのであり、したがってめざされるべきは、現存の諸形態からの選択ではなくて、両者の統一、止揚なのである[17]。教育で言えば、目標は人間でも公民でもなく、その統一であった。ただし『エミール』においては、さしあたり現存の＝悪しき社会を捨象した

「人間」形成により、あり得べき公民形成の準備を図る道をとり、逆に『契約論』においては、「人間」を所与のものとして理想の社会制度を構想する道が主となる。前者は主体形成、「民主化の人間的基礎」の、後者は客体的諸条件の考察であり、それゆえ「二冊合わせて」[12]読まれるべきなのである。

この図式を頭において宗教問題にかえろう。①と②との統一・止揚はどのようにして可能であろうか。まず①の側から言えば、まさに非現世的・非公共的な性格の除去が必要であろう。こうしていわば純化された「人間の宗教」は「信仰告白」の「自然宗教」であったから、この点で『エミール』の宗教教育は、人間形成の一環としての宗教教育でありつつ、公民形成の一環としての宗教教育の準備であり得る。では②の側からはどうか。『契約論』はさしあたりは祖国と公民の形成に向かうのであるが、実在する（した）それらをその「欠点」ごと是認するわけではなく、やはり「公民の宗教」として純化された形態が理念として提示されなければならない。それはA「厳密には宗教の教義としてではなく、それなくしてはよい公民、忠実な被治者であることが不可能な、社会性の感情として」、教主でなく「主権者がその項目を決めるべき純粋に公民的な信仰告白」である。Bその内容は、有神論と「社会契約および法の神聖」を肯定し、不寛容を否定することである。CⅠ「これらを信じることは誰にも強制できないが、信じない者は誰でも主権者は国家から追放できる」。Ⅱ「まさにこれらの教義を公に認めた後でこれを信じないかのようにふるまう者は、死をもって罰されるべきである」[18]。以上の公民的宗教の思想は、民主主義という観点からはどうなるか。第一に政教分離という点では、これは一見国定宗教のようであるが、「厳密には宗教の教義としてではなく」法の順守と「社会性の感情」を本質とするものとみるならば、政治体の当然の要請であろう。この「公民的宗教」に反しない限り、諸々の公民がそれぞれ特殊な教義や祭祀による宗教を持つことは排除されていない。第二にBで寛容を説きながらCは不寛容であるという非難がある。だがこれは第一の点を認めるならばあたらないであろう。国家の基本法を守ろうとしない者は国外退去になり、それを敢えて犯す者が（死刑が妥当かどうかという問題を棚上げすれば）処罰されることは、不寛容でなく当然である。またこの点でルソーは小説『ジュリ』の原注で、「もし私が役人で、無神論者を死刑にする法があるならば、私は他人を無神論者として告発しに来るような者をまず無神論者として火刑にすることから始めるであろう。[19]」と記している。彼一流の逆説を通じた、寛容の強い主張と読むべきであろう。なおローネは、この問題を当時の社会的文脈においてとらえ、無神論者への寛容は現実問題としてはほとんど無意味であり、当時意味があったのはプロテスタントとユダヤ教徒とに対する寛容の問題であると指摘し、この観点からルソーの寛容思想を積極的に評価している。[20]

以上でルソーの「公民的宗教」が、形式上は民主主義的な寛容思想と言えることをみた。しかし内容上は、いくら「厳密には宗教的教義ではない」としても、それが有神論であり無神論を排除することは、民主主義として制約を持ち、また寛容思想としてもベールのものより後退しているのではなかろうか。純論理的に言えば、その通りと言わざるを得ない。しかしここではそうなった理由を、内在的・歴史的に考えてみたい。

ルソーが「無神論」という言葉で考えているのは当代のフランス啓蒙哲学、それが自らの先行者とした哲学（スピノザ、ベールなど）、それが自らの同類とした哲学（中国思想）などであり、それをルソーは「物質論」と並称するだけでなく、しばしば単に「哲学」という言葉で（時に「宗教」との対立においてて）示している。彼がこれを批判するのは、無神論が虚偽であり有神論が真実である（と彼が考える）からではない。その理由はむしろイデオロギー論的であり、無神論が社会的に有害（と彼が考える）からである。「無宗教と一般に論弁的で哲学的な精神は、生に執着し魂を弱め卑しくし、あらゆる情念を個人的利害の低劣さに、人間的『自我』の卑しさに集中させ、こうして社会全体の真の基礎を、それほど大きな音も立てずに掘り崩す。／無神論は人々の血を流させないとしても、それは平和への愛よりも善への無関心からである。一切がどうなろうと、自分が書斎で休息を続けられれば、自称賢者にはどうでもよい[21]。彼の原則は人々を殺させないが、人々を増やすよい習俗を破壊し、彼等を同胞から引き離し、彼等のあらゆる愛情を、人口にも徳にも忌まわしい密かな利己主義[22]に還元することで、人々が生まれるのを妨げている」（p.633：中三二三頁）。純論理的には、物質論や無神論は、こうした個人主義や利己主義を必然的に導くわけではない。しかしルソーがここで念頭におく人々には、確かにその傾向がある。彼等は、前近代的な共同体を解体して「自我の解放」に向かおうとしているからである。こうした近代思想が、「人権宣言」に代表されるような、新たな倫理＝社会を建設する一つの精神的動力になったことは言うまでもない。しかしそこには同時に新たな退廃やニヒリズムへの芽も含んでいたことも否定できない[23]。これに対して伝統的な「宗教」の立場から批判があるのは自然である。しかしルソーはその政治思想においては、明らかにエルヴェシウスや百科全書派などより急進的な思想家であった。その彼が物質論・無神論をまさにイデオロギー論的に批判するのは、どういうことなのか。単にルソーの中の「遅れた一面」であるのか。

そうではあるまい。百科全書派らが「古い物質論」として利己主義的な「市民社会」を基盤にしていたのに対し[24]、ルソーは新しい共同体をめざすところからくるものであろう。それゆえルソーの「神」も、存在論的（宇宙論的）意義よりも、イデオロギー論的な、すなわち社会統合の意義においてより本質的である。ルソーによれば、精神的秩序において、善人は「神という共通の中心」との関連において、自分を全体との関連において位置づけ、悪人は自分をあらゆるものの中心と考える。「神がなければ善人だけが正しい推論をしているのであり、善人は愚か者に過ぎない」（p.602：中一七六頁）。すなわちフォイエルバッハ[25]やゴルトマン[26]が、「神」とはあり得べき共同体の代替観念と言っているのは、ルソーにもかなりあてはまるのではなかろうか。

そこで問題は二つあるが、あるいは一つに帰するかもしれない。①ルソーはなぜ神なしの共同体を構想し得なかったのか。②「古い物質論」はなにゆえ個人主義・利己主義になったのか。――②に対するルソーなりの答えは探し出せる。ただ彼は「古い物質論」を「物質論」または「哲学」としてしか知らないが。すなわち彼は、身体的欲求は人々を接近させずにむしろ離散させると考える（p.600：中一七一頁[27]）ことである。それゆえ彼によれば共同体をつくれるのは精神的情念なのである。――このルソーの主張をどううけとめるべきか。確かに身体的欲求そのものが共同体をつくりはしないという指摘は正しく、それが現実にはむしろ人々の（精神的）孤立化と利己主義化を生んでいるという洞察は鋭い。しかしまたその解決策が、心身の存在論的二元論や「宗教」の導入しかないわけでもない。むしろ物質論は、共同体再建の物質的条件は何か、という問題を提起できるはずである。しかし「古い物質論」はそれを行わなかったし、そこに関心がなかった。そこで①に戻るが、こうした「古い物質論」の限界が物質論そのものの限界と感じられて、ルソーは（心情的にははじめから傾いていた）宗教の必要性を、論理的にも正当と考えたのであろう。つまりルソーは、「人間の利己主義を克服させるものは何か」という問題に対して、それは神だ、と答えることになるのであろう。

以上のルソーの思想を、私達はどう考えるべきであろうか。（大文字の）「神」は死に、「人間」もまた死に瀕しているかに思われるのが現代である。人間とは「欲望する機械」なりと宣言し、すべては自分を中心とする「遠近法主義」を宣揚して「善悪の彼岸」に向かうような現代の物質論者・無神論者たちがいる。彼等にとっては利己主義は悪ではなく、むしろ利己主義でしかあり得ないというのがその不可疑の教義のようである。これらは現代の物質論であっても、「新しい物質論」ではなく「古い物質論」であろう。無論新旧はそのまま善悪ではない。しかし現状は、国際紛争から教育現場のイジメまで、「利己主義」と「善への無関心」という、「古い物質論」の弊害がその極に達しているように思われる。これに対し、新しい共同体、ルソーの言う「共和国」の物質的基盤は何なのか。「生産力の発展」「生産関係の革新」といったことを抽象的な御題目として掲げるのでなく、生産と交通の新たな諸形態や人間的＝社会的諸能力の新たな発展を、「民主化の人間的基礎」の問題として位置づけなければ、たえず諸々の「神」が要請されざるを得ないであろう。この意味でラディカルな民主主義者ルソーの物質論・

無神論批判という逆説は、私達をいまも挑発し続けているのではなかろうか。

五　ルソーの哲学教育論

前二節でルソーの哲学・宗教思想を主に民主主義との関係においてみてきたが、もう一度それを『エミール』の教育思想の枠組みに戻して考えたい。すなわちそれはどういう教育上の意味を持つのか。

第一にルソーはあれこれの実定的な哲学や宗教を権威として受け入れさせず、むしろそれらを否定することによって、いわゆる哲学教育や宗教教育――あれこれの哲学や宗教の学説や教義を学ばせること――を不必要にする。「ありがたいことに、こうして私達は哲学というあのおぞましい装置から解放された。私達は学者にならなくても人間でいられるのだ」（p.601：中一七三頁）。ルソーの哲学は哲学批判（Kritik der Philosophie）であり、批判的哲学（kritische Philosophie）であり、また否定的哲学（negative Philosophie）である。この場合の「哲学」とは当代の啓蒙哲学や無神論だけでなく、「学としての」、あるいはむしろイデオロギーとしての哲学一般のことであり、それゆえあれこれの観念論的・形而上学的哲学――それらは人間精神の有限性（への無自覚）と抜きん出たいという自尊心から生じる（pp.568-569：中一二四―一二六頁）――や実定的宗教を含み、人間本性としての哲学には各人の良心で足りる。それゆえ哲学教育とは、「敢えて良心的であれ」という呼びかけ以上に出ることを必要としない。これは後のカントの言葉、「哲学を教えることはできず、哲学することを教えられるだけである」[28]と、理性の自律という原理において共通する。しかし「信仰告白」は範例であって、その普遍妥当性をア・プリオリに要求はしない。「まずあなたの良心を、光を求めたいと願う状態におくのだ。自分自身に対してまじめになるのだ。私の考えの中で納得のいったことは取り入れ、その他のことは捨て去るがよい」(p.630：中二一六頁)。良心が純粋な理想でなく事実であるということは[7]、寛容原理とより親和性のある哲学教育[29]を導くとともに、教育における人格的「出会い」の意義を示すことになる。「道徳的良心は諸々の実存を定義し、記憶の中で反響し得る[7]」。ルソーが『エミール』における哲学教育を、彼自身が出会った諸々の人格の想起として行った意味も、ここに示されている。最後に、既に実定的な哲学や宗教の毒に苦しんでいる者に対しては、解毒剤としての哲学批判としての哲学が展開されなければならない。これはカントの言う哲学というものの消極的（negatif）効用[30]にあたるであろう。

　ルソーの哲学は狭義の哲学史の書物では、あまり重視されないことが多い。それは彼の「哲学」が、伝統的な体系の中で展開されるよりも、むしろそれに異議を投げかけ、哲学というものの存在理由や前提ごと、揺さぶりをかけたり否定したりする性格によろう。しかしまさにその点に、哲学教育という観点からすれば、大きな意義を持ち、少なくとも私達にとって興味を引くに値するものになっている。

（1）Kant, *Kritik der reinen Vernunft,* B 21.
（2）Descartes, Discours de la méthode, *Œuvres philosophiques, t.1,* Garnier, p.634.
（3）lettre à DomDeschamp, 1761.6.25：C.c.t.9, p.28. 両者の認識関心の違いについて、cf. Y. Vargas, *Introduction à Emile de Rousseau,* PUF, 1995, p.159.
（4）Helvétius, *De l'esprit,* Fayart, p.53, p.55, p.60.「信仰告白」はエルヴェシウス批判である。第二部第四章、参照。

(5)「契約論」(2-3)、p.371：四七頁。
(6)「民主主義はその原理において人間の善性への信を前提する。」E.Kryger, *La notion de Liberté chez Rousseau et ses répercussions sur Kant*, Nizet, 1979, p.226.
(7) A. Philonenko, *J.-J. Rousseau et la pensées du malheur, t.3*, Vrin, 1984, p.211.
(8)『孟子』(告子上十一・公孫丑上六)参照。言うまでもなく「良心」は孟子の重要概念であるが、彼とルソーには共通点が多い。
(9) Voltaire, Lettres philosophiques, 6e lettre.
(10)「契約論」(4-8)、p.469：一九二頁。
(11) この観点がないわけではない。cf. M.Launay, *J.-J. Rousseau écrivain politique*, Slatkine, 1989, p.408.
(12) lettre à Duchesne, 1762.5.23；C.c.t.10, p.281.
(13)「契約論」(4-8)、p.464：一八五頁。
(14) 同書(4-8)、p.464：一八四頁。
(15) 同書(4-8)、p.466：一八七頁。
(16) 同書(4-8)、p.467：一八九頁。
(17) 第二部第一章、参照。
(18)「契約論」(4-8)、p.468：一九一頁。
(19)「ジュリ」(5-5)、p.589：(四)二八一頁。
(20) M. Launay, *op.cit.*, p.405 ff.
(21) 彼は『不平等論』(p.156：七四頁)でも同様な「哲学者」批判を行っている。
(22) Robert の大辞典は仏語 égoïsme の倫理的用法の最も早い一例としてここを挙げる。
(23) cf. L. G. Croker, *Nature and Culture*, John Hopkins, 1963；M. Ansart-Dourlen, *Dénaturation et violance dans la pensée de J.-J. Rousseau*, Clincksieck, 1975.
(24) vgl. Marx, Thesen über Fauerbach, 10：*Werke Bd.3*.
(25) Fauerbach, *Das Wesen des Christentums*, kap.2, 6.
(26) ゴルトマン『カントにおける人間・共同体・世界』三島・伊藤訳、木鐸社、一九七七、一〇五頁。
(27)「言語論」p.380, p.396 参照。

(28) Kant, *Kritik der reinen Vernunft*, B 865–866.

(29) 吉沢昇氏は、「日本でのルソー研究者、とくに教育学者からはルソーの啓示と寛容とをめぐる思想は無視されてきた。」と指摘している（『ルソー・エミール入門』有斐閣新書、一九七八、二一九頁）。

(30) Kant, *op.cit.*, B 823, 859.

第六章　思春期と趣味論

一　問題の所在と本章の観点

ルソーにおいて「趣味」[goût] の観念は、いろいろな分野または問題枠組みにかかわっている。私はそれを次の五つにまとめてみたい。①美の判定能力として、②芸術と娯楽の指導原理として、③社交性の媒介原理として、④暮らし方（ライフ・スタイル）にかかわるものとして、⑤「幸福」にかかわるものとして。――それぞれの意味を以下簡単に説明しておこう。

①の美の判定能力としての「趣味」は、十八世紀の美学に共通する考え方と言える。(1) この場合の「美」(le beau) とは狭く、いわゆる「美しさ」ととってよかろう。②の「芸術」を美を目的とする技術と規定すれば、②は①の下位概念（①から自然美を除いたもの）になる。しかし美学一般においてもルソーにおいてもそのように狭く規定する必要はあるまいから、独立の項目としておく。しかもルソーにおいては芸術と娯楽の連続性が強い（非実用的な喜びや楽しみのための技術、とでも規定できよう）。③は一見唐

突かもしれないが、十八世紀美学の「趣味」が「社交術的性格」を持っていたことはよく指摘される。今日でも非実用的な人間関係（交友や恋愛）がしばしば「趣味の一致」を媒介とすることを思えば、不自然ではない。④の「暮らし方」というのは、道徳性（どの宗教を信じるか等）や実用性（どの職業に就くか等）を含む「生き方」に対してこれらを除くものであり、またいわゆる芸術や娯楽の活動でもない、衣食住の選択などに現れるものである。⑤の「幸福」の中身がルソーにおいて何であるかを端的に言うことは難しい。「徳の自足」を認めないルソーにとって、徳は幸福に値するための条件であるが、徳は幸福の内容そのものではない。また富や権力は人間を幸福にするものではなく、物質的（身体的・経済的・政治的）快楽主義の否定こそがルソーの目的である。そこで彼の幸福とはそのどちらでもない、すなわち①―④の十全な意味での「趣味」、あらゆる種類の美しいものの現実的な悦楽となる。――以上の①―⑤の関係をどう考えたらよいか。共通の根底があるように思われる。それは、道徳的なよさ（善）でも実用的なよさ（益）でもない、第三の領域のよさ――日本語にもフランス語にもぴったりした語がない――を認知し、追求し、享受することと言えよう。①―⑤はそれが個々の分野や活動に適用されたものと考えられる。

こうしたいろいろな側面を持つルソーの趣味論を、本章では特に教育思想との関連を考慮において、検討したいと思う。ルソーの教育思想そのものについて、いままで「民主的人間の形成」という視座からいくつかの考察を行ってきた。また彼の美学思想についても簡単にまとめてみた（第二部第五・六章）。ここでは、それらで得られた考えと観点を受け継ぎつつ、①ルソーの趣味論そのものの特徴、②ルソーにおける「美的陶冶」の教育思想、③「美的陶冶」と「民主的人間の形成」の関係、がめざされるべき論題ということになる。

近年ルソーの趣味論を扱った論文としては馬場朗氏のものがあるので(2)、簡単にふれておこう。彼はまず問題の趣味概念の「社交術的性格」を指摘し、『エミール』においても「社会性の育成」という観点から、「趣味は、他者との安定した社会関係を維持するためのある特殊な処世術として導入される」とする。無論趣味はまず美的判定力であるが、それは「外的対象の客観的認識ではなく、模倣を通じて他者の内的自然との感性的一体化という社会性の形成に関わっており」、「人と人とを真に結び付ける理想社会を構成するために不可欠な道徳性」とさえ位置づけられる。しかし馬場氏によれば、ルソーにとって趣味は、それでも「あくまで距離化と微細な比較から生まれる客観的判断であり、理性の補完物」である。他方真の美的表現は「感情的に一体化することを求め」、この共感が道徳的な「秩序美」を開く。「かくしてルソーの思索において、美的能力と社会道徳性のいずれの点でも『趣味』概念は『感受性』そして『感情』概念の背後に退くことになる」と馬場氏は解釈する。ただし本章では、この解釈の是非は留保したい。また馬場氏も「しかし、ルソーにおいて、感情と趣味は厳然と排他的関係にはない」とし、「良き趣味が美的感情のより確かな展開を導く可能性は必ずしも排除されない」として両者の連続性を示唆する。結語に至っては、「『趣味』は『感情』の後方に退きつつも、美的・社会的教育上の重要な役割を確かに演じ続けたのである」としめくくられている。それならそれが（後方に退いたにせよそうでないにせよ）「演じる役割」をより詳しく考察することは、無用ではあるまい。本章の狙いもそこにある。

二　趣味の概念

ルソーは規定する。「趣味とは、大多数の人に何が気に入り［plaire］何が気に入らない［déplaire］かについて判断する能力にほかならない」（p.671：中二七七頁）。――この規定を分析すれば、あるいは他の思想家の規定と比較すれば、どんなことが言えるであろうか。第一に、趣味とは能力［faculté］であり、それも「判断」にかかわる精神的能力だということである。第二に、その判断の対象が問題になる。真偽が問われる認識判断でも善悪が問われる道徳判断でもないということは、近世趣味論の共通の枠組みと言えよう。しかしその中でもルソーは、趣味判断の対象を（少なくとも直接に）（いわば客観的な）美醜であるとせずに、（いわば間主観的な）人々の快・不快とする。ただし身体的欲求や経済的効用によるものが排除される（p.671：中二七七頁）ので、精神的な快・不快と言えよう。これはカントと同様である。[3] 第三にそれは、単に個人的な「私」の快や、普遍的な「人間」の快というより、「大多数者」の快である。

次にルソーは言う。「趣味はすべての人に自然的であるが、彼等みなが同じ範囲で持つのでなく、万人において同じ程度に発達するのでなく、また万人においていろいろな原因において変質しやすい。持ち得る趣味の範囲は備わった感受性に依存する。その陶冶とその形態は暮らした社会に依存する」

(p.672：中二七八頁)。——以上を分析すると、趣味には先天的部分と後天的部分、したがって不変的部分と可変的部分とがあること、前者を規定するのが各人の感受性、後者を規定するのが社会的環境であるということになる。また彼において「発達」が多くよい意義を、「変質」がふつう悪い意義を担わされていることを考えると、趣味が人為的に変化するに際しては、よい「陶冶」と悪い「堕落」とに分けられる。するとここから現れる問題は、①自然的趣味とは何か、②趣味の堕落とは何か、③趣味の陶冶とは何か、と分節される。

「自然的趣味とは何か」という提起においてまず問われるのは、趣味の発生または顕在化についてである。趣味には先天的要素があるが、それが身体的な快苦の意識ではなく精神的な快苦の判断である以上、こども時代は潜在的能力とされるからである。感覚と区別される感情または情念の発生を、ルソーは思春期においてみた。したがってそれ以前は精神的快または美の意識はないことになる。実際彼は、日の出の際の自然の光景の美しさを、こどもは認められないとする。そして「いまは感情も趣味も問題にならない」(p.432：上二九一頁)と言う。はたしてこどもに美がわからないかどうかは難しい問題であろう。ただここでのルソーの思想をより穏和に表現すれば、次の定是《テーゼ》にまとめられよう。A審美的能力(趣味)は生まれてから死ぬまで固定的に備わっているのでなく発達すること、B趣味の発達は精神のそれ、しかも認識能力よりも感情性の発達に依存していること、C趣味の発達とは単なる量的進歩でなく質的飛躍を含むものであり、この飛躍の時期が思春期であること。——こうまとめると、多くの人は、誇張はあるにせよほぼ妥当するものと認めるかもしれない。しかしたちいって考えてみると、特に

BとCは難しい問題も含んでいる。

Bについては、美を感情よりも認識に属するものと位置づける美学とは、根本的な対立があり得る。しかしここでは、感情美学は十八世紀の趨勢であった、という指摘にとどめておく。

Cの定是をひきだす思想として明確化されるのは、思春期、すなわち性が、第一に人間の社会化の基礎であり、第二に、人間の美意識の基礎である、というものである。この二つは、美意識（趣味）は社会的意識であり社交性の媒介であるという第三の認識によってつながる。

第一の点からみよう。恋愛が社会化の決め手になる理由は、ルソーの社会形成論から説明できる。すなわち血縁によるつながりは他者性が乏し過ぎるので（たとえば言語を必要としない）、真の社会は形成しない。他方「身体的欲求」すなわち利害ないし打算は本来人々をむしろ遠ざけるもので、それが紐帯となるのは本来の社会でなく堕落した社会に過ぎないとする。そこで残るのは恋愛を中心とした「社会的情念」が真の社会形成原理となるという論理である。(4) この論理ははたして説得的であろうか。明らかに、事実問題の説明としてはほとんど妥当しまい。しかしここでの「社会」は現にある市民社会（ゲゼルシャフト）ではなくてあるべき共同体（ゲマインシャフト）と解せば、荒唐無稽な詩的思考と一蹴するわけにもいかず、恋愛と情念を機軸とした理想社会形成論としてある種の魅力も持ち得る。フーリエへと続く流れとしてみれば、フランス文化的、ロココ的、ロマン主義的なども考えたくなるが、フーリエと比べると理性による抑えが利いている。また同時代に美の観念に「性」の観点をもちこんだ思想家としてはイギリスのバークがいるが、社会思想家としてのバークは保守的でフランス革命批判の先陣をきったことはよく知られている。

第二の点に移ろう。思春期の基礎は第二次性徴または性欲の発現である。しかしここで重要なのは性欲そのものでなく恋愛である。なぜなら前者になくて後者にあるのが「真価と美の観念」だからである。「真価や美についてなんら観念を持たないような者にとっては、女ならみな等しくよいことになろう」（p.494：中一二頁）(5)。

以上によって、真の社会化の起動力が情念（恋愛）にあること、恋愛の本質は生理的欲望でなく美の観念にあること、この二つからの帰結として、美的判定能力としての趣味が真の社会化の媒介として働くという認識が出てくるさまがわかった(6)。

「よかれあしかれ趣味がその形態をとるのは、とりわけ男女の交際においてである。趣味の陶冶は、この交際の目的からの必然的結果である。」（p.673：中二七九頁）――そこで民主的人間の形成にとって「男女交際」がルソーにどうみられているかが考察される必要がある。しかしそのためにはまず彼の女性論や女子教育論そのものがこの観点から考察される必要があるので、ここではあまり立ち入らないことにしたい。ここで彼が「とりわけ」と言っていることを裏返せば、彼の趣味論はその場面だけに限定されないので、以下では広く「趣味の陶冶」の問題をとりあげたい。

三　趣味の形態と陶冶

「趣味」の観念にははじめから二義性がつきまとっている。〈A chucun son goût.〉（各人にその趣味がある。）と言えば「十人十色」のことであり、〈homme de goût〉（趣味の人）と言えば「具眼の士」のことである。つまり個別性と普遍性、事実性と規範性の両面を合わせ持ち、場面においてどちらかが前面に出ることになる。

教育の観点からはこの趣味はどのように位置づけられるのか。ルソーの教育思想においては、原理とされるべきものは「自然の教育」であった（cf. p.247：上二四頁）。趣味の場合も根底においてはそうである。しかしそれは趣味を（教育的自然状態における）事実性において保護（放任）すればよいというものではない。なぜなら趣味はそもそも社会化、すなわち脱自然化［dénaturer］とともに始まり、それを進める過程で働くからであった。したがって趣味の規範性が、つまり「よい趣味」とは何かが問われることになり、これは「よい社会とは何か」という問いと結び付かざるを得ない。すなわち脱自然化にも肯定的な、自然（本性）を完成させる社会化と、否定的な、自然を破壊する社会化とがある。ちょうど本源的な情念である自己愛の、肯定的社会化が憐れみや人類愛であり、否定的社会化が利己愛や競争心であったように[7]。

社交性と趣味との結び付きについて、ルソーは次のように述べている。「人々に何が快または不快であり得るかの知識は、彼等を必要としている者だけではなく、彼等に有益でありたい者にも必要である。彼等に役立つためにも彼等の気に入ることが重要であり、書く技術はそれで真実に耳を傾けさせるのに用いるときには、けっして無駄な研究ではない」（p.673：中二八〇頁）。ビュルジュランはこれをフォントネルの教理とし、ルソーはこれによって、「自分自身の諸原理に反して、自分の劇作と小説を弁護」しているという。[8] ここには確かに微妙なものがある。彼は演劇やそれを支持する美学を批判する際、それが観客の情念に阿っていることを理由にしたのではないか。[9] 勿論ここで問題なのは作者たちが客に「うける」ことを最終目的にして道徳性などがその犠牲にされていることである。裏から言えば、その芸術活動の目的――たとえばある道徳的理念に観客を同感させること――を遂げる手段として彼等を喜ばせること自体は悪くなく、むしろそれこそ当時の啓蒙思想家たちが芝居や小説に寄せた考えであった。[10] これに対しルソーの異論は、しかし芸術作品が享受者の情念を変革することは不可能だ、という考えを含んでいた。[9] ではやはり彼自身の小説などはこの原理に「反して」いるのであろうか。そうも言えないと私は考える。なぜならそこで彼は読者の情念を変革しようとは思わず、むしろかなり保守的な態度をとっていることが指摘されさえする。[11] しかしまた単に現にある大衆の好みに従うとは限らず、いくつか強い反定是も出すが、ただしそれは進歩的なものとしてではなく本性（自然）的なものとしてである。[12] 人々に「有益であろう」とする目的を持つ者（ルソー）は、手段として「彼等の気に入る」技術が必要である。ただしそれは現在の情念そのままに阿ってではなく、人々の自然（本性）的な好悪を自ら知り、その範例を提示することで彼等にもそれを想起させる技術によってである。[13]

以上によって人々の好みを知る必要が導き出される。しかし人々の単に事実的な好みではなく自然的な好みをどのようにして知るのか。私達は最初に趣味とは「大多数の人に何が気に入り何が気に入らないかについいて判断する能力である」というルソーの定義を示した。ここから、「多数の人とつきあって多くのことを比べてみなければならない」（p.672：中二七八頁）という要請が出てくるのは当然である。また趣味は直接の効用とは異なる快であるとされたことからは、利害関心を離れた閑暇が必要という要請（p.672：中二七八頁）も当然である。第一の要請が当たる芸を知る条件とすれば、第二の要請は当たる芸術を知る条件となる。

さらに第三の問題としてルソーは、多数者の趣味がよい趣味でない場合に言及する。それは趣味に関する臆見［opinion］が幅を利かせており、大衆が悦楽［volupté］よりも虚栄心［vanité］によって、「自分たちよりも啓蒙されていると信じる人々にしたがってしか判断」せず、「彼等が是認したことを是認する」とき（p.672：中二七八頁）である。こういう事態が生じるのは不平等が大きいときであるとルソーはみる（ibid.）。

この問題は興味深い。ルソーは、「すべて高貴なものは稀であるとともに困難である」[14]というような、美的貴族趣味には与しない。多数者の好みを重視するのは、民衆的または大衆的な芸術観である。しかしそれと「民主主義的」とはまったく同一ではない。ルソーは――民衆が主権を持つことを求める『契約論』で民衆の意見が誤り得ることを認めるように[15]――、民衆の好みが堕落する可能性を認める。そのときにも彼等の「気に入る」ことだけを追求するなら、民主主義的でないというだけでなく、大衆的でもなく、大衆迎合主義（ポピュリズム）的であろう。

　ではどのようにしたらこうした趣味の堕落は防げるのか。各人が、美的にすぐれていると「信じ」られる人々の意見に従うのでなく、「自分自身の見解［sentiment、感情］を持つようにしたまえ、そうすればそれ自体として最も快いことが、常に多数の賛同［suffrage、投票］を得よう」（p.672：中二七九頁）。これについてヴァルガスが、『契約論』における一般意志の形成と同じ図式であることに注意しているのは[16]、的を射た指摘であり、本章にとっても参考になる。すなわち民主的国家を導く「一般意志」は、共同体全体の福利をめざす意志であるが、必ずしも個々人の特殊意志の総和たる「全体意志」とは合致しない[17]。その意味で多数決がまちがった結果を生む場合を、ルソーは認める。それは各々の公民が（身分や階級と考えられる）「部分的社会」の影響を受ける場合があるからであり、だから逆に、各人が自分自身の意志を表明することで、多数者の意志が正しい公的意志を形成することになる[18]。この民主的政治論と類比的に、民主的趣味論がルソーにあると言えよう。

　こうしてみると問題なのは、事実的な多数者の趣味は、重視すべきであってもそのまま規範視すべきではなく、むしろ「自分自身の感情を持つ」こと、いわば美的感性の自律であることになる。そしてそこには自然的な土台があるとしても、社会の中で生きていき、いろいろな「形態」をとり「陶冶」とともに「堕落」も蒙るとすれば、規範の存在が必要となる。そこでルソーは範例を出す（現実社会の悪影響から守られてきた青年エミールにはほとんど不要だが、私達読者にとってより必要な範例である）。すなわちここで著者ルソーが「もし私が金持ちなら」といった想定で自らの趣味を語っている（p.678ff：中二八七頁以下）のは、よい趣味の範例であると考えられる。真偽を語るときには範例は必要ない。必要なのは証明であり、読者の理性に依拠しなければならない。しかし善悪については理性でなく感情が最終審級であり、それゆえ道徳教育においては範例を提示する必要から、「サヴォワの助任司祭の信仰告白」があった。[19] 美醜についても同様であり、ここでルソーが自分の趣味を語っているのは、（告白欲求や小説家的空想欲求もあろうが、本質的には）こうした美的範例を提示する教育論的必要からである。

この範例的趣味論を、分野（数字）、よいもの（A）、悪いもの（B）としてまとめてみよう。①自然の享楽、A風土・季節・年齢に合わせる、Bこれらに逆らう。②食、A土地・季節に合ったもの、手料理、B輸入した食材、季に先んじたり遅れたりした料理、料理人の調理。③住、A簡素な家、B宮殿のような家。④衣、Aその場に溶け込む服、Bきわだたせる派手な服。⑤人間関係、A自力で必要を満たす、仲間との社交、相互的愛情の享受、B召し使いにより必要を満たす、家来のようなとりまきを持つ、愛情なき欲望を金の力で満たす。⑥娯楽、A田舎風の歌や踊りに参加、Bオペラ見物。⑦庭、A野菜畑や果樹園、B花壇。⑧余暇、A学問、B賭け事。⑨旅、A徒歩、B馬車。⑩収集、A公的所有、B私的所有。⑪狩猟、A開放地で、B荘園で。⑫弁論術、A古代人、デモステネス、B近代人、キケロ。なお分野ではないが動機として、A悦楽、B虚栄心、が挙げられる。[20] ――以上からルソーの趣味についてわかるのは、第一は無論民衆的性格である。「もし私が金持ちならば」という仮定で始めながら、よい趣味の多くは金持ちであることを要せず（p.691：中三〇七頁）、むしろ金持ちらしい趣味は悪趣味である、という皮肉な結論になる。[21] 第二はいわばエコロジー的性格である。[22] ――この第一と第二の関連は、少数の大資本の活動によって（直接または間接に）地球環境が深刻に傷つけられている現代において、興味深い。

「民衆的」と「民主的」との違いは既に概念的には述べたが、内容的に問題になり得るのはどんなことか。たとえばルソーは言う。「エミールは、人々の間だけでなく、動物間でさえ、騒ぎや争いを好まない。けっして二匹の犬を戦うようにけしかけない。けっして犬に猫を追わせない。この平和の精神は彼の教育の結果である。」（p.545：中八九頁）十八世紀のイギリスでは、各種の動物いじめが大衆的なスポーツであった[23]。また闘牛に対しては、民衆と啓蒙思想家の態度が対立するほうがふつうであった[24]。すなわち政治的民主主義の感性的基盤を形成するためには、民衆的趣味に依拠するだけではなく、ときにはそれを批判する必要もある。とはいえ「理性的」批判のこの分野での非力は既に述べた。「彼の教育の結果」と明言されたように、民主的で平和的な感受性は、自然的土壌を持つとしても、目的意識的な陶冶によってめざされる目標でもある。――それなら狩猟はどうなのか。肉食を批判する論議（pp.411-414：上二六二―二六六頁）からは、むしろ（少なくとも趣味としての）狩猟そのものを否定したほうがすっきりするが、そこまで進まなかったのは妥協か、狩り好きだった父への追憶のためか。

四　趣味論と民主的人間の形成

最後に、民主的人間の形成という観点から趣味、特にルソーの趣味論がどう考えられるかをみてみたい。

　まず、「民主的趣味」というものがあるであろうか。「民衆的趣味」は無論ある。「貴族的趣味」や「市民（ブルジョワ）的趣味」があるように。趣味に社会的性格があることは否定し難い。趣味に厳密な普遍性を要求するのも、差異の原理だけをみるのも、現実的ではあるまい。趣味は常に、ある程度の普遍性と、ある程度の個別性と、少なからぬ社会性とをもって実在する。「民衆的」趣味が必ずしも「民主的」趣味でないことは前述したが、「民主的」趣味だが「民衆的」でないというのは矛盾に近く、それは少なくとも民衆的になるべき趣味である必要があろう。それゆえ「民衆的」というより「民主的」が問題になるのは趣味の事実性においてより規範性においてであり、だから趣味の陶冶においてであろう。

　趣味の陶冶は、今日多く「情操教育」と呼ばれている。ただしその中身はあまり民主的とは言えず、教養主義的か、悪くすれば高踏的であるが、「民主的情操教育」も概念的にはあり得る。ではそれは必要なのか。そもそも「民主的人間の形成」の必要性は、民主的社会の人間的基礎、ということにあった[25]。この「人間的基礎」は、心性（メンタリティ）における基礎も含むはずである。すなわち民主的社会の形成のためには、その形成者ないし構成者が民主的心性を持つことが必要である。だがそれは民主的道徳教育の一部であると言われるかもしれない。そうではあるが道徳的情操と美的情操はつながっている。たとえば貴族的趣味の持ち主が民主的道徳の主体でもあることはあまり期待できまい。しかし趣味が貴族的であることを「悪」として道徳的に批判するならむしろ反民主的なあり方であろう。情操教育そのものの内部でも民主的人間の形成が行われるべきゆえんである。

しかし以上は内容面からみた民主的趣味の陶冶である。形式面からすれば、趣味に関して、自己にとってだけでなく（たとえ青年が相手でも）他者にとっても規範性を認めることは、やはり反民主的なのではないか。確かに、王侯を歌うことを禁止し労働者を描くことを強制するならば、前者を強制し後者を禁止することと同様に、反民主的である。しかしここで問題にされているのは、趣味の法的・政治的な強制や禁止ではない。[26] 勿論学問的な客観的真偽でもない。範例として示されるものであるので、各自の自由な判定と選択に委ねられており、いわば価値観における自律があることは、道徳における「助任司祭の信仰告白」と同様である。こうしてルソーの情操教育は（道徳教育と同様に、個人主義やアナーキズムにはならない一方で）個人の尊重が含まれている。

ルソーの民主的趣味論は、芸術作品の評価の問題にはどうかかわるのか。よい芸術作品とは、少数の具眼者が評価するものか、多数者が支持するものか、という問いに彼は、最終的に多数者が支持するもの、と答えることになろう。すなわち単に少数者にしか支持されないものをよしとするのは勿論貴族的またはエリート的な趣味であり、かといって単に現に多数者にうけることをよしとするのは、大衆迎合的、悪くすれば商業主義的――アドルノらの言う「文化産業としての」芸術や娯楽――でしかあるまいからである。

ルソーの民主的趣味論は、暮らし方や幸福の問題にはどうかかわるのか。それは勿論排他的な楽しみを求める貴族的趣味を否定する（p.689：中三〇五頁）。しかし政治的権力による排他性だけでなく、市民

（ブルジョワ）的心性による、自然の享受からの疎外とそこから生じる自己疎外にも、ルソーは警告を発する。「所有権という魔物は、それがふれるものすべてを毒する。金持ちは至るところで主《あるじ》であろうとするが、そうでないところでしかいい気分にならない。彼は常に自分から逃れることを強いられる」（p.690：中三〇六頁）。それゆえ民主的趣味論は、「より自らの近くにみいだすべき幸福になる手段を、いつか自らの富に求めることを防ぐ」（p.677：中二八六頁）働きをする。

ルソーの民主的趣味論は、社交の問題にはどうかかわるのか。それは、交友関係の絆が利害によって毒されず、相互の愛着や趣味の一致によってだけつくられることを説く（p.683：中二九五頁）。「友人も恋人も金で買えない」（p.683：中二九六頁）ことを説く。

今日、「カジノ資本主義」などと言われる状況の中で、「勝者」と「敗者」の不平等を広げる動きが「改革」としてもてはやされたりしている。その中で一部の若者は競争と支配によって富を得ることを幸福として自己を見失い、他の若者は志や希望を持てず、表層的で感覚的な快楽に溺れて自己を見失っている。「援助交際」や風俗産業がはやり、人間的な社交の機会や能力が疎外されている。こうした現実を合わせ考えるとき、ルソーの趣味論と民主的人間形成の思想は、大きな示唆を与えるように思われる。

（1）　佐々木健一『美学辞典』（項目「趣味」）東京大学出版会、一九九五、参照。
（2）　馬場朗「ジャン＝ジャック・ルソーの趣味論」『美学』二〇七、二〇〇一（冬）。
（3）　vgl. Kant, *Kritik der Urtheilskraft*.

（4）詳しくは第二部第四章、参照。
（5）『不平等論』でも、最初の社会は若い男女の相互の往来を契機に形成され、そこから「真価と美の観念」が生まれ、「恋愛と閑暇の真のこどもである歌と踊り」が発生するという。「不平等論」p.169：九三頁。
（6）ルソーは感覚論者と異なり、「判断力」の能動性を強調する。cf. notes sur〈De l'esprit〉d'Helvétius：O.c.t.IV.
（7）第四章、参照。
（8）P. Burgelin, note：O.c.t.IV, p.1619.
（9）第二部第六章、参照。
（10）拙著『共感を考える』（第二部第三章「演劇を通してみた啓蒙教育思想」）創風社、二〇一五、参照。
（11）たとえばジュリが恋人と駆け落ちしたら当時の読者大衆にはかえって非現実的と受け取られたであろうと言われる。桑原武夫「ルソーの文学」「研究」三〇六頁。
（12）「ルソーの思想が革命的であることが本当であっても、それは永遠の人間的本性の名においてであって、歴史的進歩の名においてではない。」J. Starobonski, *Jean-Jacques Rousseau: La transparence et l'obstacle*, Gallimard, 1971, p.35.
（13）第二部第六章、参照。
（14）スピノザ『エチカ』第五部定理四二備考。
（15）「契約論」（2-6）、p.380：六一頁。
（16）Y.Vargas, *Introduction à l'Emile de Rousseau*, PUF, 1995, p.152.
（17）「契約論」（2-3）、p.371：四七頁。
（18）同書（2-3）、pp.371-372：四七―四八頁。
（19）第五章、参照。
（20）クラランでの暮らし方にも似たような趣味の範例を示す意図がある。「ジュリ」（4-10, et al.）
（21）「趣味を自然という領野に再結合することで、そこから流行と贅沢を排除することが容易になる。」とヴァルガスはまとめる。Y.Vargas, *op.cit.*, p.154. なおこの箇所の読解として cf. F. Imbert, *Contradiction et Altération chez J.-J. Rousseu*, L'Harmattan, 1997, II.
（22）エコロジー的観点からのルソーの読解として、cf. M. Schneider, *Jean-Jacques Rousseau et l'espoir écologiste*, Pigmallion, 1978.
（23）マーカムソン『英国社会の民衆娯楽』（平凡社、一九九三）、松井良明『近代スポーツの誕生』（講談社、二〇〇〇）等参照。

ルソーはイギリス人の「野蛮さ」にふれている（『エミール』p.411：上二六二頁）。

(24) 有本紀明『闘牛』講談社、一九九六、参照。

(25) 第一章、参照。

(26) なお十八世紀の「アカデミー」や「官展」は、単に「純」芸術的・技術的な評価機構ではなく、「趣味」を通じての社会的諸勢力の角逐の場でもあった。「趣味論」の社会経済的基盤について、A. Becque, *Genèse de l'esthétique française moderne*, Albin Michel, p.227ff.

第七章　女性論と女子教育論

一　問題の所在と本章の視角

ルソーの女子教育論――そしてそれとかかわる女性論――はすこぶる評判が悪い。特に進歩的――民主主義的――姿勢の、またはそうみなされる論者ほど、そうである傾向がある。いったいルソーの女子教育論は今日からみて、あるいは当時にあってさえ「遅れた」もの、非民主的あるいは反民主的なものなのであろうか。これは、ルソーの教育論を「本質的に、民主的人間の形成の理論」ととらえてきた私にとって、やり過ごせない問題であり、本章の主要課題はその考察である。

ルソーは女性にも教育が必要だと考える。これは当時としてもなんら新規な思想ではない。ただ実態としては無教育に等しい女性は多くいたし、修道院で行われていた女子教育もおざなりのものや明らかに「教育的」でないものも多かった。ただしなかにはフェヌロンの女子教育思想ともかかわる、サン＝シール学院など、意欲的な試みもみられた。ルソーが女子教育論を展開しているのは主として『エミール』第五篇においてであり、そこでは著者による論述的な部分と、第四篇までの主人公青年エミールと出会う娘ソフィによる家庭教育の提示、さらにはエミールとソフィの恋物語などをも通じて、女子教育に関する著者の思想が展開される。ここでは、女子教育の目的、その形態、その内容などに即していろいろな論議があり得るが、本章では「民主的人間の形成」という限定された観点から検討することにしたい。

まず、男女の平等に関するルソー自身の言説を確認しよう。「性によらないすべてにおいては、女性は男性と同じである。同じ器官、同じ欲求、同じ能力を持っている」（p.692：下六頁）。男女は「共通しているものにおいては平等である。相違しているものにおいては比較可能でない」（p.693：下七頁）。またこの相違に関して、不均衡ないし優劣をいったん言うところも、ただちに相互性ないし逆転を言う。男は能動的で強く、女は受動的で弱い、と確かに彼は言う（p.693：下七頁）が、ただちに、女性には「強者を服従させるために自然が弱者を武装させた」（p.694：下八頁）ものがあるという。「強者は外観は主だが実際は弱者に依存している」（p.695：下一〇頁）と言う。女性は男性の伴侶であって奴隷でない、と言うだけでなく、才能の優越によって、「男性と平等の地位を保ち、また従いつつ操る［gouverner en obéissant］」（p.712：下三五頁）と言う。これらの引用から、ルソーは、最も一般的にはまた意識的には、男女平等の支持者に属し、少なくとも男尊女卑の支持者ではない、とされよう。それゆえルソーが女性差別の思想家であるならば、それは、より具体的な議論において実際にはそうなっている、ということを示すことになろう。

そして事実そうなっている、という点が少なくとも今日からみればあるのは疑い得ない。たとえば、ルソーの思想では女性には公民権が認められず、国政への参与は家長〔chef de famille〕たる男性を通じてでしかない。また家事は女性の義務と指定され、共同参画ではない。確かに今日でもこの分担は過半数の家庭で行われているが、規範性を持つ「性別分業論」は差別という意識が定着しつつある。また授乳をはじめ乳幼児の養育では母親が主導することは、「本性」的差異からの根拠づけに一定の妥当性があると私は考えるが、ルソーは明らかにその範囲を超えて分業の規範化を考えている。

しかしこれらは当時の人間としてはむしろ常識に属し、その批判は陳腐であろう。問題はむしろそれ以上の意味でも女性差別的であるかどうかであろう。そうであるとする立場の議論は、第三節でとりあげてみたい。しかしその前に確認したい問題がある。それは「民主主義」と「男女平等」の関連の問題であり、それを第二節としたい。

二　「民主主義」と「男女平等」

今日の常識からすれば「男女平等」は「民主主義」の一部である。しかし反省すれば、そのことは歴史的にも概念的にも自明ではない。古代ギリシャに「民主主義」はあったが、そこに「男女平等」はなかった。つまりその語が発生した場においては、またそれを保存する意味で用いれば、両者は無関係である。しかしそれを最終結論とするのは浅薄であろう。古代ギリシャの「民主主義」は奴隷制とも共存していたが、両者を「無関係」と断定するのは逆に詭弁的であろう。

この解決としてまず思いつかれるのは、「民主主義」を多義的な概念とすることである。「民主主義」という用語が多義的であることは、客観的な事実でもある。しかしそれだけでは理解は平板であり、また固定的である。すなわち「大衆」（デーモス）の「支配」（クラトス）である「民主主義」において、はじめ「デーモス」の内容は自由民や男性という限定性が前提されていたが、次第に消滅していったことがある。裏から言えば、奴隷制度や性差別をなくしてこそ「民主的」であるという意識に変わっていったことである。これを私は、「民主主義」がその現実においても観念においても発展するものとみなす。そこで発展という相における「民主主義」にとっては、「男女平等」は無関係でなくその一部であると考える。

ちなみに私はルソーの理論における「本性」〔nature、自然〕の概念において、①「本質」として、②「定在」として、③「発展」として、の三相からとらえることを提唱しているが、「民主主義」に関しても似たことが言えるのではないかと思われる。

三　古典的批判の例

水田珠枝氏は、ルソーが男女の不平等を主張しているととらえるようである。すなわち彼は女性を「男性と対等な存在とみなすこと」を「考えていなかった」(1)とし、彼がよしとする「家族は、不平等な異質な家族員によって構成される権威的組織」[2]と規定する。

水田氏はこの解釈にどのような論拠を挙げるか。ルソーにおいて、①男性同士は、自然状態では憐憫により平和的、社会状態では理性により対等であるが、女性に対しては、自然状態では欲望の目的で、社会状態でも「情念の対象でしかない」。②男女は性的に相互依存するが、社会状態では経済的に女性が男性に依存する。③女子教育が本質的に男性に関係づけられている。④姦通は女性の場合だけ非難される。⑤女性にも理性や良心があることを認めるが、女性の理性は、家族の中で実際生活を処理できれば十分で、「女性を精神的奴隷状態におく」[3]。

水田氏は他方、男女関係の問題を除けば、ルソーに「徹底した民主主義」を認め[4]、彼のめざす国家を（「全体主義的」とみなす一部の解釈はとらず）「民主的組織」と規定する[5]。ではそれと彼の（なかにあると彼女がみなす）性差別思想との関係はどうなるのか。それは民主主義思想家ルソーの「裏面」にある「暗黒の領域」と表現される[6]。ではそのような両面性はどこから来るのか。「絶対主義下の小生産者層を足場にしていたから」であり、家長権による[7]。「ルソーの矛盾は、絶対主義フランスの小生産者が持つ矛盾であった」と下部構造を指定し、この意味でルソーならず「近代民主主義の思想家のほとんど」がこの「矛盾をおかす」というのが、水田氏の説明である[8]。無論これは当の意識にとっては「矛盾」でなく自然な意識であろうから、それが「矛盾」であるのは、人間および女性の「解放史」の観点に立つ者にとって（少なくともそう認識されること）である。

以上のような水田氏の解釈＝批判をどう考えるべきであろうか。私は、おおまかなところではあたっている、と考える。しかしいくつかの批判的留保をしたいと思う。関連し合ってはいるが、三点に分けて考えてみたい。

第一に、ルソーの男女間の把握において誇張ないし一面性がみられるように思われる。すなわちルソーにおいては男女の同等性や相互補完性について興味深く単純でない思想がある。水田氏もこれを無視しているわけではないが、結局は女性支配の思想だ、というところに性急かつ過度にもっていく傾向がある。またその際鍵となる概念のルソー的意義ないし含意を十分に汲むよりも既成の――それ自体男性中心主義的な？――価値づけを前提しているように思われる。たとえばルソーは「理性」においてはより男性に、「感情」においてはより女性に優位をみるのは確かであるが、彼において「理性」は必ずしも「感情」より優位ではない。

第二に、概念規定一般の周到さの問題がある。水田氏の文章を読むと、「平等」「対等」「同質」が――少なくとも機能的に――同義で使われているように感じられる。これは論理的に飛躍があることになるが、内容的にも疑義を持たせる。たとえばルソー的「家族は、対等でない人間から構成されるという意味でかれの平等主義と矛盾する」[9]とあるが、親子は――少なくとも親子としては――「対等」ではないのではなかろうか。そしてそれは必ずしも平等ないし民主主義と矛盾しないのではなかろうか。また彼女は、ルソー的「国家は、平等な人間が」平等を「維持するためにつくられる組織である[10]」と書く。したがって、異質な人間からなる家族とは本質的に異なっている、ルソー的思想構造における異質性の位置づけは検討に値するが、ここでは水田氏自身が平等＝同質性を前提にしているようなのはどうであろうか。裏返せば、異質なものは排除してよいというのはむしろ民主主義に反する論理であるように思われるのだが。

第三に、ルソーの女性論における興味深い要素や側面について水田氏のまとめだけでは物足りないということである。このまとめはルソーそのものでなく「女性解放思想史」という観点および意図から、また限られた量のなかでのものとしてはなるべくしてこうなっているし、繰り返せば大まかにはあたっていると考えるので非難ではない。ただルソー研究という側からは満足して終わってよい理由とはなるまい。

四　依存と自立

ルソー把握においてしばしば見られる一つの根本解釈が水田氏にもみられる。それはルソーが人間をその本性において「孤立的」で「非社会的」なものとしている、という解釈である。これは論理必然的に、ルソーにとって「依存」は本性（自然）に反したもの、価値的に否定されるべきもの、という解釈と一体である。「私有も共有もない、家庭に拘束されることもない、したがって他人に依存することも他人を支配することもない、完全に自由で孤立した状態、これがルソーの心の奥底にひそむ理想なのであった[11]」。「ルソーは、人間をつなぐ同感や社会性を本性に根ざすものとする思想を拒否する。この意味でかれの人間は、他人からの評価を考慮せず〔…〕社会的な孤立でもある[12]」。――こうした根本解釈は間違い、少なくとも一面的であると私は考えているが、かなり根深いものであり、またそのような誤解を生む文言も確かにあるだけに、この限られた場所で全面的に論駁することはできない[13]。そこでここでは搦め手からの言挙げにとどめる。つまりルソーの根本解釈において、「個人主義」と「全体主義」という対立があることは、少しでもルソー研究に手をつけた者なら知っている。「全体主義者ルソー」という根本解釈が誤解、少なくとも一面を誇張したものだという意見が多数派ではあるが、少数派もけっして侮れない（バビット、ヴォーン、ラッセル、ボパー、アレントなどはどちらかというとこの側）。このことは、ルソーが「全体主義者」ではないにしても、単純に「個人主義者」とは言い切れないことを示唆するものではなかろうか。

水田氏の解釈に戻れば、ルソーは人間の「本性」または「理想」として、「孤立」や「非社会性」と一体となった「自由」や「独立」をみ、しかしその「人間」とは実は男性に過ぎず女性には反対の「本性」や「理想」をおくので、ルソーは「矛盾」していると説くのである。さらにこれに「依存」一般を好ましくないものとする立場――私はこれを「自立神話」と呼ぶが――が加わると、このルソーの「矛盾」は価値的に批判されるべきとなる。

ルソーは「孤立」を「本性」とも「理想」ともみていない[14]。「純粋な（または第一の）自然状態」における「孤立」が価値を持つのは、市民的状態における支配や服従に対する「自然的自由」としてあくまでも消極的にである。家族や村落などの共同体または「生まれたばかりの社会」は未だ、土地の私有に始まる「市民社会」［la société civile］または「市民的状態」［l'état civil］ではないが、ここでは男女は情念によって既に依存し合っている。しかしまさにそれゆえルソーはその時期を、市民社会はもとより「純粋な自然状態」と比べても幸福なものと価値づけるのである。[15] そしてこのような男女の相互依存は、市民的状態においてもなんら禍とはされない。シュヴァルツは言う。男女の相互依存の主張によって、ルソーは「男自体や女自体の自足［sufficiency］の欠如を強調する。そうすることにおける彼の目的は、必然的に他方に依存する社会的存在として男女を理解させあい、社会の構成員としてより少なく利己的にふるまうように導くことである」[16]。ルソーの女子教育論の戦略的意図について、さらに言うべきことがある。男の価値の判定者を女であるとすることによって、彼は、道徳教育における主導性を女性に認めるがゆえの、女子教育論であることである。[17] 確かにその「徳」の中身が必ずしもフェミニズム的ではないにしても、女子教育の目的を「男性に気に入られる」というような文言からだけ一面的にとらえてはなるまい。

五　性善説と女性問題

民主主義の人間論的基礎は性善説である。性善説は「自然状態」における支配や暴力の不在を含まなければならないが、この点で男女関係の問題はどうかかわるか。ルソーの言う「純粋な自然状態」においては恋愛はまだなく、両性を結びつけるものは欲望であり、また力の不均衡があるのだからそこには暴力（強姦）が生まれそうにみえる。しかし彼はそれを認めていない。なぜなら女性は力がより弱いが、「その気になれば、抵抗するのに十分な力」も、「攻撃者の生命を犠牲にしても自分の体と自由を守る権理」も持つからである（p.695：下一〇頁）。ルソーは自然状態に関して多くを負っているルクレティウスに対してここではっきり分かれている、というシュヴァルツの指摘[18]は興味深い。もう少し補ってみよう。

第一に勿論事実としては暴力行為も存在することを、ルソーは無視できない。しかしまず「第一の自然状態」においては、それは原則たり得ない。女性に抵抗力と抵抗権を与える以上、命がけの戦いを不可欠とする想定は「不自然」である。そして恋でなく欲望が動因である以上特定の異性に固執する理由はないので、そのような負担と危険を選ぶよりも、欲望が一致する他の異性を相手とすることになる（人類においては雌雄が同数であるのも一条件）。ちょうど他人の得た財を奪おうとするより、（それが可能な自然状態では）他の財を得ようと努めるように。

第二に、恋愛が生まれて以降は暴力はそれと対立するゆえに原則とはなり得ない。市民社会において強姦が起こり得るのは、恋愛の情念が窒息させられて、生の身体的快楽や、征服欲のような疎外された欲望のためであって、「本性」の発現ではない。市民社会では性暴力――それも偶発的というより構造的な――がある原因は、まさにルソーの社会理論＝性善説によって解明される。すなわちある人を支配するには、彼が支配者なしでは生きていけないという条件があらかじめ存在することが必要であり、分業と生産手段の私有がまさにその条件であるから、それを欠く自然状態では支配はあり得ない[19]。同様に考えれば自然状態の男女にはこのような条件はないのであるから、少なくとも構造的な支配や差別はあり得ないことになる。またこの論理をもっと進めていけば、市民状態における「家長制」という女性支配の問題にぶつかり、ルソーはそれに気づきかけてはいるが、本質の解明には向かわない。彼の重要課題は家族の再建にあるが、それは必ずしも「民主的家族」とは言えない。彼の問題意識が、女性が差別され支配されている、ということにはあまりなかったことが一因であろう。

第三にそこで、経済的対立をなくしても性を理由に対立の必然を主張する性悪説も退けられる。この説では、恋愛があるいは単なる性欲に、あるいは人格を所有の対象とみなす市民社会的執着と混同されているのである。(20)

六　性差について

ルソーの女性論・女子教育論は、その志向において、男女の平等よりも差異に力点がある。ところで次のことが言える。①フェミニズムの興隆以来近年までは、性差、特に生得的（自然的、本性的）な性差に意味づけしようとする言説は、フェミニストからは性差別とみなされ批判される傾向が強かった（無論母性保護論争などもあり、すべてではない）。この批判のためには次のような言説が対抗することになる。ⓐ生物学的差異は実在するが、（保育の社会化などによって）社会的に補整され得るので、それを規範の根拠にすべきではない。ⓑそこで「平等」のための思想戦術としては、男女の「人間的」同一性が主張されるか、または逆に男女の二分法でなく同性愛者や両性具有者などを含めた「多数の性」の平等が主張される。ⓒ「男（女）らしさ」が実在するとしても、それは社会的・文化的につくられ変わりゆく「ジェンダー」に過ぎず、それに「とらわれない」ことが望ましい。②しかし今日では、脳科学の発達などにより、生得的な性差の実在と内容とがかなり判明しつつあり、またこの「違い」の認識は、男女そのものの「優劣」の価値づけや、差別や支配の正当化とは別問題であることも、確認されつつある。しかしまたこれらの知見が一面的に通俗化され（「女はやっぱり馬鹿だ」など）、価値付与され古い性差別（男の浮気の正当化や性別分業の規範化など）に利用されているという現実もまたある。現代科学を虚心に検討し有用なものを摂取することは、男女平等の思想と運動をより柔軟なものにし、また盛りを過ぎた流行と思わせない（二十一世紀の若者はそう思っている者も多い）ために必要であろう。他方で純粋科学といえども理論の社会的文脈に十分留意しないと、悪用されかねない。（良心的著述はそうなっているが）たとえば男（女）らしさの実在と内容を示す差異において、それらは傾向的なものであって例外的なまたは中間的な諸例が常に存在すること、また価値自由な事実判断として言明されているのであって、そこから直接にそうあるべきだ（ねばならぬ）という規範を引き出すことはできないことが、注意されなければならない（その上で私はそれを好む・望む、のように言明することは禁じられてはいないが、それはその人の主観的価値付与として区別されなければならない）。

ところでこの問題に関する参考になると思われる考察が、石川准氏による比較社会学のメタ理論にある。(21)これは「異文化理解」において異質性の無知ゆえに起こる誤解のほかに、その意識ゆえの誤解も起こり得ることをとりあげている。たとえば「感情表現の激しい」文化に属する他者をみて、「そんなに悲しまなくてもよいのに」と思ったりするのはありがちな誤解である。しかし他文化理解を持っていても、そのような文化圏に属する人間にも個人差があり、その国では例外的な個人が強い感情表現をするのをみて、「この国の人らしい大げさな表現だな」と思えばそれも誤解になってしまう。しかし石川氏が言うように、無論ここから比較研究が否定されるわけではなく、それがステレオタイプ化するという危険性をはらんでいることを自覚しつつ、有効に利用する必要が導かれる。性差についても同様なのではなかろうか。男女平等の実現のためには、人間としての平等は勿論だが、性差の相互理解が、したがってその教育が必要なのではなかろうか。つまりそこに主観的な思い込みや過度な単純化があってはならない。このことは（比較文化の学習同様）あるいは科学的研究の成果から、あるいは学習者自身の生活や体験を反省することから、学ばせられよう。そしてこの認識は、異（同）性理解や彼等への（ともにする）自己の行為において有効ではあるが、男（女）であるがゆえにこうすべきだと直接に規範化すべきでないことも、学び得よう。むしろ実際には性差に関する通俗的偏見が実在しそれが性差別を助長しているがゆえに、[22]性差の正しい教育は必要なのではなかろうか（既成の「民主的な」性教育は、生理学・医学的な知識から、一挙に非性的な「人間としての」男女の尊重や協力という徳目に、移行するように思われる）。「ジェンダーフリー」を、ジェンダーを否定することでなくジェンダーにとらわれない（絶対視しない、おしつけない）ことと解するならば（そう解すべきと思われるが）、それとも矛盾しないであろう。

七　小市民的家族の意味

ルソーの女子教育論と女性論を導いている問題関心は、確かに「男女平等」でも「女性の解放」でもない（無論これらに関心がないとかこれらと対立する論理だとかいう意味ではない）。そうでなく「家族の再建」という問題関心である。だがそれはどういう意味なのであろうか。

ルソーの思想の基盤となる社会層として、水田氏の言う「絶対主義フランスの小生産者」という規定がどれだけ正確さを持つかは微妙だが、少なくとも「西欧十八世紀の小市民層」という言い方はできるであろう。そしてそれが資本主義の展開によって没落にさらされること、ルソーがそれを「阻止」しようとしたことも、彼女の言う通りであろう[23]。

ところでここでまず考えるべきことは、ルソー自身が表象していたあるべき家族は、確かに、「小生産者」の、すなわち農業を中心とした、かなり自給的な経済単位であり、雇われる者さえいる社会体である。しかしその受容史から言えば、それは西欧十九世紀的な小市民層一般に引き継がれた面がある。水田氏もそれをふまえ、ルソーを「没落小生産者階級」だけでなく「近代社会そのもの」[24]、またそのともそのままの形ではないにせよ、「現代まで引き継がれている」問題としてとりあげるのである。

ところで近代民主主義思想一般は、事実問題としては、永遠の真理を若干の天才が把握したことで出現し流布したものでなく、特定の時代における特定の社会層のイデオロギーであること、しかしそのイデオローグはそれをそのようなものとしてではなく、人間一般ないし「人類」の正義として主張し受容されたこと、またそれが規範としてはいまの私達が普遍性を認め得ること、そうなったのは、もともとは建前であったその普遍性を現実化すべく、（当初の提唱者や支持者を超えた、）奴隷解放運動、普通選挙運動、女性解放運動、植民地解放運動などを通して、発展させていったことによること、これらは水田氏も認めるのではなかろうか。[25]だとするとルソーの家族論にも似たことが言えないであろうか。すなわち当初は「絶対主義下の小生産者の」ものであっても、その重要部分において、広く近代社会の小市民的家族への規範的性格を持つことになり、（うまく発展させるならば）ある種の普遍的意義を持つ側面も認め得るのではないか、と。また「近代民主思想」一般において、その国家論は普遍的意義を持つがその家族論は否定すべき性差別そのものだ、という点を「矛盾」とするのは、少し単純すぎるところもあるのではなかろうか。

未婚期には修道院などで世間的・性的無知（または宗教的偏見）の中にいわば監禁しながら、むしろ性的放縦を得るために結婚するような当時の習俗をルソーは批判し、逆に青年期の男女交際は許容され得ても夫婦の貞操は尊重されるべきだと説いた。[26]また里子に出したり無関心であったりするのを批判し、親自身が子を育てる必要を説いた。[27]これらは近代家族一般の理念として、事実としての歴史性と規範としての普遍性を持たないであろうか。それも「結局は」近代「家父長制」のために「過ぎない」として片付けるならば、清算主義的に過ぎるように思われる。

八　家族共同体の意味

前節ではルソーにおける家族の意味を、歴史的文脈にかかわらせて考察した。しかしそれは必ずしもルソー自身にとっての家族の意味ではない。なぜ家族は再建されるべきなのかをルソーの立場から答えるならば、第一にそれは習俗の基礎として社会全体の改革の出発点だからである。[28] 第二にそれは基礎的共同体として人間の幸福の出発点だからである。両者は勿論結びついている。

しかしこのことは「民主主義」という観点からはどうなるのか。「民主主義」にとって「習俗」や「共同体」はどういう意味を持つ（持たない）のか。

民主主義は勝義では政治体、多くは国家において問題にされる。ここで問われるべきは再び国家と家族との関係についてのルソーの思想[29]である。彼は家族の廃止を内包するプラトンの理想国を批判して言う。

私は、自然の最も甘美な感情が、それによってだけ存続し得る一つの人為的感情の犠牲となる、あの壊乱について語っている。まるで、約定による紐帯を形成するために自然的手がかりは必要でないかのように。まるで、心が大きな祖国に結びつくのは、家族という小さな祖国を通じてではないかのように。まるで、よい公民をつくるのがよい息子、よい夫、よい父ではないかのように！

(p.700：下一六—一七頁)

ここでわかるのはルソーの民主的国家が「道徳性」を持つ共同体として発想されていることであり、そこにおいて家族原理と連続している。

念のため言えば、無論ルソーはロック以前の家父長制的国家論者ではなく、これはいまの引用からもみてとれる。すなわちそれは「約定」によってつくられる社会体であり、祖国愛も「人為的感情」である。社会契約説をとる以上当然のことだが、ルソーの場合その「祖国」とは、したがって家族と市民社会との止揚という性格を（この点ではヘーゲルに先立って）持つことになる。[30] 国家は契約による人為的な構成体であるが、市民社会と異なる点は「よい公民」であることという道徳性が求められること（かりに「よい市民」というならばその「よさ」は道徳性でなく功利性を、「使える職業人、人材」であることを意味する）、また（利害でなく）「愛」が紐帯となることである。[31] このためにルソーは国家を家族の延長とする思考とは自らを区別しながらも、家族を国家の雛形とする比喩には妥当性を認め、[32] 前者を後者の「自然的手がかり」と位置づける。

戸部松実氏は、ルソーが自分のこどもを自ら育てなかったことに次第に後悔を深めていったと考え、それと『エミール』における家族と家族教育の重視とを結び付けている。そのこと自体は説得的であるが、それを「人間か公民か」の問題に結び付けるのはどうだろうか。既述のように（第一部第一章、また第二部第一章参照）、両者の総合（止揚）こそ彼がめざしたものであり、『エミール』という著作における方法的立場として「人間」の側からのアプローチが選ばれているのである。戸部氏がこれを「二者択一」として「是が非でも『人間』のほうに誘導したい」とし、[33]「『自然の人間』こそが形成すべき最終目標だったことは確実」とするのには同意できない。[34]彼女のみかただと、『政体論』のような初期の著作だけでなく、『ポーランド統治論』のような『エミール』以後の著作にも、政府の側からの強い「公民教育」が構想されることがうまく説明できないであろう。

ではルソーの国家観と民主主義との関係はどうか、と問えば、ひとまずは無関係であると言えよう。もしも夜警国家的民主主義をよしとするならば共同体的国家は退けられるべきものであろう。しかしヴァイマール憲法以降の、社会権の保障をめざす福祉国家をよしとするならば、そこに個人的利害を超えた愛を、すなわち共同体的側面を持った社会体を想定しないことが可能であろうか。確かにこの「人為的感情」としての祖国愛は、国家主義や軍国主義へと、すなわち民主主義を壊す方向で働くこともあり、ルソーにおける「祖国愛」の意味や功罪をナショナリズムの歴史的文脈の中で検討することは必要である。というよりもそもそも「福祉国家」と国家主義（その極点がファシズム）とを単純に正反対に対置することはできず、「民主主義」の観点も含めてその絡み合いをより冷静に追究するなかで、ルソーの「祖国愛」の意味も深く把握されるのではなかろうか。

最後に家族の問題に戻ろう。ルソーは当時のフランスの状況をこう言う。

結婚とは同棲すること、同じ姓を名乗ること、同じこどもたちを認知することに同意するが、なおその上に互いに対するどんな種類の権理も持たない自由な二人の人間の協約としかみなされていません。[35]

夫婦の「不貞」は存在せず、むしろそれを問題視することが非難されるが、なぜなら結婚したのは「単に財産または身分と」であって心情や精神や人格とではないからであり、またその事態で考慮されるのは罪でなく醜聞だけだからである。こうして家庭は幸福の場であることをやめ、人倫の場であることをやめ、本質的に崩壊し、人間疎外を深め、また他の領域の腐敗の温床ともなる。ルソーが問題にしたことは、現代の私達にとっても問題であるのではなかろうか。

確かにここに、反民主主義的と言ってもよい反フェミニズムが、「家族の崩壊」を言い立てることで、夫婦別姓容認や女性の社会進出を叩くという、単なる反動の出現根拠もある。しかし民主主義の側がこれに無関心であるならば逆効果にならないであろうか。というよりそもそも人間の幸福とか生きる価値という問題にとってどうなのか。前民主的な家族主義や国家主義は、大義名分の影に実はけちな功利主義を隠していた[36]。独身や子なしを不幸せと決めつけるなとか、国家のために国民があるんじゃないとかいう「進歩的」な言葉は正論ではあるが、もしその主張にだけとどまるならば、単位を「個人」にしても、愛のない功利主義としては、古い家族主義や国家主義と共通してしまうかもしれない。

九　まとめ

ルソーは本人の意図としては男女平等を認めている。しかし彼の女性論・女子教育論は結果として性差別を含んでいることは否めず、この点で十分に民主的であるとは言えない。ただしルソーの思想へのフェミニズム的批判には、「平等」と「同質」の同一視のような論理的飛躍や、依存に対する独立、感情に対する理性の過剰評価のような、異論可能な価値観が前提されるものなどもみられる。ルソー自身の問題関心は「女性の解放」ではなく家族の再建とそれによる社会全体の習俗の改革であり、そこで重視されるのが感情や愛の原理である。彼の思想が歴史的・社会的被制約性を帯びていることは当然であり、今日も反民主主義の方向に悪用され得る。しかし他方、市場原理の大波で共同体としての「家族」「祖国」が崩されつつある今、そこには価値あるものも存続している。

（1）水田珠枝『女性解放思想の歩み』岩波新書、一九七三、四八頁。
（2）同書、五三頁。
（3）同書、五一頁。
（4）同書、五一頁。
（5）同書、五三頁。
（6）同書、五一頁。
（7）同書、五一頁。
（8）同『女性解放思想史』筑摩書房、一九七九、六〇頁。
（9）同書、六六頁。
（10）同書、六八頁。ヴァルガスは、「もしフェミニストであることが、男女の同一性を要求することであるならば、ルソーは確かにそうではない」と述べる（Y.Vargas, *Les promenades matérialistes de Jean-Jacques Rousseau*, Le Tempes de Cerises, 2005, p.31）。彼がここで言いたいのは、ルソーがフェミニストではないということではなく、フェミニズムが男女の「同一性」の要求で定義されるものではない、ということである。
（11）同書、四一頁。
（12）同書、四八頁。
（13）若干の断片的引用にとどめる。「もしも出生地を選ばねばならなかったなら、〔…〕すべての個人が互いに知り合い、〔…〕公衆の視線と判断を免れ得ず、この甘美な習慣が〔…〕祖国愛をつくる国家を選んだでしょう」「不平等論」（pp.111-112：一〇頁)。「疑い得ないように、人間はその本性によって社交的である、あるいは少なくともそうなるべくつくられている」「エミール」(p.600：中一七一頁)、「絶対的な孤独は悲しく本性に反した状態です。〔…〕私達の最も甘美な生活は相対的で集合的なものです」「対話」(p.813)。

(14) つまり「依存」一般を否定していない。本書第二部第三章、参照。また経済においても完全な自給経済でなくある種の依存関係を位置づけたという説が興味深く展開されているのは、フレーデン『ルソーの経済哲学』(第七章)。

(15) 「最も幸福で最も永続的な時期」「不平等論」(p.171：九五頁)。

(16) J. Schwartz, *The Sexual Politics of Jean-Jacques Rousseau*, The University of Chicago Press, 1984, p.3.

(17) 「男性が女性の価値の判定者として生まれているように、女性は男性の価値の判定者として生まれている」(p.752：下九二頁)。このことの意味についてcf. Schwartz, *op.cit.*, p.5。なお(13)(14)ともかかわるが、ルソーにおいて、特に女性が従うべきとされる「意見」[opinion]は必ずしも否定的ではない。「それがまっとうなときは、女性は徳の保護者である」(Vargas, *op.cit.*, p.34)。以上の二つから、女性に気に入られようとすることで男性の「社会化」[socialisation]が行われるともみられる(*ibid.*, p.32)。

(18) Schwartz, *op.cit.*, p.18.

(19) 「不平等論」p.162：八二—八三頁。

(20) 「嫉妬心はその動機を原始的な本能よりも社会的な情念の中に持っている」(p.798：下一六五頁)。

(21) 石川准「感情表現と誤解の構造」『感情の社会学』世界思想社、一九九七。

(22) 女は男の「強引さ」を求めているとか「いやよいやよも好きのうち」といったたぐい。

(23) 水田珠枝、前掲書、六〇頁。

(24) 同書、三九頁。

(25) スターリン主義では、「近代民主主義」を「ブルジョワ民主主義」としてこれを「プロレタリア民主主義」や社会主義と機械的に対立させる傾向があったが、これは価値的に支持を失っただけでなく、マルクスの思想——それ自体への賛否はともあれ——にも反するという理解が今日では一般的と思われる。

(26) 「告白」p.435：下八頁。

(27) この面での影響の一例としてはたとえばバダンテール『二人のエミリー』参照。

(28) 「病を癒したいのか。その源に溯りたまえ。公衆の習俗に試みるべき改革があるならば、始めなければならないのは家庭の習俗からだ」「ジュリ」(p.24：(一)三四頁)。

(29) 古代ローマの退廃は家庭の習俗の退廃から始まったと彼はみた。「祖国」ジュネーヴを思って書いた「ダランベールへの手紙」の末尾では、父への回想と祖国愛とが重ねられている（「演劇論」pp.123-124：二八〇—二八二頁）。フェルモンはルソーにおける家族の再建は「社会性そのものの再生産」（N. Fermon, *Domesticating Passions: Rousseau, Woman, and Nation*, UP of New England. 1997, p.6）を担っているとし、社会理論全体の中に位置づけようとする。

(30) 第二部第一章参照。

(31) それゆえ bourgeois と citoyen の概念上の区別が重要である。訳語上の区別はいくつかあり得るが、私は前者を「市民」後者を「公民」としている。

(32) 「政体論」p.241ff.：七頁以下。

(33) 戸部松実『「エミール」談論』国書刊行会、二〇〇七、九七頁。

(34) 同書、九八頁。

(35) 「ジュリ」（2-21）、p.271：（二）一四四頁。

(36) 中勘助は「修身」の時間に親孝行の根拠を尋ね、ご飯が食べられるのは親のおかげという教員の答えに反感を持った体験を描いている（『銀の匙』岩波文庫、一九六二、一五一—一五二頁）。

第八章　留　学　論

一　本章の主題

『エミール』の末尾近くに、旅について述べられている部分がある。旅の主体が青年であり、その目的が教育にあること、長期間（二年間）にわたり、行き先として外国が念頭におかれていること、以上からは今日の日本語での「留学」と重なる。外的にみて重ならない点は、私達のふつうの「留学」は、その期間の大部分を一ないしいくつかの特定の場所に滞在し学校に所属するものであるが、『エミール』ではそうではない。もともとこの著作では学校教育は捨象されているので、留学だからといって学校に行くことはないのは自然であり、そうなれば一箇所に長逗留する必要もない。

また狭くはこの「留学」論は、主人公エミールが婚約後結婚までの教育課程として設定されている。しかしエミールが結婚相手をみつけるべくパリを出た後の旅も、多くの点でこの留学と重なるものである(1)。本人が意識している目的は教育でなく、また外国も問題にされていないが、これも広義での留学に入れられよう。

本章はこうしたルソーの留学論を対象とする。私はルソーの教育論を「民主的人間の形成」という観点から考察してきたが、本章もその一環である。ルソーの思想をその内的構造において把握するとともに、その歴史的文脈においても位置づけを図り、さらに現在の日本における「民主的人間の形成」における留学の考察も意識しつつ、すすめていきたい。

二　留学の目的、あるいは外国を知ることの目的

青年エミールの「留学」の目的は何か。彼は母国を持たぬ者として設定されており、「帰国」してこの教育を生かすというより、まず彼がどの国に所属するかを選ぶ必要があるとされる。なぜなら彼が婚約者ソフィと結婚して将来の夫・父となること「によって国家の構成員になろうとしている」(p.823：下二〇六頁）からだという。これはルソーにとっては自然な論理のようであるが、必ずしも普遍性を持たないであろう。次の論理のほうがより説得的であろう。すなわちエミールはもともと母国も家族も持たない抽象的な「個人」として設定されていた。しかしルソーはもともと人間は「その本性〔自然〕によって社交的になるべくつくられた」(p.600：中一七一頁、強調は引用者、以下も同じ）と把握している。この発展には時期があり、早まって既成の社会性をこどもに押し付けようとすることは有害だが、「自然〔本性〕の歩み」で成熟したときには社会的存在として把握し対処しなければならず、いまがそのと

きである。「他の存在との自然的な関連において、他の人々との精神的な関連において、自らを考察した後に、青年に残されているのは、同国民との公民的関連において自らを考察することである」（p.833：下二二一頁）。こうしていまや社会の学習――ルソーの側から言えば彼の社会理論と社会思想の展開――の番になるという理解である。また具体的設定により即した説明としては、次のようなこともある。エミールとソフィは対自然関係で生活能力を持ち、互いの道徳的関係で理解と愛情を持つが、家族（夫婦およびこども）の世帯――人身と財産――の保全にとって、それだけでは十分ではない。「乱暴な政府や、迫害する宗教や倒錯した習俗」の危険があり、「特に貴族や金持ちのいじめから守られ」なければならない（p.835：下二二六頁）。こうした「危険から守られて家族とともに幸せに暮らすことができる避難所をヨーロッパに選ぶ」（p.836：下二二六頁）ことが、エミールの留学の直接の目的である。

これはしかし母国を持つ（ふつうの）留学生との本質的な違いではない。ルソーも認めるように、成人は母国を捨てる権利を持つ（p.833：下二二二頁）。それゆえふつうの学生にも留学によって可能的には帰属国家の選択が開かれているのであり、また他国を知ることによってはじめて母国をも（特にそのよさ、悪さを）わかるのであるから、帰国してそこに住み続けることは、偶然によってでなく自らの意志によって母国を祖国として選択したことを意味する。

無論これを平板な実際的効用の観点でみるべきではない。国家帰属が自由にできるといっても、それは服装や家具の選択よりもはるかにアイデンティティーにかかわる、いわば実存的な問題である。私達はここで第一には、実際問題としてどの国を選ぶかということよりも、諸国家を知るということは社会的存在としての自らをどう位置づけるかという関心があってはじめて有意義なもので、自らを第三者の高みにおいて諸国家の「よしあし」をあげつらう好奇心的・評論家的な立場は唾棄すべきものだ、という問題のとりあげ方をおさえるべきであろう。第二にしかしまた二十一世紀の日本人としては、これを実際には例外的な事態を「思考実験的」に取り入れて考察を主体化した、とだけは言えなくなってきている。国際結婚や国外長期就労等が多くなってきたことで、国籍の選択ということが少しずつ例外的でない事柄になっているからである。この意味で国家とは何か、一人の人間がある国家の「構成員」であるとはどういうことか、これらは純理論的というより、ふつうの人にも生身の問題になりつつある。いやそれは国民国家の形成によって既にそうなったものではあるが、いまは国際化とグローバル化という位相からも再び問題化されている主題であると言えよう。

三　歴史的文脈

ルソーの教育論の末尾が留学論であることは、歴史的には「グランド・ツアー」の習慣に対応している。

エリック・リードの『旅の思想史』では、十頁が「グランド・ツアーと旅行記」の項目にあてられている。(2) 彼は、十五世紀末から十七世紀初頭にかけてイギリスの上流階級の習慣として始まった（とするベイツによる）グランド・ツアーの源泉として、「騎士道の伝統」と「学問の伝統」を挙げる。しかし私は、中世における源泉としてさらに二つ、宗教的巡礼と職人の旅修行をも挙げるべきであると考える。[3]
しかしリードはその十頁において「グランド・ツアー」の問題にはあまり立ち入らず、旅の教育的意義の確立ということから、「旅行記」の問題に八割方を割いている。それは客観的言語でつくられることになり、次の項目「探検旅行」に導く。「ルネサンス以降、旅は世界を情報として所有するための、きわめて精巧に構成された方法になった。旅のきわめて特権化された公的動機が、世界を見聞し、記録し、細部にわたる完全な世界図を組み立てることになった」。しかしその情報収集の目的は何なのか。リードはそれを問わない。あるいは「近代科学」成立史の中に組み込むことで、それ自体が目的化されたことを示しているのかもしれない。もしそうだとしたら、ルソーの立場は特異であったのか。教育的旅行における主体性は、一般的には忘れられていたのか。それはありそうなことではある。グランド・ツアーの目的とされる科学的な知識の獲得が、さらに何を目的とするかが問われなかったのは、科学とその進歩はそれ自体で善であるという当時強まった信念とあいまって、自然だったのかもしれない。では、ヴォルテールの『哲学書簡』（英国書簡）はどうか。彼の英国滞在は一面では亡命的性格を持つが、他面で留学的性格も持つ。その『哲学書簡』は彼の「留学」成果の報告書であるとともに、母国批判の書でもあった。『エミール』のこの箇所で名を挙げて批評される『法の精神』が（著者モンテスキューの意図以上に）読み手側の主体性によって母国の改革運動を刺激したのに対して、『哲学書簡』はまず著者自身のそうした意図が強い。それは例外的、少なくとも少数派の現象だったのか。おそらくそうであろう。ヴォルテールの「改革」志向は急進的ではなかったが、それでも著者はいつでも再亡命できるように備えていた。当時の旅行記の著者の大部分は、貴族のような体制側の者か、商人や僧侶（宣教師）や学者でも体制の枠内にあった者である。少しは批判の気持ちもあっても、現実の他国の紹介とからめて公表するのはリアルであるだけに危険でもあろう。そして体制の根本に不満な者が書くとしたら、むしろユートピア物が便利であろう（モレリ、レチフなど）。

『百科全書』で見出し語「旅」は四つあり、「文法」「商業」「教育」「法学」の属名に分かれるが、ジョクールの筆による「教育」のもの[4]が最も長大である。このこと自体、啓蒙期のフランスが、少なくとも百科全書が、「旅」を何よりも教育的観点でとらえていたことを示している。

そこではまず、旅以上によい人生の学校はない、と述べられる。そしてその学校で学ぶこととしてまず挙げられるのは「多くの諸他の人生の多様性」である。古今の権威を並べた上で、「旅は精神を広め、高め、知識で豊かにし、国民的偏見を癒す。それは書物〔…〕では補えない種類の勉強である」。「旅においてもくろまなければならない主要な目標」は、「他の諸国民の習俗、習慣、精神、彼等の支配的趣味、技芸、諸学、製造業と商業」とされる。総花的ではあるが、「習俗」がはじめに挙げられるところをはじめ、ルソー的と言えなくもない。しかしその後ジョクールはこうした教育的旅行の行き先としてイタリアに長い言及を加えるが、「グランド・ツアー」の慣行がやはり大きいのであろう。当代のイタリアは遺物であるとしながらも、ジョクールは、しかしそれ自体の見物ないし鑑賞という（好奇心ないしせいぜい教養主義の）観点でなく、歴史的考察につながる観点を重視している。

グランド・ツアーを中心とした当時の現実の旅[5]に対して、ルソーが批判していると思われる点を挙げてみよう。

まず英仏の比較があり、イギリス人は貴族が、フランス人は平民が旅行すると述べられる（p.828：下二一五頁）。そしてその点でルソーがイギリス人のほうを評価するのは一見意外であるが、その理由は、利益を求めて旅行するフランス人よりそうでないイギリス人のほうが学べるからと、一応は（主としてイギリス人のものである）グランド・ツアーを商業旅行よりも上におく。しかしフランス人に虚栄心からの偏見があるようにイギリス人には傲慢からの偏見があるとし、イギリス人を端的に評価するわけではない。また利益でなく学習目的の旅行にしても、「フランス人はその国の芸術家たちのところに駆けつけ、イギリス人は何か古い美術品のデッサンを取らせ、ドイツ人はサイン帳を持ってあらゆる学者のところを訪れる」（p.829：下二一六頁）といささか戯画的に否定していく。ここで否定されているのは、教養主義的ないし古典主義的な学習姿勢である。ルソーがこれに対置しているのは、「統治制度、習俗、治安状態」の研究であり、「自国に有益ななんらかの考察を持ち帰る」いわば実践的な学習姿勢である（pp.828–829：下二一六頁）。

グランド・ツアーには必ず案内の教師がつく。彼が青年の教育よりも自分の楽しみに気をとられて、青年を諸々の都市、宮殿、クラブに引き回す（p.850：下二四五頁）というのは論外のようだが、実際にはあったことであろう。教師がまじめな学者や文士なら、方々の図書館、骨董や、遺跡、碑文を訪ねることになるが、これにもルソーは否定的である。別の時代のことにだけ関心を持ち、多くの費用で下らぬことに熱中して有益なことを学ばないで帰る、というのである（p.850：下二四五頁）。

このルソーの姿勢は、実践的というより実用主義的過ぎて、いささか偏狭ではないか。他のところで彼は、「事物の観察」と「人間の観察」を分け、前者はこどもに、後者はおとなにふさわしいと評する(p.832：下二二〇頁)。興味深い観点だとしても、機械的な二元論になっていないであろうか。芸術作品は人間精神の感性的開示であり、多くの、特にすぐれた芸術作品にふれることは、実際の人々に接することで得られる学習と対立するのでなく補うのではないか。また現実を理解するためには歴史の知識が不可欠であり、現実をよく変えようと思う者なら歴史のダイナミズムの理解がいっそう必要なのではあるまいか。以上の点でグランド・ツアー批判にみられるルソーの留学論は、私達からすれば、逆の弊害も含むように思われる。しかしそれを、正規の教育を受けなかったルソーの教養不足、平民的な実用主義、偏屈な不平家の極論、などとみることは妥当でも公正でもあるまい。むしろグランド・ツアーのほうに、それだけの二元論や偏狭さがあり、すなわち現実の人々や社会と切り離された、骨董や遺跡や碑文のマニア的見物で教養をつけたと得々としていた、という問題点をみ、もって他山の石とすることが肝要であろう。

四　現実諸国の観察

ルソーにおける旅行の教育的効用について、ヴァルガスは、「経験の事実でないところの権理ではなく、習俗と臆見、それらの差異と相対性を知ること[6]」とまとめる。ではそれらを知ることにはどのような効用があるのか。「国民的偏見の影響をなくさせる」（p.855：下二五三頁、et al.）ことであろう。ではまたそれにはどのような効用があるのか——コスモポリタニズムないしアナーキズムをとるのでなく、結局はどこかの国に帰属するならば。それは国家間の——したがって国民間の——争い、最悪では戦争を防ぐ力になるということであろう。それなら国際紛争の原因は国民的偏見なのか。そう考えるなら観念論に陥る。また一国内の対立の原因を諸々の身分や階級間の偏見でなく客観的な利害の対立——たとえば土地の私有による——に求め、前者は後者の結果であることを示したルソーにふさわしくないであろう。しかし国民的偏見は国家対立に大義名分を与えるので、そこから解放されることは、国家対立の真の原因を認識するために必要であろう。それゆえこの解放は、国民間の対立の阻止または緩和に役立ち得ると言えよう。

しかしここでルソーは、そのような国際理解や国際平和のことには話を進めない。国民的偏見からの解放によってもくろまれているのは、自国の政治制度を合理的根拠なしにすぐれている、あるいは少なくともふつうのものとし、他国の制度を劣ったもの、あるいは異常なものとする偏見からの解放である（p.826：下二二二頁）。この後のほうの偏見が生まれてくる根拠を考えると、人々が本質的にはすべて同じだとする偏見あるいはむしろイデオロギーがあるが、これはルソーが早くから有害なものとして告発したものであり、その克服のために哲学的な旅行を彼は提案していた[7]。小型にして、いま彼はそれを小哲学者エミールに行わせようというのである。

この旅によって、エミールが諸国と諸国民との多様性を知ることにどのような意味があるのか。「彼に必要な唯一のことは、最善の政府をみつけることである」(p.837：下二二八頁)。旅で得られる経験は多様という意味での差異の認識を与えるが、これは必ずしも善悪の差異ではない。ところで善悪の判定基準は経験によって与えられるものではなく、経験から独立に経験に先立って(つまりア・プリオリに)あるというのがルソーの根本的立場である。そこから彼は存在と規範を断絶させないモンテスキューを批判する。そしてあるべき社会についてのルソー自身の説が示されるが、これは彼の『社会契約論』の抜粋ということになるので、本章では立ち入らないことにしよう。そこでこの規範に基づいて、エミールはその中で生きるべき「最善の政府」を(旅の経験を通じて)探すことになる。実のところ、彼はともに生きるべき伴侶を探すに際して、まずあるべき伴侶の観念をア・プリオリに導き出し、しかる後にそれにかなうソフィを旅を通じて見出したのであった。国家においても彼は同様な成功を得られようか。

いわばこの諸国の品定めにおいて、ルソーはフェヌロンの『テレマックの冒険』をエミールに参照させている。そしていま私が出した問いにまずこう答える。「私達の旅のことは読者に想像してもらおう。そして著者自身避けている、あるいは心ならずも暗示している、悲しい現実に触れるのはやめよう」(p.849：下二二四頁)[8]。含意は明らかである。当時の欧州に彼の基準にかなう国はないということである。そしてそれを具体的に記せば、出版できないであろう(実際にはその記述を避けた本書はそれでも禁圧された)。ではなぜソフィはみつかったのか。それは著作『エミール』が、個人についてはあるべきものが主題になっているからで、さもなければ人物エミールもその教師も現実にはあり得ないものとしてはじめから登場不可能になってしまう。著作『契約論』においては逆に、人間諸個人は与えられたものとして、あるべき社会制度が主題とされており、二著作が相互補完的であるゆえんである。

五　都市と田舎の社会認識

しかしそれでは、エミールの旅の効用は消極的に過ぎないのか。すなわち現実の欧州諸国はあるべきものでないという認識しか得られないのか。そうではない。実はこの旅において比較されるべきものとして諸国間の違いよりも重要なものがある。それははじめは従属的な事柄であるかのように提出される。すなわち学習者は、動きに乏しく商業が少なく外国人が訪れにくい、「辺鄙な地方にこそ、その国民の精神と習俗とを研究しに行かなければならない。首都は通りすがりに見物するがいい」（p.850：下二四六頁）と勧められる。「各国の首都はみな同じようなものだ」というのは誇張だとしても、田舎においてのほうが国民性がより判然とするのは今日でも言い得ることであるから、読者はすっと読み流してしまうかもしれない。しかしこの点でしばらくすると論理の軽重が逆転し、都市と田舎との比較のほうがより重要であることが理解される。そしてこのことはこの著作とルソーの思想全体にとって本質的な命題を導くことになる。

さまざまな民族を、その辺鄙な地方において、またその本源的な精神の単純さにおいてこのように研究することで、私の〔この著作への〕題辞(9)にとても有利な、そして人間の心をとても慰める一般的観察が得られる。すべての国民は〔…〕自然に近づくほど善性がその性格において支配的になるということである。諸国民が堕落し、有害というより粗野な若干の欠点を快くて有害な悪徳に変えるのは、都市に閉じこもることによってであり、文化によって変質することによってである。

(p.852：下二四六頁)

ここで問題にされているのは性善説（人間の自然的善性［la bonté naturelle］の理論）である。これはまさしくルソーの理論全体の中核であるとともに、題辞で示されるように著作『エミール』の根本思想である。これを十分に把握するには、この「自然（本性）」が三つの位相を持つことが考察されるべきである。私はそれを「本質としての自然」、「定在としての自然」、「発展としての自然」として整理している。[10] この箇所で問題になっているのは第二の「定在〔Dasein〕としての自然」である。そこでは自然は「脱自然化された」［dénaturé］または疎外された定在（存在の特定のあり方）と対置される定在である。そのような自然—疎外の相関的把握は、ルソーにおいて多くの観点から行われているが、ここでは田舎—都市という観点からの把握である。ルソーにおける「自然（本性）」に対する間違った把握（およびしばしばそれによる批判）として、それを「理念」と解するものがある。これが間違いであることは、この「定在としての自然」において最もわかりやすいであろう。地方や地方人は言うまでもなく実在である。

この定在としての自然においては、程度の差を含むものとなる。「自然に近づけば近づくほど」善性が支配的となる、という書き方にはそれが表れている。つまり都市にも善人がおり、田舎にも悪人がいる。しかしたとえば善人は大都市になるほど少なくなり、あるいは邪悪さの程度が大都市になるほど大きくなる。これは都市化（現代語では urbanisation だがその原義における civilisation すなわち「文明化」）が疎外の原理であることを示している。

ルソーが大都市中心の留学を避けるように言う理由は、二重である。一つは実際的なもので、大都市の堕落に染まらないようにするためである（青年エミールにはその心配はないと言っている（p.853：下二四九頁）ので、これは一般論である）。もう一つは理論的なもので、大都市では青年がこの人間の本性善という最重要な真理を知りにくい（または性悪説という致命的な誤謬にとらえられてしまう）からである。

六　実存的出会いによる本性善の感得

だが、青年が田舎に旅するべきだということは、単に確率的ないし統計的に大都市ほど悪（人）が多く辺鄙な地方ほど善（人）が多いという経験的知識を得、また都市（化）が悪の原理であるという社会科学的認識を得ることにとどまるのであろうか。それではルソーの意図の半分――きわめて重要な半分ではあるが――の把握にとどまるであろう。というのも善と言い悪と言うのは価値観念であり、ルソーにおいてはそれは単に経験的な知識ではなく（良心という）感情の作用だからである。そしてまた、まさにここ――公民的世界への（観察者ないし客人としてでなく「構成員」としての）参入の時期――において、善悪が積極的な意味で問題になる。すなわち青年はもはや消極的に「善良」にとどまるだけでなく、積極的に「有徳」になることが求められるのである。「善を認識することは善を愛することではない。人間は善の生得的認識を持たない。しかし彼の理性がそれを認識させるとすぐに、彼の良心がそれを愛するように導く。生得的なのはこの感情である」（p.600：中一七二頁）。抽象的（科学的）な知は理性――「純粋」理性でなく経験に媒介された理性――によるが、実存的な愛は具体的な定在としての善良な人々との出会いの体験によるであろう。この出会いが存するのは田舎であるというのは、ソフィとの出会いと同様である。小説『ジュリ』について作者ルソーは、そこに書かれた社会認識に欠けたちっぽけな世界から何を学ぶのか、という問いにこう答えた。「人類を愛することを学ぶのだ。大きな社会では人々を憎むことしか学ばない」[11]。

なぜそうなるのか。そもそも大都市と地方との違いは何なのか。なぜ人々は都市に集まるのか。「市民的生活が必要でもはや人々を食わずに済ませられない私達にとって、各人の利害は、人々を最も多くみいだす地方を訪れることである。すべてがローマ、パリ、ロンドンに押し寄せる理由がそれである。人の血が最も安く売られているのは常に首都である」（p.831：下二一九頁）。すなわち経済的または政治的な支配を得ようとしたら大都市ほどよいことになる。これは正確な社会科学的認識である。実際これまでわが国の若者も、「人の上に」立とう、「のし上が」ろうとする者は、田舎から東京に出、さらにその延長として留学し、ニューヨークに、ロンドンやベルリンに行ってきたのである。

「善を認識することは善を愛することではない」。一般に知は愛ではない。田舎で「人類を愛することを学ぶ」ためには、田舎の人々（の善良さ）を部外者として見物することでは駄目である。そのときには彼等の善良さを認識した上で、それを利己的目的に利用することもあり得る（利己的な人々にとっては善良な相手のほうが好都合である）。愛には出会いの体験が必要である。『エミール』のこの箇所において、著者ルソーが若い日に田舎で体験したいろいろな出会いのことを思い返していることも読み取るべきであろう。「サヴォワの助任司祭」のモデルとなったガティエ師とゲーム師のことは言うまでもない[12]。名もなき庶民においてもいろいろあろうが、『告白』から一例だけ挙げよう。旅中道を間違えて金を使い果たし、腹ペコの著者は覚悟を決めてある宿に入った。翌朝一宿一飯の代として着ているものを置いていこうとしたら、亭主にとめられ、払えるときでよいと親切にしてもらったことを、何十年か後に書き記す。こうしたいわば「忘れ得ぬ人々」を思って著者は反省する。「若いときにはこんなにたくさんよい人たちに出会ったのに、年取ってからはなぜこうも少ないのか。〔…〕今日私がそうした人たちを探す必要がある階級が、当時にあってそんな人たちを私が見出していた階級と同じでないのだ。民衆の間では、大きい情熱はときたまにしか聞かれないが、自然の感情が聞き取られることははるかに多い。上流階級にあっては、それはすっかり窒息させられ、感情の仮面の陰で、いつも利害か虚栄心だけが語る[13]」。

ルソーにおける「愛」は感情であって意志ではない。それゆえ「善を愛すること」は結果として徳を可能にするが、徳を目的とする手段として課される義務ではなく、喜びであり生の意味である。善を愛することは、善なる人々への、「暖かい友情や人間愛のあらわれ」への感動であり、英雄的な人々の美徳への熱狂である（p.596：中一六五頁）。それらがまったく欠けている者、自己愛しか感じないことは、それ自体としては必ずしも邪悪でも愚昧でもない。しかしそれは「人生のあらゆる魅力をなくしてしまう」ことである。「凍りついたその心は喜びにふるえることもない。快い感動に目を潤ませることもない。〔…〕こういう惨めな人間は生きているとも言えない。もう死んでいるのだ」（p.596：中一六六頁）。都市と首都への道は、財富と権力への道であり、悖徳と死への道である。辺鄙な地方の、金銭や地位から離れた人々への道は、人間愛と生命への道である。(14)

七　結びにかえて――「帰国」後のエミールと私達――

ルソーは私達が『エミール』で示されたような「留学」を実際に行うことをさしあたりは勧めているのではない。この書物全体として、実用的な手引きでなく、一種の思考実験を通した原理論だからである。

では当面の箇所で留学の話が設定される狙いは何か。人間は生まれつき公民的存在ではないがそうなるべき存在であり、そのためには公民的教育が必要であるとルソーは考える。その内容として、一面ではあるべき国家の原理がア・プリオリに把握されなければならないが、他方ではあるがままの諸国家と諸国民がア・ポステリオリに（見聞と体験を通じて）考察され、公民となるべき主体の帰属国家が選択されなければならないからである。

その結果は、現存諸国家の中に適するものがないということであった。ではエミールはどうするのか。さしあたり生まれた国で暮らすというのだ。サヴォワの助任司祭が迷える青年に、自国の宗教を（それにとらわれずに）信じることを勧めるように。社会制度を所与とする『エミール』の枠組みからすればもっともとは言える。しかし「自由はどんな統治形態の中にもない。それは自由な人間の心の中にある」（p.857：下二五七頁）とまで言われると当惑もさせよう。それなら『契約論』の考察は何の役に立つのかと。無論ここにはルソー的な誇張があるが、何が誇張されているかと言えばルソー的な観念論あるいはむしろ理想主義であろう。彼は「統治形態」が人間を完全に支配することはできないと信じており、それゆえにこそ（すなわち社会制度「自体」の「必然的」変化でなく）人間自身の自由意志によって、どんな悪い制度も改革できるという希望と、どんなよい制度も変質し得るという危惧とを持つのである。この誇張された命題の意図は、社会理論の意義の否定ではなく、それなしでは科学的な理論もそれ自体疎外の一つになってしまう、主体性の再確認である。

郷里に住むエミールは、社会的善行を行って人々の範例となる（p.859：下二五九頁）。エミールのような人々が増えることは、現実社会を変える主体的条件を高めることになる。彼が住む「国」［pays］が「祖国」［patrie］と呼ぶに値しないという所与の条件により彼は公民的義務の積極的遂行者ではないが、この所与は不動でないことを、ルソーはわかっている。次の文は第一には勿論皮肉であるが、このような時限爆弾的含意をみるのは深読みに過ぎようか。「この時代の人々がいる間は［tant que］、国家のために働くことを頼みに来られるのは君〔エミール〕ではないであろう」（p.860：下二六一頁）。――すなわちいつか、「祖国」の「構成員」となり得る人々が増え、積極的に「祖国」を形成するためにエミールの貢献も求められるようになる日が来るであろうと、私はこの文を読みたいのである。

確かにルソーは、当時の読者がただちにこの著作をそのまま実践することを望んでおらず、それが実現可能だとも考えていない。しかし主人公エミールが親となって自ら子育てを始めるところで終わるこの著作では、精神的な意味で、この著作のこどもたちとしての新たな人々を生み出すことが望まれているのではなかろうか。そしてそのような人々が増えたとき、この著作でその原理が示唆された留学を彼等なりのやり方で実行することも通して、「祖国」の形成者として育ってくることが念願され、また予見されているのではなかろうか。

（1）　たとえば旅中の実地に即した博物研究が示唆される。「エミール」p.772: 下一三三―一三四頁。
（2）　エリック・リード『旅の思想史』伊藤誓訳、法政大学出版局、一九九三、一三八頁以下。
（3）　（1）の箇所においてエミールはまた文字通りところどころで職人として働くことが述べられている。
（4）　Jaucourt, article〈voyage〉:「百科全書」
（5）　本城靖久『グランド・ツアー』中公新書、一九八三、岡田温司『グランドツアー』岩波新書、二〇一〇、参照。
（6）　Y.Vargas, *Introduction à l'Emile de Rousseau*, PUF, 1995, p.246.
（7）　「不平等論」p.212：一六六頁。
（8）　フェヌロンは直接には宗教問題により処分を受けたが、本書による現国政への婉曲な批判との関係も考えられる、拙著（富永厚編）『仏蘭西の思想と倫理』（行人社、二〇〇一）「自己愛をめぐる最初の論争」参照。
（9）　題辞は「私達が苦しんでいる病気は治せるし、よいものとして生まれている私達は自然の助けで自らを正せる」（セネカ）。
（10）　拙著『ルソーの理論』参照。
（11）　「ジュリ」p.14:（一）一九頁。

（12）「告白」p.119：上一六八頁。

（13）同書、p.147：上二〇九頁。

（14）「帰国」後のルソーも、いわば洋行帰りのエリートとして中央でのし上がるのでなく、田舎に住むことが勧められる（p.859：下二五九頁）。またこの著作の続編『エミールとソフィ』でソフィはパリに出て堕落する。なおグランド・ツアーの行路は多様だが、通常はイタリア旅行とパリ訪問が中心と理解されており、「田舎崇拝はなかった、旅行者はできる限り早く主要都市間を旅し、山々をみるのは喜びでなく恐怖だった」（J. Black, Grand Tour: *The Blackwell Companion to the Enlightenment*, 1991, p.204）。なお「『告白』において、社会的上昇は事実上呪いとして現れる」（J. Meizoz, *Le Gueux Philosophe* (*J.-J.Rousseau*), Edition Antipode, 2003, Lausanne, p.44）。

第二部

ルソーの思想

第一章　ルソーの弁証法

一　はじめに

ルソーは矛盾の人であると言われる。ルソーの「矛盾」を指摘する声は、論敵ヴォルテールをはじめ彼の生前から多く、彼自ら、自分の「矛盾」についてしばしば弁明や開き直りをしなければならなかった。このようなルソーを深いところから理解した最初の人は、ドイツ観念論の祖カントであるように思われる。彼は、「高名なJ・J・ルソーの主張する諸説は互に矛盾するかに見え、また実際にもしばしば誤解されているが、〔…〕よく理性と一致させることができる」[1]として、多くの場所でルソーの理論の統一的な説明を行っている。新カント派の哲学者カッシーラーもカントに導かれて何度もルソーを論じているが、それは言い換えれば彼の時代（カントの百五十年後）にもルソーの言説が「互に矛盾するかに見え、また実際にもしばしば誤解されている」ことを示している。さらに今日、事態が根本的に変わったかどうか、疑わしい。

カッシーラーのルソー論の一つは『ジャン＝ジャック・ルソー問題』と題されているが、まさにルソーは問題の人である。そこでカッシーラーは提起された「矛盾」を整理することから始めている。すなわち①「一方では、ルソーは近代的個人主義の真の先覚者であって、感情の無制限の自由、『心情の権理』の代弁者であり、この権理をきわめて大きなものととらえたために、一切の倫理的束縛、客観的な義務の命令がみな見失われてしまうことになったのだ、と説かれる」。ところが他方ではルソーは「個人を全体にまったくゆだねてしまう国家社会主義〔これが書かれたのは一九三二年であるが、ナチスはこう自称していた――引用者〕――個人を確固たる国家形式へと押し込め、そこでは個人にとっては活動の自由も、さらには心情の自由すらも存在しない国家社会主義――の創始者、先駆者」だとも非難される。また②ルソーの宗教思想は「あるときは、それは十八世紀の理神論の頂点のひとつをなすものと見なされ、あるときは、それと『既成』宗教との密接な関連が指摘され、ルソーが育てられたカルヴィニズム信仰」が重視されるが、他方で「どうしてもルソーをカトリックと見る必要がある」という長大な研究がある。また③ルソーが百科全書派の「理性」賛美に背を向け「感情」と「良心」により深いよりどころを求めながらも、宗教・教育・政治いずれにおいても、理性的であることを彼が求めたことも確かである。(2)

こうしたルソーの諸「矛盾」を前に、その一側面によって彼の全体を解釈し、逆の側からの解釈と対置したり、彼の思想の一貫性を否定したりする数多くの文献の後に、彼の思索が弁証法的なものであること、すなわち、現実そのものの矛盾を把握し、これの解決――止揚（Aufheben）――を図ることこそがルソーの意図であったことを認める観点が現れてきた。ルソー研究に一画期をしるしたスタロビンスキーの著作『透明と障害』はその好例である。(3)

私もまた、ルソーの理論を弁証法的なものと考え、ここで、彼のこの弁証法論理について考えてみたい。(4)ただし弁証法そのものもまた問題的ではある。事柄そのものにおける矛盾の研究が弁証法の核心であるとも言われるが、問題の焦点となるのもこの「矛盾」である。詳しく論じる余裕はないが、私はここで北村実氏の所説に依りたいと思う。(5)氏によれば、弁証法的矛盾は論理的矛盾を侵すものではなく、また侵してはならない。後者は、「矛と盾」の故事が示すように、両立できない事態が共に主張されるものであり、混乱した思考において起こり、認識の誤りを正すことで解消する。前者は、互いに他を自己の存立の条件としつつも、同時に相手を否定する方向に働くことで生じる抗争であり、現実そのもののうちにあり、両者を自己の契機（Moment）として包み込むとともにそれらの制約性を克服する高次のものが生成することによって解消する、すなわち止揚される。この見方によれば、矛盾律を唱える形式論理学は、それだけでは非弁証法であっても反弁証法ではなく、弁証法は形式論理学を含み、これを土台とする論理であると言える。

中川久定氏は、ヴォルテールの論理とルソーの論理との対照を、接続詞《et》（そして）の使われ方にみている。「分析的理性」によるヴォルテールは、「対比と排除の《et》」で思考するが、「相即と融合の指標としての《et》」によるルソーの「絶対的真実」を、「自己と対象とを包摂した限界なき全体のなかに初めて現れる充溢感」であるとする。(6)そして、「ルソーの生涯を貫く彼固有の困難は、この『ただ味わわれ、ただ感じられたにすぎないこと』〔ルソー〕のうちに深く根差した分節不可能な絶対的真実を、ヴォルテール的理性の立場に立つ分析的思考と分節的言語を媒介として、読者に理解可能な形で表現することにあった。思想家・文学者・著作家ルソーのすべての工夫はその点にかかわっている」(7)と問題を提出する。そこで読者は、この「工夫」がいかに説明されるかを期待するのであるが、中川氏の結論は次のようなものである。「ルソーのことばがあれほど多くのひとに誤解を与えてきたのは彼がこのニルヴァーナのことばを、その対極にある自我のことばによってしか語れなかったという事実のうちに根差しているものと思われる。特に政治的・法的水準において――この水準の用語を使って――表現されたこのニルヴァーナのことばを自我の理性主義の観点から理解しようとする時、それがひとつの全体主義的主張として解釈されることは、ほとんど不可避であったといえよう〔…〕。そして、このニルヴァーナからの出発と自我からの出発という差異のなかにこそ、ルソーとヴォルテールとのあの根深い対立の秘密が隠されている」(8)。こうしてみると、ルソーの「工夫」ははじめから挫折すべく運命づけられていたことになる。

中川氏はルソーの弁証法的思考をよくとらえており、ヴォルテールとの対比も鮮やかであるが、若干の疑問も感じないではいられない。①ルソーの思想を、「分析的思考と分節的言語を媒介として」表現することははじめから不可能なのであろうか。「ヴォルテールの《et》」と「ルソーの《et》」とは、ただ「対比と排除の《et》」だけで並べられるべきものであるのか。②もしそうであるならばルソーのことばが「ひとつの全体主義的主張として解釈されること」への有効な反論の道を閉ざしてしまうことになりはしないか。③またルソーの弁証法が神秘的な面だけでとらえられることになりはしないか（中川氏が出している例は、ルソー自身の、事故で一時意識を失ったときの体験や美しい自然の中での恍惚感、ヨーガ行者の経験や西田哲学の「純粋経験」である）。

ルソーは知性的（分析的・形式論理的）思考を比較的苦手にし、自分の体系を十分に知性的（verständlich＝分り易い）なものとして展開し尽くさなかったが、私達としては、知性的理性によってルソーの弁証法をとらえることが、ルソーを今日に生かすゆえんではなかろうか。

二「矛盾」をめぐって

ルソーに対して矛盾ということがよく言われるが、ルソー自身もよく「矛盾」を問題にしている。その中でも最も包括的なのは、『公共の幸福について』という断片の中の次の文句であろう。「人間の惨めさをつくりだすものは、私達の状態と欲望との間、義務と傾向との間、自然と社会制度との間、人間と公民との間にある矛盾［contradiction］である。人間を一つにせよ［rendez l'homme un］、そうすれば彼を可能な限り幸せにするだろう」[9]。ルソーによれば、諸悪の根源は「矛盾」にあり、したがってその除去が彼の究極の課題である。それゆえこの「矛盾」は論理上のものではなくて現実の矛盾である。なおここで矛盾を構成する両項として挙げられた諸概念、とりわけ「社会制度」や「公民」は存在するものとしてのそれらであって、存在すべきものとしてではない（ルソーはこの両者を厳密に区別する）[10]ことに注意しておきたい。

こうした諸「矛盾」の中でも最も根源的なものは自然（人間本性）と社会制度とのそれである。ルソーにおける自然（人間本性）の概念は、①本質（Wesen）として、②定在（Dasein）として、③生成（Werden）としての三側面からみられると私は考えているが、この場合には①が中心となる。では自然と社会制度とが矛盾するとはどういうことか。ルソーはイギリス道徳哲学の伝統を継いで、自己保存を人間本性とし、そのための自己愛［amour de soi］を本源的な情念とする。これだけにとどまる自然人を部分的存在に変えるのが社会制度であるが、戦争などの場合にはっきり示されるように、現実の社会制度に従って公民たる実を示すことは、自然（本性）に従って人間としての目的をまっとうすることと対立抗争する。ここで四つの可能性がある。①社会制度と文明を単純に否定し、「森に帰って熊と暮らす」、「未開人モデル」。②自然を単純に否定し、社会制度に滅私奉公する「スパルタ・モデル」。③「市民的秩序の中で自然の感情の優位を保とうとする人々は、自分が何を欲しているかわからない。いつも自分自身と矛盾して、いつも傾向と義務との間を動揺し、けっして人間［homme］にも公民［citoyen］にもなるまい。自分のためにも他人のためにも役立つまい。それが現代の人間となろう。フランス人、イギリス人、市民［bourgeois、ブルジョア］となろう。すなわち無であろう(11)」。これを「現代人モデル」と呼ぼう。しばしば、ルソーの理想を「未開人モデル」にみたり「スパルタ・モデル」にみたりする解釈（批判）が行われてきたが、ルソーにとってはこのどちらも一面的であり、固有の悪を伴うものとみられている。両解釈間の果てしない論争自体も、このことを示しているのではなかろうか。そしてしかし最悪なのは、このどちらかにさえなれずに両者の矛盾・葛藤・動揺の中に引き裂かれている現代人である。こうした思考方法はルソーの常用するものである。たとえば内的な礼拝と普遍的道徳だけにかかわる「人間の宗教」は、人類を結合するという長所を持つ反面、政治的に無関係で社会的精神に反するという短所を持つ。国家に特定で外的な礼拝を伴う「公民の宗教」は、法と祖国への尊敬に寄与するが残忍で不寛容であることを免れない。ところで第三に「僧侶の宗教」と言うべきものがあり、此岸的と彼岸的との二つの法・首長・国に従わせる。これについてルソーは長所を述べず、「人間を人間自身と矛盾させる制度は無価値」であると断じている。[12]

『エミール』＝「二つの総体」＝『契約論』

理想　　統一

人　間↔公　民
自然人↔市民人
自　然↔社　会（人為）
傾　向↔義　務
未開人↔文明人

現実　　矛盾（イギリス人・フランス人・市民・現代人・・・）

グイエをはじめ「ルソーの二元論」ということがよく言われる。確かにルソーには二元論的思考が顕著にある（対してディドロには一元論的傾向が強い）。しかしルソーにおける二つの極はデカルトやスピノザのように調和ある区別を保っているのではなく、相争い、解消されるべき対立を構成している。ルソーが現状認識について語る言葉は、「矛盾と葛藤の《et》」である。「人間は自由なものとして生まれた、そして致る所で鉄鎖につながれている」[13]。「私は善を知り、善を愛する、そして私は悪を行う」[14]。このような矛盾をルソーは苦しみ、「矛盾のない、分裂のない『私』になるときを〔…〕待ち焦がれている」[15]。これが④として理想モデルと言えよう。矛盾は十分に尖鋭なものであるから、「中庸」でなく矛盾自体の解消がめざされなければならない。こうした力動的二元論、または一元論を志向する二元論というルソーの体系は、一方でデカルト主義と、他方ではカントやフィヒテとの哲学史的連関の中でも考察され得よう。

　こうした矛盾や分裂はどこからくるのであろうか。やはり人間を「矛盾」とみたパスカルは、その根拠として原罪を措定したのであるが。ルソーの有名な「助任司祭の信仰告白」（『エミール』）では、良心と理性との結びつきが語られ[16]、この意味での理性が情念と対置されている[17]。それゆえ人は容易にデカルト的二元論を思い浮かべようし、ルソー自身これに少しひきずられていることは否めない[18]。しかしルソーにとって、本来感情や情念はそれ自体として悪いものではない。悪は、社会的に（悪く）変容された［modifié］情念としての利己愛［amour-propre］による[19]のであるから、相互主体性というより近代的な問題領域に、ルソー本来の地平があると言えよう。

それゆえ、悪（矛盾）はどこからくるか、という問いに答えるのは、「人々の間の不平等の起源と基礎」の探求であることになる。

土地の私有に始まる市民社会［la société civile］は、利害の対立と競争とを必然的にし、そこに生きる人間（市民人）は、自己保存のためには万人対万人の闘争に入らざるを得ない。ホッブズが人は人に対して狼というのはこの現状から得た観念を「人間なるもの」の名で語っているのであり、いわば現代人モデルを不当に普遍化しているのである[20]。ところで市民社会は弱肉強食の精神的禽獣国である一方、労働の分割によって自律を喪った相互依存の世界である[21]。こうして、敵対し合いながら依存し合い・個別的、しかも自分だけの個別性の保持が互いの目的でありながら・しかも普遍的なものにかかわらざるを得ないことが、市民社会における自他の矛盾を構成する[22]。それゆえここにはヘーゲルが相互の欺瞞(Betrug)という概念で叙述した運動[23]が生ずる。現代人は「いつもまったく他人のために行動しているかにみえながら、けっして自分のためにしか行動しない二重人［homme double][24]」である。商人の行動はその典型であるが、私達すべてがある意味で商人になるのが近代社会であることを、まさにアダム・スミスが説いたのであった。こうして自己と他者との矛盾が、自己に対する自己（対自）と他者に対する自己（対他）との自己矛盾として撥ね返ってくる。社会と個人・公民と私人・普遍と特殊の葛藤は、ヘーゲルを通じ、現代哲学の最も核心的な主題の一つと言えようが、これは、この二重の矛盾を痛感しえぐり出したことによって、ルソーに淵源する問題意識とみることができるのではなかろうか[25]。

三　主僕関係

「矛盾」からなる市民社会は、万人対万人の闘争の場である。しかしヘーゲルは言う。自己の保存を図るために「他者の死をめざす」ことは、しかし同時に「自己の生を賭す」ことであるから[26]、それ自体克服されるべき予盾を含んでいる。そこでこの矛盾から生まれてくる一種の妥協として、敵対する当事者の間である意味での契約（承認）が生まれる。ここにおいて「主《あるじ》であることと僕《しもべ》であること」[Herrschaft und Knechtschaft]という、ヘーゲルの有名な論理世界が成立する。周知のように、これはマルクスやサルトルに大きな影響を与えたほか、デコンブによれば、サルトル以後のフランス哲学さえ、これを軸にして展望できるという[27]。しかしてこの主僕関係の原論理はルソーにある[28]。

主僕関係が承認であると言っても一面的で不同な承認[29]であり、真の承認すなわち「私達である私と私である私達」たる「精神[30]」を成立させるものではない。対等な契約でなく、さきの「闘争」の勝者と敗者との服従契約だからである。ところでルソーにも二種類の契約概念がある。あるべき理念として『契約論』等で説かれているものと、これの戯画として『不平等論』や『政体論』で批判の対象となっている契約である。後者は、富者に、貧者を支配する力と正統性とを与える服従契約であり、現実の社会体制の批判的暴露であると言える。このような「一面的承認」として服従契約は、自他の矛盾を止揚しはしないが、その運動を可能とする形態をつくりだす。言い換えれば、直接の暴力的対立――それは矛盾の極限形態であって永続することはできない――を根底に潜ませつつも、承認に媒介された対立へと、矛盾の形態転換が行われるのである。

「人間は自由なものとして生まれた、そして致る所で鉄鎖につながれている」。『契約論』のこの冒頭は、社会が主と僕とに、鎖につなぐ人間とつながれる人間とに分裂していることを示している。しかしこの文はこう続く。「自分が他人の主〔人〕であると思い込んでいるような者も、実は彼等以上に奴隷なのである」[31]。これはどういう意味であろうか。自由は人間の本質であり、自由の放棄は人間たる資格の放棄である。[32]生命を守るため、力に屈して僕たることを約束したとしても、それは「せいぜい慎重を期した行為」であってどんな権理も主に与えない。[33]両者の闘争は継続しており、また関係を保つためには、主はかえって僕に依存することになる。支配が世論に従うときでも、被治者を意のままに導くためには、自らが彼等の気に入るようにふるまうことを強いられる。強権支配のためには、多くの役人・スパイ・兵隊・死刑執行人等を必要とし、彼等の僕とならざるを得ない。もとより彼等自身、彼等の下役や情婦の僕である。[34]こうして主は僕に依存し、僕の僕となる。それゆえ「支配と自由とは両立しない二つの言葉である」[35]。「支配するとは服従することとなのです」[36]。この主僕関係を克服するものは、対等な契約による法（一般意志）の支配だけであり、言い換えれば、承認は相互承認としてだけ可能である。

このような転倒（Verkehrung）をひきおこすものは依存であるが、それ自体何によって生じているのか。主僕関係は相互主体的な関係であるが、これは主体と客体との関係に媒介されている。それゆえヘーゲルは、この転倒を支えるものとして、人間と自然との物質代謝を司る労働（Arbeit）を重視する。主は「物と自分との間に僕を挿入」し、物をひたすら享受する一方、これを加工することは僕に委ねる。[37] だが単なる享受はただの消失であり、否定の対象である物から（したがってまた僕から）解放されない。[38] だが僕は対象を加工し形成してその本性を変える（dénaturer）ことによって、自らを形成し脱自然化（dénaturer）して、他の意（必然性）に従っているかにみえつつ、我が意（自由）を得ることになる。[39] こうした労働の意義も、ルソーが強く主張するところである。「依存状態には二つの種類がある。一つは事物への依存で、自然に基く。もう一つは人間への依存で、社会に基く。事物への依存はなんら道徳性をもたず、自由を妨げず、悪を生み出さない。人間への依存は、無秩序なものとして、あらゆる悪を生み出し、これによって支配者と奴隷は互に相手を堕落させる」[40]。「この考察は重要なことであって、社会制度のあらゆる矛盾を解明する助けになる」[41]。ここから出る第一の帰結は、労働は「事物への依存」として人間の自由を妨げるものではなく、むしろ労働の不在こそが「人間への依存」を通して自他の自由を奪うということである。それゆえルソーは労働と学習とを結びつける総合技術教育によって人間形成を図り貴族の子エミールを労働者にすることで「彼を人間という身分にひきあげ」[42]ると言う。「自然は従われることによってだけ制せられる」[43]と言ったベーコン以来の近代哲学は、明示的にせよ含意的にせよこの主客弁証法に裏打ちされてきたが、ルソーとヘーゲルは、これをふまえた上で相互主体的な弁証法を展開する（もし前者を欠くならば神秘主義に接近するであろう）。

こうして既に即自的（無自覚的）には主僕の転倒がある以上、それの対自化（自覚化）が教育（啓蒙）によって与えられると、現実の転倒に進むことになる。かくして、人民が軛をふりほどくなら、それは正当な革命権の行使に過ぎない[45]。

こうした主と僕の弁証法は、ルソーとヘーゲルとに共通の思想であるが、そこには違いもあるように思われる。それは、この原理自体を体系の中でどう位置づけるかにかかわる。主が僕以上に僕ならば、「他人を支配する人間は支配される人間より賢明でも幸福でもない」[46]ことになるが、これこそ、「サヴォワの助任司祭の原型」[47]となったゲーム氏の教訓の中核として、ルソー教育論を貫くものである。このような教えを受けたエミールは、権力者や金持ちをめざそうとはせず[48]、むしろ弱者と同化して彼等の救済を図る[49]。「貧乏人を金持ちに従わせているのは、黄金の力ではなく、自らも金持ちになろうという貧乏人の望みなのです[50]」。それゆえ、個人的な出世ではなく、主僕関係自体の撤廃がめざされなければならない。しかしヘーゲルはこのような教化（Erbauung）を哲学から退ける。「人間は歴史から学ばないということがまさに歴史の教えるところである[51]」。夕闇とともに飛び立つ哲学のふくろうは、精神が矛盾を通じて自己展開するのを「傍観」して「追思惟」すればよい[52]からである。

この、主僕関係におけるルソーとヘーゲルとの違いは、二面からみられよう。一面からすると、この、観念の中と現実の中との二重の弁証法において、ルソーには前者がやや先走り過ぎている点もあるように思われる。金持ち必ずしも幸福ならず式の「格言」について、ルソーは、弱者の不幸を合理化して強者の責任を免罪する有害な言い草だとする[53]。しかし出世欲を抑える道徳的効果を狙うあまりに、個人的で諦念的な帰結への道という両義性も残しており、これがルソーの思想の急進的解釈とともに保守的解釈をも生み出す[54]要因になっているように思われる。他方ヘーゲルの場合は、主僕の転倒を起こす依存性が、畏怖・奉仕・形成という三つの過程を通して叙述されるだけに、より現実的で力動的な把握になっている（なおこの点については、ルソーがフランス革命の前に、ヘーゲルが後に思索したことも考え合わせるべきであろう）。しかし他面ではヘーゲルは道徳的でなさすぎる。観念の中の革命を先行させることによって、ルソーは、現実世界の血なまぐさい革命をいくらかでもやわらげ僕の解放者が再びその「主」へと再転倒することを防ごうと考えたのではなかろうか。この点でルソーはより理想主義的である。また歴史の絶対的な原動力（世界精神）を措定することによって、ヘーゲルにはせっかくの主客弁証法を単なる事物の弁証法にひきおろしている面もあるのではなかろうか。

四　個別と普遍

服従契約は相互承認を実現しない。「あらゆる社会制度の矛盾」を解決すべきルソーの理想社会論の中心となるのは、周知のように、一般意志の理論である。これには数多くの論点があるが、ここでは個別性と普遍性の問題を中心に簡単にふれるにとどめよう。

まず注目すべきは、法が表明すべき一般意志［volonté générale］と全体意志［volonté de tous］との違いである。前者は共通の利益をめざすが、後者は私的利益をめざす特殊意志の総和である。[55] なぜなら、単なる形式的多数決は民主主義の十分条件とは言えず、ルソーは、「部分的社会」（特権的な身分や階級と解釈できよう）を廃して、[56] 意志を一般的にする共通の利害をつくり出そう[57]と考えているからである。

それゆえまた一般意志の指導は道徳的自由であり[58]、カントの定言命法[59]はこれを形式化したものと言える[60]。

しかしここで重要なのは、一般意志の一般（普遍）性が特殊意志の総和ではないからといって、個別性（諸個人）から切り離され、あるいはこれと対立するものではないということである。もしそうならば、政治体はよくて観念的な構成物になり、これに属する公民は現実的な人間から分裂した抽象的存在であるという、マルクスの批判（『ユダヤ人問題に寄せて』）が妥当することになろうが[61]。「なぜ全部の人が、それぞれの人の幸福を絶えず欲するのか？」とルソーは自ら問い、一般意志の対象が真に一般的である以上、「およそ人たる限り、このそれぞれの人という言葉を自分のことと考え、また、全部のために投票する場合にも自分自身のためを考えずにはいられないからではないか」と答える[62]。一般意志において自己愛の原理はその限界性が克服されつつも保存され、高められている。なぜそれが可能なのかを説明するのが、過不足除去の成立過程論[63]と、「各人は自己をすべての人に与えて、そして誰にも自己を与えない」という譲渡交換論[64]である。それゆえ一般意志論は滅私奉公的な国家主義でなく、各人は「すべての人々と結びつきながら、自分自身にしか服従しない[65]」自律なのである。

こうして一般意志は、個別のうちに内在している普遍であり、普遍のうちに包含されている個別である。このような個別と普遍との統一をヘーゲルは「概念」と呼び、自分の哲学はその立場にあるとする[66]が、まさにこの土壇場でルソーに例解を求める。「単なる共通性と真の普遍性との相違は、ルソーの有名な社会契約のうちに見事に言い表されている。ルソーは、国家の法律は普遍的意志〔＝一般意志〕から生じなければならないが、といってけっして万人の意志〔全体意志〕である必要はない、と言っている[67]」。ルソーは社会契約説に準拠しながらも、以前の社会契約説が前提していた原子論的な人間観を超え出ている。他者を自己の手段としかみない市民社会の分裂態は、ルソーにとっては人間疎外にほかならない。一般意志によって成立している共同体では、「その団体を攻撃することなしに、構成員の一人といえども傷つけることはできない。その構成員が苦痛を感じることなしにその団体を傷つけることも同様にできない[68]」。これに対してヴォルテールは「なんと情けない論法だ。誰かがジャン＝ジャックを鞭でひっぱたけば、それが共和国をひっぱたいたことになるとは[69]」と、彼一流の皮肉を飛ばしている。しかしルソーにとっては、共同体の他の構成員への攻撃に自らがほとんど肉体的な苦痛を覚えるほどであることこそ、救い得たはずの公民がただ一人でも国家の中で死ぬとか、ただ一人でも誤って獄に投じられるとか、ただ一つの事件でも明白な不正によってもみ消されるかなどのない[70]、人道的社会のための最も大切な拠り所なのである。しかしヴォルテール自身、人権の闘士として不滅の名声を得させた活動に彼を駆ったものは何であったか。カラスとかいう見知らぬ新教徒が死んだとて、暖衣飽食のヴォルテールに何の関係があろう。しかし彼は不寛容と狂信の刃が一市民を犠牲にすることに忍びざるものを感じ、彼自身と正義の理念とを鞭打つものとして、抗議しないではいられなかったからではないか。ルソーは、原子論的で利己的な、哲学者たちの功利主義道徳を突き抜けて、彼等自身の良心に訴える。君の情け深い心情は君の学説を裏切っている、君を獣と同じようなものとしているのは、君の暗い哲学なのだ、と[71]。個別と普遍の統一は、「分析的理性」の旗手ヴォルテールでさえ、無実の者が車責めにされるのには無関心でいられない惻隠の心、他者を自己と同化する憐れみ［pitié］の情に判然と示されている。

しかしヘーゲルが『法の哲学』などでルソーの政治哲学を批判していることも確かである。いったい両者の違いはどこにあるのか。フリドリッヒ・ミュラーが詳しく検討しているように、「ヘーゲルのルソー批判が的中するのは、一般意志の表現形式・つまりその啓蒙主義的な構成主義に対してだけであって、一般意志の内容に対してではない」[72]。すなわちルソーにおいては、一般意志もあくまで各個人に発してそこから形成され、あるいはその都度経験的に確かめられるべきものであった。しかしヘーゲルにおいては普遍的なもののほうが政治体の実体的基礎としてあり、諸個人をそこへと連れ戻す(zurückbringen)ことが教養・陶冶であるとする側面がより強い。しかし、この場合には、現存する国家意志がそのまま個人の現実態であるとされ、一元的な統合が正当化される方向に悪用される面もないとは言えない。ヘーゲルがプロイセンの御用哲学者だとするのは誤解や偏見に基づく俗論にすぎない[73]。そもそも真の承認は、共同体に自己を譲渡するものではあっても、「両極が互に他に自己を戻し与え、また自己を相手から受け取り戻し、しかもこのことを意識を通じてなす」[74]のである。しかし上記の点でヘーゲルはやや国家の側への傾きがあり、当時のプロイセン国家の「上からの改革」に見合っているとは言えよう（この類比は教育論にもみられる[75]）。個別と普遍との弁証法的統一を基本としつつも、無限者、一般者から出発し、有限者、特殊者を経てこれに帰るというヘーゲル哲学の問題点は、後にフォイエルバッハも批判することになる。これに対しルソーは、具体的、感性的な生活が同時に一般的、理性的な意義を持つとともに、抽象的で普遍的な精神があくまでも経験的で個人的な生そのものの中で生かされるという原理に、より忠実なのではなかろうか。言い換えれば個人主義者という非難も国家主義者という非難も受けるルソーは、むしろ批判者自身の位置を反照する鏡としての性格も持っていよう。

五　「媒介」をめぐって

弁証法において、「媒介」の概念はきわめて重要なものである。では、「ルソーの弁証法」において、媒介の論理はどうなっているであろうか。

「媒介」（Vermittlung）の反対概念は「直接性」（Unmittelbarkeit）であるが、ルソーのめざしたものはまさに直接性ではないだろうか[76]。認識論においては、媒介された知である「推理」や「思弁」は強く疑われる一方、直接的な感覚知により多くの真理価値が与えられている。社会―倫理的には「ひととひととの無媒介のコミュニケーション〔communication immédiate〕そこから生まれるやさしい共感。これこそルソーが終生もとめたものであ[77]」る。啓示宗教は「神と私との間になんと多くの人間がいることだろう[78]」と批判され神と私とが直接に向き合う自然宗教が選ばれる。

　ではルソーはこの面ではまったく非弁証法的なのであろうか。だが事柄はそれほど単純ではない。

　第一に弁証法的媒介の性格が問題である。ふつう媒介と言えば相異なるXとYとがその中間的性格を持つ媒体によって結び合わされることであろう。この知性的媒介に対して、弁証法ではAがAとして同一性を保つためにかえってAならざる媒体Bを必要とすることが問題である。たとえば生物はまさに自立的な生物として自己保存するためには、水や空気などの非有機的自然をたえず摂取・同化しなければならず、このような他的存在によって媒介されなければ、生物として同一性を保つことをやめる、つまり死するしかない。そしてこの媒介が成就したならば、媒体のほうは有機体にとりこまれその一契機になってしまっており、もはや非有機的自然でなく、したがって媒体でもない。〔少なくともヘーゲルの〕弁証法においては、媒介は〔自己〕否定的媒介であり、媒介そのものが止揚される、自己自身への推理である。

そこで第二に、ルソーに戻ろう。彼の媒介への「反対」は、媒介の現実存在の否認でなく、むしろそれを「障害」として痛感するがゆえの、媒介の止揚への要求であった。たとえばルソーは単純に感覚の真理を「断言」しはしない。かえって理性そのものによる理性批判を否定的媒介として、「理性よりも感覚的意識〔sentiment〕に頼るという私の規則は理性自体によって〔正しいと〕認識される」[79]と結論するる。

しかしこの点において最も重要なのはその人間論的局面である。なぜならそこでは媒介とは合目的、または目的合理的行為を示すからである。媒介の止揚の要求とは、裏返せば手段の自立化への告発である。人間が、彼の使っている道具の道具に転落し、手段を得ることがむしろ目的化してしまう倒錯が問題である。より具体的には、物質的交通の一媒体である金銭と、精神的交通の一媒体である言語とをとりあげてみよう。

少年ジャン＝ジャックは徒弟になって盗み癖をつけるが、「金銭に強くひかれるということがけっしてなかった」[80]。そもそも「金銭は私にとってはたいへん不便な道具だから欲しいとも思わない」[81]と言うのだ。物よりも金にひかれないのは金と欲しい物を手に入れることの間には、いつも何か介在するもの［intermédiaire］があるのにひきかえて、物とその物を享受することの間には何一つ介在するものがないからである」[82]。だが金銭の悪は、「純粋の享楽」を害することにとどまらない。あちこちでルソーが批判する金銭欲は媒介が自らを否定するどころか自立化してしまう運動を示す[83]。だが単なるモラリスト的な金銭欲批判なら、月並みなことだろう。そして、悪は金銭そのものでなく、その過度の追求や悪用にある、という帰結にも通じよう。むしろルソーの真骨頂は、その草稿『富に関する論文』に表れている。そこで青年クリゾフィルは、空しい同情を脱し、他人の悲惨を救い、富の不公平を是正するために金持ちになろうと考える。だが第一に、「いつの日か善行をなす人となるために、どれほどの期間血も涙もない生き方をしなくてはならないか」を考えなければならない[84]。「他人を貧しくすることに手を貸さないで豊かになることがどうして可能でしょう。それに、隣人すべてを身ぐるみ剝いでから彼等に施しをして喜ぶ慈悲深い人について人は何と言うでしょう」[85]。そして第二に、「あなたは今貧しく誠実な人だ。でも金持ちになったときにどうなるかをご存じですか。あなたの環境とともに考え方と格律も変わるだろうことを知らないのですか」[86]。実際、「多くの貧しい人々が君のように考えているのを見てきた私だが、金持ちがそれと同じ格律を用いるのは見たことがない」[87]。――ここには、すべてを「転倒する力」としての貨幣に対する、より深い洞察がみられる。この力は、「人間の共通の娼婦」（シェークスピア）

としての金銭の媒介機能に由来するのであり、ルソーはこれを直感的に排斥したのである。

言葉についても同様である。近年、いろいろな観点から注目されている『言語論』では、本来「私達の思考を伝達する手段」である言語がいかにして堕落していくかが語られる。今日では言葉は自己と他者、自己の内面（対自）と外面（対他）を統一させる仲だちではなく、むしろ両者を疎外する。パリの社交界では、「彼等の話は彼等の考えを表してはいず」、「話のための主義と実践のための主義とは別々」[88]である。大都会でこそ人は最も孤独であり、サロンでこそ人は最も寡黙である。そもそもルソーは「閑な人々が最高善や悪や徳について論争して一生を過ごし」[89]、徳の実践はかえってその邪魔になる状態――それはディドロの『ラモーの甥』にありありと描かれているが――を告発することから出発したのだった。

第三に媒介は否定的媒介であるにせよ、その「否定」は弁証法的否定であるから、媒介は単に除去されるのではなく止揚される。これは媒介が積極的な面も持つことを意味する。

ルソーは言う、「交換がなければ社会は存在し得ず、共通の尺度がなければ交換は存在し得ず、平等がなければ共通の尺度は存在し得ない。それゆえ、あらゆる社会は第一の法則として、人間間であれ事物間であれ約束によるなんらかの平等がある。人間間の約束による平等は、自然的平等とはまったく違っており、実定法を〔…〕必要ならしめる。〔…〕事物間の約束による平等は貨幣を発明させた。つまり貨幣はさまざまな種類の事物の価値に対する比較の表章にほかならない。そしてこの意味で貨幣は社会の本当の絆である」[90]。――貨幣が人間の平等に基づくこと、しかもそれは約束による平等であることが重要である。というのも、あるべき社会は確かにかつての平等を回復するが、それは原初の自然的平等への単純な回帰でなく、人為的な「道徳的平等」の確立である。自然的平等は自然的不平等を伴うが——勿論、自然的不平等がそのままでは社会的不平等の原因になり得ないことを論証したのがルソーの画期的意義であるが——、「人間は体力や、精神については不平等であり得るが、約束によって、また権理からすべて平等になる」[91]からである。それゆえ、めざされるべきは、「貨幣なしですませることができ、しかも、貨幣が与える利益をも持つ」[92]ことである。『コルシカ憲法草案』で彼が実際に提案しているのは、民主的政府が、複式の公共の帳簿を作成・記帳して、現実の貨幣なしに生産物の必要な交換を行うことである[93]。このとき現れるのは媒介された直接性であって、単純な直接性を示す物々交換と異なるのは、個別的な労働生産物がそのままで一般的な意義を持っていることによる。

言語についても同様である。本来の言語——つまり自然的な身振り言語でなく——は、約束による記号である。言うまでもなく、著作家ルソーは単純に言語を否定はしない。そうでなく、ルソーにおいてみいだされるのは、それ「を避け難いものにしている諸条件についてのきわめて明晰な理解」とともに、というよりまさにこの理解を生み出す動機である、「交流のより直接的な様式への切々とした哀惜の情」である[94]。それゆえ「ジャン＝ジャックはものを書く〔…〕決心をしたのであるが、彼は言葉が無益なものとなる驚嘆すべきときを待つためにだけ書く〔…〕のである」[95]。これは無益な情念であろうか。否、ルソーにおいては、現代流行の止揚なき「弁証法」、またはヘーゲルのけなし言葉を流用できるなら「空ろな自我への還帰としての否定的論弁」とは異なり、ルソーは、最後の大いなるヤー・然りがあることを確信している。

ところで以上の、ルソーにおける「媒介」の論理的考察を通して、社会哲学的にみられたルソー思想の性格が浮かび上がってくる。経済・政治・文化などあらゆる水準でのルソーの「媒介」を支えるものは、人為・労働・道具（手段）・平等・交換そしてそれらの総括である約束（契約）という、いわば市民社会的諸範疇である。そしてルソーのめざしたところは、これらの範疇を否定的媒介として――言い換えればまさにそれらを完成させることによって――止揚し、共同体を再興する論理を構築することである。それゆえこの論理は、あらゆるこうした契約を成り立たせる根本契約である「社会契約」の概念に収斂することになる。

しかしヘーゲルも言うように原理は未だ完成ではない。ルソーは「媒介」を弁証法的にとらえていると思われるが、それが十分具体的に展開されているとは言えない。「ルソーが未決に残した問題として、理想と現実、法と事実とを結びつける論理の把握を取り出すことができる」[96]という上妻精の言葉は、厳密ではないとしても要所を突いているように思われる。思うにこれは時代的背景とともに、ルソーの弁証法自体がいささか直感的なものであることによろう。

こうしたルソーの弱点は、社会倫理論的な側面にとどまらず、たとえばさきに挙げた彼の認識論にも表れている。認識の源泉を感性に求めることは正しい。しかしヘーゲルが言うように、最も豊かな認識であるかのようにみえる感覚知は、それだけでは実は最も貧しい真理である。[97]そしてもしそれが私達の主観的な必要のために具体的なものからあれこれの徴表がとりだされることでなく、真に学的なものであるならば、「抽象を行う思惟も、感性的素材を単に除去するものとみられるべきでなく、〔…〕むしろ単なる現象としての素材を本質的なものに〔…〕止揚[98]」する、すなわち真理から遠ざかるのでなく真理に近づくのである。このような観点を欠いていることも、ルソーにおける「媒介」把握の不十分さによるものと考えられよう。

六　発達・疎外・救済

啓蒙思想の「反歴史主義」とは、ロマン主義が根拠なくでっちあげた標語である――これは既にカッシーラーが詳しく展開している[99]。弁証法はとりわけ力動的な生成・発展の論理であるが、この点についてのルソーの考え方を簡単にみてみよう。

生物進化・天体系の進化・地殻の進化などの研究によって、「自然史」の概念は十九世紀に科学的裏づけを持ち始めるが、十八世紀後半にもその萌芽があり、モーペルチュイ・ビュッフォン・ディドロなどが生物進化説に近づいている。ルソーは人間がもともとはかぎづめで毛深く、四つ足で歩く動物から変化してきた可能性を示唆しており[100]、スタロビンスキーはこれを「制限された進化説」と呼んでいる[101]。

さて、人間的自然に話を移せばルソーが自ら主著とする『エミール』について、その「体系的部分」は「自然の歩み」［la marche de la nature］だと言われている[102]。人間的自然（本性）はまさに本性上発展するものである。このことは、彼の有名な、自然・事物・人間の三種類の教育という考え方にも示されている。他の教育がそれに合わせ、それを助けるべき「自然の教育」とは、「私達の能力と器官との内的発達[103]」にほかならないからである。すなわち発達は外からこどもに持ち込まれるのでなく――むしろそれは彼の本性（自然）を歪めるであろう――、こども自体が自発的に発達する主体なのである。

こうしてルソーの主著『エミール』の「体系的部分」は人間個人の発達理論であると同時に、「これは私が属する種の歴史とされるべきであろう[104]」と言われていることが注意されなければならない。具体的個人エミール――最初の構想では無名であり、また「エミール」という名も「ソフィ」や「ジュリ」と同様ごく月並みなものである――の発達史を描きつつも、その個人は本質的には――つまり説明等のための具体例が説明しているものとしては――、人間という種の典型にほかならない。個の発達がまさに人間的自然の発展としてとらえられているがゆえに、それは同時に類の発達をも示す。レヴィ＝ストロースが「ルソーの最も哲学的な著作」と言うところの『不平等論[105]』の体系的部分は、類としての人間の発達史である。「自然」の理論は歴史（発達）理論としてだけ展開可能である。

ルソーは人間を動物から分かつ二つの特質として、第一に自由な意志を、第二に「改善能力」[perfectibilité]を挙げている。「改善能力」とはルソーの新造語らしく、コンドルセをはじめとする後の歴史哲学にも影響を与えた[106]。

ルソーにおいて人間は内在的原因から発展するものであり、また、発展の主体はあくまでも現実的人間そのものである。ヘーゲルのような「世界精神」の自己展開といった考え方はルソーにはない。たとえばルソーの「理性」――これは想像力や予見能力［prévoyance］とともに「改善能力」を構成するものだが――も実体的なものでなく、総体としての人間の認識能力であり、感性つまり身体に結びついている。知性と情念は相互に依存しており、「私達の理性が向上するのは両者の活動によってである。私達は享受することを望むがゆえにだけ知ろうとする」(107)。それゆえまた諸民族における精神の進歩も、彼等が自然や環境から強いられた必要に、したがってそれを満たすように導いた情念に立脚したのである(108)。こうしてルソーは「人間精神の進歩」を強調する啓蒙時代において、観念史観をとらない(109)。

ただしルソーは人間の欲望自体が無限に増進するものとはみていない。悪無限的欲望は市民社会によって疎外された欲望である(110)。それゆえ人に知識を必要とさせるものは、本質的には欲望自体というより、「欲望と能力との不均衡(111)」である。ではこの不均衡はどこから起こるか。人間が剰余生産物をつくる能力を持つところに由来する。「すべての動物は自己保存にちょうど必要なだけの能力を持っている。人間だけが余分な能力を持っている」。「あらゆる国で、一人の人間の腕は、彼の生活資料以上の価値を持つ［valoir］」。「この剰余［superflu］が人間を惨め〔または貧困、misère〕にする道具であるとは実に奇妙な［étrange］ことではないか(112)」。こうして、「ただ一人において二人分の貯えを持つことが有益であると気づかれて以来(113)」、人間の不幸が、言い換えると疎外が始まったのである。

こうして、ルソーにおいて歴史――厳密に言えば市民社会の歴史――は両価的である。すなわち彼は、「人間精神の進歩をすばらしいと思いながら、同じ比率で民衆の悲惨が増大するのを見て驚(114)」く。さきにみたようにルソーにとって市民社会的諸範疇は「否定的媒介」という性格を持っていたが、このことはこの歴史的観点においてさらにはっきりする。市民社会的諸能力（主体的条件）や諸制度（客体的条件）はさしあたり（顕在的に）は自然を疎外する人為である。

では私達はあらゆる人為を排して、「自然に帰る」べきであろうか。根強い常識に反して、ルソーはその不可能を明言している。[115] ではどうすべきか。注に挙げた箇所で言われているのは、彼が革命は嫌悪すること、彼がもくろんだのは、先進国や大国――すなわち悪の先進国や大国――でなく、より未開――すなわち健全――で小さい国「の進歩をおしとどめる」ことによる堕落の防止にあることである。[116] もっともルソーは、革命によって「国家が内乱によって焼かれながらもいわばその灰の中から甦り、死の腕から出て若さの力を取り戻す[117]」ことを例外的なこととしながらも認めたり、「ヨーロッパの大国の君主制がなお長い間存続することは不可能[118]」という予言を行ったりもしている。いずれにせよ、小国、後進国にしても既に「純粋な自然状態」にあるのでない以上その進歩を遅らすためにさえ人為が必要である。ルソーの主要な眼目が「自然を尊重する」ことにあるのは疑えないが、それは人為を加えないということではまったくない。教育においてもルソーは、「社会的人間がまったく人為的［artificiel 不自然］にならないために、多くの人為［技術、art］を用いなければならない[119]」と言う。教師の人為は生徒の発達に必要な否定的媒介である。自然を尊重すること自体が、既に今日では、きわめて人為的にだけ可能である。したがってめざされるべき救済は、人間と人間との宥和であるとともに、人為と自然との宥和である。それを支えるのは人為の「改善能力」としての性格である。それゆえルソーが悪の原因となっている「この資質を嘆き悲しむにしても、他面においてかれはこの資質によってのみ究極的な救いもありうるのだということも知っている[120]」。これがルソーが、「最初の人為が自然に加えた悪を、完成された人為が償う[121]」ということとの意味である。

このルソーの展望が、私達自身の問題としてどれだけ現実性を持ち得るかは、別に十分な検討を要するであろう。ただしルソーがこうした歴史の弁証法または「摂理[122]」を、「私達の悲惨を最大限にせざるを得ないように思われた手段から私達の幸福を生み出した者〔神〕を祝福[123]」しつつ述べるとき、それが少なくとも同時に宗教的背景を持つものであることは考えられる。ルソーの「目的論」について語ることができようか。世界の秩序は目的の存在を示すが、それが何かはわからない、と彼は言う[124]。また、ルソーの宗教意識は伝統的なそれと比べて独自性が強く、神への信仰がそのまま人間的自然への信仰と同一であるような意識であった、と言うこともできよう。さきに私は「媒介」把握の弱さをルソーに指摘したが、同時にこうも言わなければなるまい。信仰は一つの直接的な「出来事」である。ルソーはその私信において、「私は自分の率直さであなたの巧妙なからくりにうちかてるものと思っています[125]」と書く。その主著において、「人間を堕落させているあなた方こそ、私の書物を小説にしているのだ[126]」と書く。人はとかくルソーの「単純素朴さ」を挙げて彼の思想の重さを免れたつもりになる。しかしルソーは、このこと自体、媒介のために媒介を求めてよしとしがちな哲学的意識の「直接性」（素朴さ）ではないかと反省を迫る。そしてルソーは、私達を生きている私達自身に送り返すのである。

七　小　結

弁証法はドイツ観念論の発見でもヘーゲルの独創でもなく、西洋ではギリシャ以来、いろいろな形で現れてきた思考形態である。「弁証法」を念頭におきつつルソーの論理を考えてみることは、ルソー自体の理解にも弁証法の歴史の検討にも有益ではあるまいかと私は考えてみた。ルソーの魅力の一つは、それが「生きられた弁証法」の——いわば夭折した——試みであったところにみいだされよう。

（1）Kant, Muthmaßlicher Amfang der Menchen Geschichte: *Kants Werke, Akademie Textausgabe, Bd. Ⅷ*, Walter de Gruyter, Berlin, 1968, S.116: カント「人類の歴史の臆測的起源」『啓蒙とは何か』篠田英雄訳、岩波文庫、一九七四、一六五頁。

（2）E. Cassirer, Das Problem Rousseau: *Archif für Geschichte der Philosophie*, Bd.XLI, Heft 1, S.179: カッシーラー『ジャン＝ジャック・ルソー問題』生松敬三訳、みすず書房、一九七四、五―六頁（傍線部は原著者の強調、以下同じ。ただし省略の場合もある）。

（3）従来多くスタロ「バ」ンスキーと表記されたが、「ビ」が正しいとのことである（小西嘉幸「訳者あとがき」、スタロビンスキー『自由の創出』白水社、一九八二、二四二頁）。

（4）したがっていささか形式的な議論となることを了解いただきたい。

（5）北村実「弁証法における『矛盾』の概念」『唯物論』第四号、汐文社、一九七五、その他参照。

（6）中川久定「ニルヴァーナのことばと自我のことば」『甦えるルソー』岩波書店、一九八三、七頁。

（7）同書、七―八頁（傍線部は引用者の強調、以下同じ）。

（8）同書、五一頁。

（9）Rousseau,〔du bonneur public〕: O.c.t.Ⅱ, p.510.

（10）「エミール」pp.836-837: 下二二七頁。

(11) 同書、pp.249–250: 上二八頁。

(12) 「契約論」(4–8)、p.464: 一八五頁。

(13) 同書（1–1)、p.351: 一五頁。

(14) 「エミール」p.583: 中一四七頁。

(15) 同書、pp.604–605: 中一七九頁。

(16) 「理性が人間に善を知らせるとすぐに良心がそれへの愛を彼に感じさせる」:「エミール」p.600: 中一七二頁。

(17) 前段（2）の引用の後でルソーは言う。「私は理性に耳を傾けているときは能動的だが情念にひきずられているときは受動的である」。

(18) Cf. Burgelin, *La philosopie de l'existence de J.-J.Rousseau*, Vrin, Paris, 1973, p.424.

(19) 「不平等論」p.219: 一八一頁・「エミール」p.491: 中八―九頁。

(20) 「不平等論」p.132: 三六―三七頁。

(21) 同書、p.175: 一〇一頁。

(22) アダム・スミス――彼における「経済学の生誕」にはルソーのインパクトがきわめて大きい――は言う。たとえば仕立屋たる私は、肉屋やパン屋に依存している。しかし彼等との交換において私の必要を説いて彼等の仁愛［benevolence］に期待しても無駄である。むしろ彼等自身の自愛心［self-love］に訴えて、それが得であることを説得しなければならない、と（A.Smith, *An Inquiry into the Nature and Causes of the Wealth of Nations* (1–2), Oxford Uni.Press, 1976, p.26: スミス『諸国民の富』一、大内・松川訳、岩波文庫、一一八頁）。このような「自愛心」の媒介は、個別的人間が、個別的人間のままで、そしてまさにその個人的な生活そのものの中で、同時に直接に類的存在になるあり方が成就するまでは、避け難い。それゆえ「自愛心」が含む倫理学的難点は近代思想の gordian knot であり、有名な「見えざる手による調節」はアレクサンドロスの一断である。すなわち、スミスの世界では、真に結び目が解かれることはなく、もつれが解消されるのは、恐慌という暴力的な力を通じてでしかない。

(23) Hegel, *Phänomenologie des Geistes*（V–C）: ヘーゲル『精神の現象学』金子武蔵訳、岩波書店。

(24) 「エミール」p.250: 上二九頁。

(25) 富永厚「ルカーチとメンデ」『実存主義講座Ⅷ』理想社、一九七四、二五頁参照。

(26) Hegel, *op.cit.* S.148–149: 一八八頁。

(27) デコンブ『知の最前線』高橋充昭訳、ＴＢＳブリタニカ。

(28) フリードリッヒ・ミュラー『疎外と国家――ルソー・ヘーゲル・マルクス――』清水・山本訳、福村出版、一九七四、六九頁。
(29) Hegel, *op.cit.*, S.152：一九二頁。
(30) *ibid.*, S.145：一八二頁。
(31) 「契約論」（1–1）、p.351：一五頁。
(32) 同書（1–4）、p.356：二三頁。
(33) 同書（1–3）、p.354：一九頁。
(34) 「エミール」pp.308–309：上一一一―一一二頁。
(35) 同書、p.6：下二五四頁。
(36) 「山からの手紙」川合清隆訳「全集」⑧、三八六頁。
(37) Hegel, *op.cit.*, S.151：一九二頁。
(38) *ibid.*, S.153：一九五頁。
(39) *ibid.*, S.154：一九六頁。
(40) 「エミール」p.32：上一一四―一一五頁。
(41) 同書、p.311：上一一四頁。
(42) クルプスカヤ『国民教育と民主主義』勝田昌二訳、岩波文庫、参照。
(43) 「エミール」p.1440：上三四九頁。
(44) ベーコン『ノヴム・オルガヌム』桂寿一訳、岩波文庫、一九七八、七〇頁。
(45) 「契約論」（1–1）、p.352：一五頁。
(46) 「告白」p.91：上一二七頁。
(47) 同書、p.91：上一二八頁。
(48) 「エミール」p.536：中七六―七七頁。
(49) 同書、pp.544–545：中八九―九〇頁。
(50) Dernière Réponse：O.c.t.Ⅲ, p.87：「ボルド氏への最後の回答」『学問芸術論』一五三頁。
(51) ヘーゲル『歴史哲学』武市健人訳、岩波文庫（上）、一九七一、五八―五九頁。
(52) 同「法の哲学綱要・序文」、その他参照。

(53)「エミール」p.509: 中三六頁。
(54) 近年の研究で「保守的ルソー」を強調するものとしては、I.Fetscher, *Rousseaus po1itiscbe Philosopbie*, Suhrkamp, 1981. などがある。
(55)「契約論」（2-3）、p.371: 四七頁。
(56) 同書（2-3）、p.372: 四八頁。
(57) 同書（2-4）、p.374: 五一頁。
(58) 同書（1-8）参照。
(59)「意志が自らの格律によって自分自身を同時に普遍的立法者とみなせるように行為せよ」。: Kant, Grundlegumg der Metapbysik der Sitten: *Kants Werke, Bd.Ⅳ,* S.434: カント『道徳形而上学原論』篠田英雄訳、岩波文庫、八五頁。
(60) 浜田義文『カント倫理学の成立——イギリス道徳哲学及びルソー思想との関係——』勁草書房、参照。
(61) このマルクスの「誤解」は、ヴォルペ（『ルソーとマルクス』竹内良知訳、合同出版）をはじめ、少なくない論者によって指摘されている。
(62)「契約論」（2-4）、p.373: 五〇頁。
(63) 同書（2-3）、p.371: 四七頁。この解釈としては、白石正樹『ルソーの政治哲学』（上）早稲田大学出版部、一九八三、二二六頁に賛同する。
(64)「契約論」（1-6）、pp.360-361: 三〇頁、その他参照。
(65) 同書（1-6）、p.360: 三〇頁。
(66) Hegel. Enzyklopädie der philosophischen Wissenschaften §160, *Hegel Werke, Bd.8*: ヘーゲル『小論理学』（下）松村一人訳、岩波文庫、一九七八（二）、参照。
(67) *ibid.*, 163, S.312-313: 同書、一二九頁。
(68)「契約論」（1-7）、p.363: 三四頁。
(69) Havens, Voltaire's Marginalia on the of Rousseau（中川久定『甦るルソー』四四頁より）。
(70)「政体論」p.256: 三一頁。
(71)「エミール」p.582: 中一四五頁。
(72) フリードリッヒ・ミュラー『疎外と国家』六九頁。
(73) リッター『ヘーゲルとフランス革命』出口純夫訳、理想社、その他参照。

(74) Hegel, *op.cit.*, S.148: 一八九頁。
(75) Hegel, Enzyclopädie, §395: ヘーゲル『精神哲学』(上)、船山信一訳、岩波文庫、参照。
(76) cf. Starobinski, *Jean-Jacques Rousseau : transparence et l'obstacle*, Gallimard, 1971: スタロバンスキー『透明と障害』みすず書房、一九七三。
(77) 桑原武夫編『ルソー』岩波新書、一九六二、九四頁。なお傍線部は「ジュリ」(3–13):(二)二四二頁からの引用。
(78) 「エミール」p.610: 中一八八頁。
(79) 同書、p.573: 中一三二頁。この〈sentiment〉(今野訳・平岡訳とも「感情」。だがこの箇所では情的意味はないであろう)は、媒介的な理性知に対して直接的な感性知であることは明らかだが、その内容をとらえることは難しい。ビュルジュランはこれをデカルト的「良識」と比べている(Burgelin, note: O.c.t.Ⅳ, p.1524)がどんなものか。ただし彼の、この概念は「受動性と能動性の間を揺れ動いている」という指摘(*ibid.*, p.1295)は重要であろう。なおルソーはこれを「純粋に有機的で局所的な印象」である感覚〔sensation〕に対して、「個体全体を触発する普遍的印象」としている(notes sur《De l'esprit》〔d'Helvétius〕: O.c.t.Ⅳ, p.1121)。
(80) 「告白」p.35: 上五〇頁。
(81) 同書、p.37: 上五三頁。
(82) 同書、p.38: 上五四頁。
(83) ただしルソーはその原因を解明していない。それは彼が「媒介」の本質と必然性とを把握していないことに基づく。そしてたぶんさらにその理由は、ルソーにおける原子論的人間観の残滓によるものであろう。
(84) *Discours sur les richesse*, Chez Charles Reimwald, Paris, 1853, p.11:「富に関する論」「全集」⑤、四二頁。
(85) 同書、p.13: 四四頁。
(86) 同書、p.13: 四四頁。
(87) 同書、p.10: 四〇頁。
(88) 「ジュリ」(2–14):(二)八六頁。
(89) 「学芸論」p.12: 一三頁。
(90) 「エミール」p.461: 中三三五―三三六頁。
(91) 「契約論」p.367: 四一頁。
(92) projet de constitution pour la Corse: O.c.t.Ⅲ, p.946:「コルシカ憲法草案」「全集」⑤、三四四頁。

(93) 同書、p.923：三一四―三一五頁。
(94) Starobinski, *op.cit.*, p.173：スタロバンスキー『透明と障害』二三一頁。
(95) 同書、p.116：一二一頁。
(96) 上妻精「ルソーの疎外論とヘーゲル」『現代思想』一九七四年五月号、青土社、一一一頁。
(97) Hegel, *Phänomenologie des Geistes*, Suhrkamp, S.82：ヘーゲル『精神の現象学』(上)、岩波書店、九五頁。
(98) 同『大論理学』(下)、武市健人訳、岩波書店、二〇―二一頁（傍線部は原著者による強調）。
(99) カッシーラー『啓蒙主義の哲学』第五章、中野好之訳、紀伊國屋書店、参照。
(100) 「不平等論」p.134：四一頁。
(101) Starobinski, notes：O.c.t.Ⅲ, pp.1304-306. なお八杉竜一『進化論の歴史』岩波新書、一九六九（二―三）、参照。
(102) 「エミール」p.242：上一九頁。
(103) 同書、p.247：上二四頁、なお〈dévélopement〉は「発達」とも「発展」とも訳す。
(104) 「エミール」p.777：下一三三頁。
(105) Goldschmidt, *Anthoropologie et Politique*, Vrin, 1974, Paris, p.13.
(106) cf. Starobinski, notes：O.c.t.Ⅱ, pp.1317-1319.
(107) 「不平等論」p.143：五四頁。
(108) 同書、p.143：五五頁。
(109) ただし既にコンディヤック――彼はルソー・ディドロと若い頃の親友であり、その認識論は彼等に大きな影響を与えた――は、「私達の認識と機能とを発展させるもの」は欲望だとしている（『感覚論』(上)、加藤・三宅訳、創元社、一九四八、三四頁）。
(110) この点については、真木悠介『時間の比較社会学』第四章三（岩波書店、一九八一）における、ルソーの時間意識の興味深い扱い方も参照されたい。
(111) 「エミール」pp.303-304：上一〇四頁。
(112) 同書、p.305：上一〇六頁。
(113) 「不平等論」p.171：九六頁。
(114) 「対話」p.828：一八二頁。
(115) 最も明示的な箇所として、Observation：O.c.t.Ⅲ, p.56：「ポーランド王への回答」「学芸論」一〇二頁：「対話」p.935：二四九頁。

(116) Fetscher, *Rousseaus politische Phlosophie*, Suhrkamp, 1981はこの面を強調する。
(117) 「契約論」（2–8）、p.385：六八頁。
(118) 「エミール」p.468：上三九五頁。
(119) 同書、p.640：中二二七頁。
(120) Cassirer, *op.cit.*, S.210：カッシーラー『ジャン＝ジャック・ルソー問題』四七頁。
(121) Du contract social (1er version), p.288：「社会契約論（ジュネーヴ草稿）」「全集」③、二八〇頁。
(122) ルソーの摂理論（「ヴォルテールへの手紙」）は、こうした倫理宗教的思想と社会科学的認識との相互規定という面からも検討され得よう。
(123) 「不平等論」p.127：三三頁。
(124) 「エミール」p.578：中一四〇頁。なおGouhier, Ce que le Vicaire doit à Descartes (*Annales de la Société J. J. Roussau*, XXV, p.154) 参照。
(125) 「告白」p.451：下三三頁より。
(126) 「エミール」p.777：下一三三頁。

第二章　「憐れみ」と「良心」の倫理思想

ルソーの倫理思想には、道徳原理となる二つの概念がみいだされる。彼の「良心」賛歌[1]は有名であり、その良心論抜きで彼の倫理を語れないことは言うまでもない。しかし「憐れみの感情」〔le sentiment de la pitié〕もまた彼の倫理において重視されるところであり、また彼の思想全体をみるうえでも鍵となる概念の一つである[2]。では「憐れみ」と「良心」とは、ルソーにおいてどのような関係にあるのか。これが以下の考察の主題であり、それを通じて彼の倫理思想の一面を探るのが本章の狙いである。

一　「憐れみ」の導入とその意味

「憐れみ」が一つの論点となるのは、第二論文とも言われる「人々の間の不平等の起源と基礎に関する論文」（以下『不平等論』と略）がはじめてである。第一論文では学問と技芸とが、「徳」という観点から、すなわち道徳的に批評された。そして「素朴な魂の崇高な学問」である徳を学ぶには、「情念を静めて良心の声に耳を傾ける」ことが必要であり、そこに「真の哲学」があるとされた。[3]ここに「良心」の説明はまったくないが、その内容、およびそれが道徳原理たることは、このときのルソーにとって自明であったものと思われる。[4]

さて第二論文では、元来の主題は[5]「不平等は自然法によって許されるかどうか」を含んでいた。ルソーはこの問いに対し、そもそも自然法の概念が不明瞭であり、これを規定するためにはまず人間の自然的状態［l'état naturel］または自然人［l'homme naturel］を知らなければならないと問題を立て直す。自然的状態とは、私的所有の発生による市民社会［la société civile］の成立に先立つ状態であり、あらゆる社会が存在しないという仮説的状態から、その後の状態とされる現実の未開社会までを含む。自然人とは（『不平等論』では）こうした自然的状態の中に生きる人間である。

さて問題の「憐れみ」が出てくるのは、自然人を道徳的側面から考察するところである。そこでルソーは、自然人を邪悪とするホッブズを批判する。自然的状態においては利害の対立がなく、また支配欲のような情念も市民社会の産物だから自然人は邪悪でない、というのがその消極的理由である。そして積極的理由として挙げられる自然人の「憐れみの感情」とは、「同胞が苦しむのをみることへの生得的な嫌悪」[6]であり、「苦しむ者の位置にわが身をおく感情」[7]である。この二つの理由から自然人は善良［bon］だとルソーは言う。人間が自然的に（本性的に）善良であることは、ルソーが彼の思想全体の中で最も中心的に主張した命題である。[8]それゆえその根拠の一つとなる「憐れみ」は、それだけでもルソーの思想にとって、たいへん重い意味を持つと言えよう。

ではなぜルソーは人間の道徳性の認識根拠として、良心の存在を挙げなかったのか。「私達に善を好ませ悪を憎ませる良心は、理性から独立したものであるが、理性なしには発達し得ない[9]」からである。ところで理性の未発達こそが、ルソーの「自然人」の大きな特徴なのである。それゆえ良心は人間の「本性的」善性の根拠としては不適切である。「本性的」ということの中には、事実性や普遍性が含まれているからである。[10]これに対し「憐れみ」はこうした本性的善性の根拠にはぴったりである。これは本来、反省に先立つ純粋な自然（本性）の衝動であり、動物さえ示し、どんなに堕落した習俗でも破壊されないものであり、人間性悪論者でもその存在を認めざるを得ないものだからである。[11]

二　「良心」の導入

ルソーの倫理思想が最も端的に展開されているのは、『エミール』第四篇中間部の「サヴォワの助任司祭の信仰告白」においてである。ここでルソーは「良心」の倫理を展開する。他方ここには「憐れみ」はまったく姿をみせず、いささか唐突な転換であるように感じられる。これはいったい何を意味しているのであろうか。この「信仰告白」に入るすぐ前には、「三つの格律」を中心とした「憐れみ」の教育が語られているのである。

まず形式上の問題がある。「信仰告白」はその成立過程からすると、[12]はじめ『エミール』から独立に構想された可能性が強い。ルソー自身の実存的、論争的な哲学的思索である「信仰告白[13]」が、青年エミールの哲学教育の教材として組み込まれているのである。

以上のような構成的理由から、「信仰告白」が『エミール』のそれまでの叙述と観点が異なる面があり、「憐れみ」から「良心」へとかわる一つの理由となろう。ところで良心は「理性なしでは発達し得ない」ものであった。宗教教育には理性の発達が不可欠の条件であること、これがルソーの強調している点であり、それゆえここまで彼は、エミールの宗教教育を注意深く避けてきた。(14) 理性が発達したことが、憐れみから良心への移り行きを可能にしたのである。しかし可能性はいまだ必然性ではない。成人エミールの道徳は良心の道徳でなければならないのであろうか。憐れみではなく良心を成人の道徳原理とした必然性はあるのであろうか。これを探求するためには、さらに「憐れみ」と「良心」との違いにたちいって考察を進める必要があろう。

ルソーは良心を「神聖な本能」[l'instinct divin]、「神聖な声」[la voix divine] と呼んでいる。これは「憐れみ」に対しては与えられなかった形容である。ルソーにおける「良心」はすぐれて宗教的な概念である。これは道徳を人間理性の自律 [Autonomie] としてとらえるカントなどとははっきりと異なる点である。(15)

ではなぜ良心は「神聖」なのか。良心が「魂の声」だからである。「良心は魂の声であり、情念は身体の声である。多くの場合この二つが反対を言うとしても驚くことがあろうか。(16)」これに対して憐れみは「自然の純粋な衝動」であり、他の動物（たとえば馬）もまた持つものであった。この点では憐れみは身体の側の秩序に属するものと言えよう。言い換えれば「良心」はルソーにおいて、彼の身心二元論と深く結び付いた概念である。この点でもルソーは、実体としての「魂」という概念は誤謬推理によるものとして斥けたカントと異なる。

では、ルソーにおいてその二元論はどのような意味合いを持っているのであろうか。そもそもデカルトの身心二元論には、三つの働きがあったように思われる。①「魂の不死」の可能の根拠、②感性と知性との質的区別の根拠、③身体［corps］の側の秩序の機械論的説明の根拠、である。ルソーもこれらを受け継いでいる。(17) ただし②について言えば、ルソーは「生得観念」は認めないので、この区別は機能的なものである（その点デカルトよりカントに近い）し、また③についてては実際の自然科学的認識自体にはルソーの関心は向かわないという「但し書き」(18) が必要であろうが。結局ルソーにとって最も重要なのは①であり、「良心」が身心二元論とかかわるのもこの点に基づくと考えられる。

「魂の不死」はルソーにとって重要なものである。それゆえルソーはその概念を、（不合理ではないが）認識できないとしたにもかかわらず、（カントに先立って）要請するのである。(19) ではなぜそれは重要なものなのか。現実社会においては義しき者が苦しめられており、救いが保証されないからである。(20)

救われるためには有徳［vertueux］でなければならない、とルソーは考える。邪悪な人は救われる資格がない、という意味でなら、この命題はありふれたものである。しかしルソーは有徳であることと善良であることとを区別する。(21) 憐れみは人間を善良にするものであった。しかし単に善良であることは、ルソーにとって、（いわば動物的水準での「幸福」はもたらしても）真の「至福」はもたらさない。なぜなら、単に善良であることは彼の自由の行使ではなく、したがって彼の「功績」［mérite］にならないからである。良心とは徳への愛である。[22]では徳とは何か。徳とは秩序への愛と一般に言われるが、どういう秩序かが問題である。ルソーはこう問題提起し、こう答える。「善人は自分を全体との関係において秩序づけるが、悪人はすべてを自分に結び付けて秩序づける。悪人は自分をすべてのものの中心と考える。善人は自分の半径を測って円周の上にとどまる。つまり神という共通の中心との関係において、また被造物というあらゆる同心円との関係において秩序づけられている[23]」。

ルソーの用語法は必ずしも厳密ではないが、ここには彼が徳―良心を考える際の核心的な発想と、その宗教的―社会的含意がみてとられるように思われる。徳は自分を全体と、また全体の中心である神と関係づけることである。では憐れみとは何か。憐れみは「苦しんでいる者の位置に我が身を置く[7]」感情であり、いわば他者への自己の拡張である。[24]良心に対する憐れみの感情の特徴をなすのは、こうした意味での自己中心性である。ルソーは憐れみを説明するのにたえず「同化」[identifier] という言葉を使う。そして憐れみを「自己愛」[l'amour de soi] に基づけさえする。「あふれ出る魂の力が私を私の同胞と同化させ、私をいわばその人の中に感じさせるとき、その人が苦しむのを望まないのは自分が苦しまないためである。私は自己愛のためにその人に関心を持つ[25]」。憐れみと良心との違いは、その対象の量にあるのではない。実際「人間愛」[humanité] とは、「人類一般に適用された憐れみの感情[26]」である。しかしそれはやはり自己から発して全人類に拡張されたものである。エミールの教師ははじめ、彼に自分のものだけに関心を持つことを教えることで、彼を「有徳な人間にするよりもむしろ善良な人間にした」。ところで「単に善良な者はそうであることに快楽を持つ限りでしか善良でない。善性は人間の諸情念の衝撃によって砕かれ、滅びる。単に善良な人は自分に対してだけ善良であるにすぎない」[27]。自然的に善良である人間は、その傾向性によって他者に憐れみを持つ。しかし「自分の心の傾向性に逆らう無数の理由がある。偽りの思慮は自分の心を人間的自我の限界に閉じ込める」[28]。こうした憐れみの敵の源は市民社会における利害の対立と、そこから生まれる「利己愛」［l'amour-propre］とである。こうした利己的情念と打算的理性に逆らって、「共同の利益のために尽くせと語りかける自然の感情」が良心である[29]。人間はその本性（自然）によって社交的存在とであるとルソーは言う[30]。人間を深いところにおいて社交的にするのは良心である。百科全書派は人間の社交性の根拠をその身体的欲求［le besoin physique］にみた。しかし身体的欲求そのものは人々をむしろ分離させるとルソーは考えた。彼の心身二元論において、身体的欲求が個体の保存をめざすのに対して、「魂の声」である良心は種の保存をめざす[31]。本質的に身体の秩序に属する憐れみが他者との紐帯であるのは、他者の利益が自分の利益でもある限りにおいてであった。これに対し良心は自分の損になっても、あるいは自分の死を冒しても公共の幸福をめざすものである。憐れみが自己中心的であるのに対して脱中心化した原理であり、良心が「知的理性」の発達をもってはじめて機能する理由もここにあると思われる。

以上、「憐れみ」と「良心」の違いをまとめてみよう。①憐れみは身体の秩序に根付いているが、良心は魂の秩序に属する。②憐れみは自己中心的であるが、良心は神中心的である。③憐れみの究極的な目的は個体の安楽にあるが、良心は人間の種全体の幸福をめざす本能である。④憐れみは「理性に先立つ」原理であるが、良心は理性の発達によってはじめて機能する。⑤憐れみの基礎づけは非宗教的、生物学的な「下からの」ものであるが、良心の存在根拠は神からいわば「上から」なされる。——以上の差異は、『エミール』中間部（「信仰告白」）において、憐れみでなく良心の道徳が展開される理由を探る過程で判明したものであった。この差異をふまえて私達は、いわば憐れみの道徳の不十分さを次の三つの相からみることができるように思う。ⓐ憐れみは倫理的に、人間を有徳にする条件として不十分である。ⓑ憐れみは宗教的に、救いの条件となる功績として不十分である。ⓒ憐れみは社会的に、個人が時には自己犠牲を払っても同胞のために働く原動力として不十分である。

三　憐れみと良心の関連

私達はいままで憐れみと良心との違いについてみてきた。しかし両者の関係はどうなっているのであろうか。ドゥラテはその『ルソーの合理主義』において、この両者を互いに代用可能なものとしているように思われるが、前節で述べたことからすれば妥当ではあるまい。彼は「『エミール』のなかでは、憐れみの感情が自己愛から導き出される感情になっているが〔…〕同様の問題は良心についても生じる[32]」と述べている。グリムズレイも同様の論法で、良心をまず「自己愛の至上の表現[33]」としたり、またはやや修正して「自己愛は一つの単純な情念でなく、少なくとも二つの原理を含む[34]」としている[35]。確かに良心も自己の（精神的または道徳的）関心［intérest］を動機とする点では、自己への愛に基づくといってよい[36]。しかしそれは個体の身体的な保存や安楽を目的とする「自己愛」から派生するものではない。

微妙だがその点を軽視すると、ルソーにおける二元論的側面の深刻さを見落とすことになろう。前にみたように[31]、「身体的欲求」に関係し個体の保存をめざす「自己愛」だけでは諸個人を分離させてしまうから、「自らの種に関係する、他の生得的感情」としての良心が必要とされたのである。

しかしドゥラテはまた善性と徳との区別に基づき、「ルソーにおいては二つの道徳が存在する[37]」と主張している。第一のものは本能の道徳であり、自然の傾向性による。第二の道徳はこれに対し、自然の傾向性に対する理性の勝利を意味している。第一は自然的状態に、第二は市民的状態に対応している、というのである。これはむしろ前節で私達が区別した、憐れみの道徳と良心の道徳との問題としたほうが適切ではなかろうか。ところでドゥラテはこの「二つの道徳」の関係の問題をどう考えたか。ルソーには、第一の道徳のほうが第二の道徳よりも「より容易であると同時に、より確実であると思われた」。なぜなら「徳は大部分の人間にとっては実際上到達しがたい理想にとどまるという不都合さを持つ。これに対して善性は万人の手の届くところにある」からである。第二の道徳を「彼はより崇高なものだと考えてはいるが、しかし人間の真の性格にはより適合していないと判断しているのである。彼の目からは、この二つの道徳は互いに他を排斥するものではなく、この両者の一方を選ぶべき必要を認めなかった。しかしルソーの解釈者たちは、自分がこの二つの道徳のどちらに優位を与えているかによって、ルソーを一方的にカント的合理主義者にしたり、本能主義者にすることができた[38]」。

以上のドゥラテの分析は示唆的である[39]。ルソーには憐みの道徳と良心の道徳の二つがあるとしてよいならば、前者はこどもや未開人などに、後者はおとなや文明人などにふさわしい道徳であることになる。しかしこの両者は、単に静態的に区分されただけではおさまらない。なぜなら前者から後者への発達的＝歴史的考察こそが、ルソーの人間論の眼目だからである。(40)

憐れみと良心との間に、区別だけでなく連続もあるのなら、両者には（道徳原理であるという、結果として表れる同一性のほかに）質的な統一性も求められてよいであろう。そしてこの統一性は、両者がともに「感情」［sentiment］であるという点にあろう。「感情」はきわめて豊かな内容を持ち、幅と深みのあるものである。単純な快・不快の感情から道徳的・宗教的な感情（情操）まで、感情においても「自然の歩み」(41)と、この発達を社会的に媒介するものとしての（「消極的」）感情教育とがある。ルソーによれば、人は青年期にはいって社会的秩序の主体となり、はじめて道徳意識が芽生えるのは思春期である。この想定は今日からすれば、ルソーの思想の一面をなす、原子論的人間観に由来する限界ともされよう。ただし青年期に一つの質的飛躍をみたことや、それ以後の時期に道徳意識の発達をみる点で、ルソーの考察は正当とされよう。感情の発達が知性の発達と相互依存関係にあり、相互媒介される点も同様である。憐れみの感情そのものは知性から独立しており、反省に（論理上）「先立つ」。実際知的に卓越した人でも冷酷であり得る。しかし憐れみが実際に働く際には他者の苦しみを理解することが必要であるから、知的能力なしではあり得ず、憐れみの発達は知性、とりわけ想像力に依存する。(42)このように「憐れみ」自体を発達的にみていけば、それがさらに良心に移行することは理解に困難ではない。ちなみに想像力（構想力）はカントを持ち出すまでもなく、感性と知性一般とを媒介するものである。『エミール』第三篇までの感覚的理性の発達を土台にして、第四篇冒頭部での憐れみの教育がなされる。自己を苦しんでいる他者の位置においてみることは、具体的操作の観念的相関者である。第四篇中間部をなす「信仰告白」は、これに対して知的理性の立場に立ち、世界全体とそこにおける人間の位置についての抽象的思考に高まる。ここにおいて人ははじめて世界の秩序とその共通の中心とに対して、自らを（知的に）関係づけることができるようになる。それゆえこの第四篇中間部において「憐れみ」から「良心」への移行がなされることは適切である。

しかしもう一度断っておくが、良心はこうした（知的）理性とともに（mit）働くが、理性から（aus）生じるのではない。「善を知ることは善を愛することではない。〔…〕けれども理性が善を知らせるとすぐに、良心はそれへの愛を感じさせる」[43]。ルソーが反対するのは主知主義であり、合理主義ではない。『エミール』第四篇冒頭部の「憐れみ」の教育は、一見すると余計のように思われた。すぐに「憐れみ」の教育は消えて、良心のそれが展開されるからである。しかし以上のように両者の連続性を考えると、これは知的理性が十分に発達する前の道徳教育としてだけでなく、良心による道徳教育の準備的教育としても意味があったことに気づく。理論理性は確かに善を知らせる。しかし「善を知ることは善を愛することではない」。この「愛する」ということにかかわるのが感情としての良心なのである。この感情は生得的である、と確かにルソーは続けて言う。しかし生得的であることは、腐敗させられたりねじまげたりされ得ないということではない。感情もまた発達するものであり、社会的に変容するものであることを思い出そう。それゆえルソーは第四篇冒頭部で、親切心や共苦のようなやさしい情念を刺激し、羨みや憎しみのような残酷な情念を呼び起こさないように提言している。悪しき社会から守られた青年ならば、憐れみの心を発達させている。しかも「憐れみが変じて弱みに堕落しないように、それを一般化［généraliser］して全人類の上に広げなければならな[44]」かった。こうして生まれた「人間愛」は、内容的には既に「良心」とほぼ同じものであった。こうして善、徳、人類を愛する心に満ちた青年は、知的発達による脱中心化を通じて、良心の立場に移行する。

憐れみと良心との関係においては、前者から後者への発達があり、この意味で良心のほうがより高い位置にあると言ってよい。けれども良心はまさに憐れみから発達するものであることによって、本質的に条件づけられている。それは第一に良心が理性から独立した感情として規定されることにある。これは①反主知主義であり（大陸自然法の「良心」概念への反措定であることはドゥラテの説く通りであろう）、②評価主体としての「感情」の把握につながり[45]、③翻って理性の道具的性格の認識に導く[46]。第二に良心が他人の不幸に苦しみ、その幸福を願う感情として、徹底して対人的次元で考えられた類的感情であることが示される。ルソーにおいて良心の起源が超越的な神であったことは忘れられてならない（プロテスタント的）。しかしその内容は神に対する関係ではまったくなく、宗教の機能はまったく世俗化されてしまっている（反プロテスタント的）。この意味ではルソーに「啓蒙主義的ペラギウス主義」をみるK・バルトの指摘は正しい。ルソーの良心道徳が同情倫理そのものではないとしても、同情倫理に深く根ざしていることは見逃せない。以上のようにみると、「憐れみ」は良心の段階に至るまでのやむを得ない代用物にとどまるものではない。ルソーの倫理思想は、憐れみと良心とを二つの焦点とする楕円構造をなしている、ということもできよう。

ルソーのこうした倫理思想の構造的特質を、その思想的環境においてみるとどうなるであろうか。こうした二中心的倫理は、彼のいわば二正面作戦に対応していた、と言えるのではなかろうか。一方の相手は保守派およびカトリック勢力である。彼等は原罪説に立ち、人間を実定法と実定宗教の鎖につなぎとめておくもの、とルソーはみなす。こうした思想を乗り越えるためにルソーが示さなければならなかったのは、そしてまたルソーがその起伏の多い人生経験を通じて確信したのは、人間が自然的には善良であること、それを堕落させているのは悪い社会であること、であった。この理論にとって要をなすのが「憐れみ」の概念であった。こうして道徳の源は自然に求められるが、ここでルソーはエルヴェシウスやディドロらとも一致する。しかし他方でルソーは、彼等の功利主義倫理とも闘う必要を感じた。これはなぜか。もし個人の情念、欲望、自己愛を内的に制約するものがないとしたらどうなるであろうか。そこにどのような社会が成立するであろうか。確かにそこには利害に基づく社会、互いに他人を自らの手段として利用し合う市民社会が生まれよう。彼等百科全書派によって理想とされたこうした功利的社会についてルソーは言う。これは「人々にとって結合の因であると同程度に闘争の因であり、協調と合致をもたらすのと同程度に、競争と嫉妬とをもたらす」。いやそれどころかこうした結合は、既に力を持ち過ぎている者には新たな力を与えるが、他方で窒息させられ、押し潰された弱者にはどんな隠れ家も支援も与えず、みせかけの結合の犠牲として滅ぼしてしまう。それは「罪悪と悲惨の源泉に過ぎない」(47)。それゆえ真の社会の設立と保持のためには徳が、そして良心が必要とされる。「自然」としての憐れみを育てつつ、堕落した社会に生きる人間にとっては、この自然の力を助ける「神聖な本能」として与えられている良心の声に耳を傾けなければならない。ルソーにとっても、恩寵ハ自然ヲ破壊セズカエッテ自然ヲ完成スル。その後の歴史はルソーが予期し、恐れていたように市民社会の完成へと向かった。それゆえ私達は良心を神の声ととらえたルソーを時代遅れと感じるかもしれない。しかしルソーの時代批判が現代人にも訴えるものがあるだけに、彼が宗教の名の下で語ったことが何であるのかを探ることは、私達にとっても無意味ではあるまい。

（1）『エミール』pp.600-601：中一七一―一七三頁。
（2）「憐れみ」はしばしば「共苦」［commisération］とも言い換えられている。
（3）『学芸論』p.30：五四頁。
（4）ルソーの「良心」の思想の思想史的基盤としては、私は、カルヴァン、ピエール＝ベール、およびミュラールを重視したい。
（5）この論文は、定められた題目の下にディジョンのアカデミーが公募したのに応じて書かれたものである。
（6）『不平等論』p.154：七一頁。
（7）同書、p.155：七三頁。
（8）たとえばルソーは主著である『エミール』の主題について、「これは他の著作の中で著者が主張してきた、人間は自然的には善良である、というあの原理についての、かなり哲学的な著作なのです」と述べている（lettre à Cramer: C.c.t.21, p.248）。
（9）『エミール』p.288：上八一頁。
（10）同書、p.550：中九七頁、参照。
（11）『不平等論』p.155：七三頁。
（12）cf. *La《Profession de vicaire savoyard》de Rousseau*, par P.-M. Masson, Hachette, Paris, 1914.
（13）『夢想』（2）参照。
（14）ただしルソーは女性をこの論理から除外している。
（15）Philonenko, *J.J. Rousseau et la pensée du malheur*, II, Vrin, Paris, 1984, p.274.
（16）『エミール』p.594：中一六四頁。

(17) ルソーの「信仰告白」とデカルトとの関係については、Gouhier, Ce que le Vicaire doit à Descartes : AR. t. XXXV、参照。
(18) 機械論的自然観がルソーの思想において持つ最も大きな意味は、マルブランシュと同様に、奇跡の否定である。
(19) 「エミール」p.590：中一五七頁。
(20) 「摂理論」参照。
(21) cf. La《Profession》par Masson, p.289.
(22) 「エミール」p.605：中一八〇頁。
(23) 同書、p.602：中一七五頁。
(24) cf. Burgelin, *La philosophie de l'existence chez J.J.Rousseau*, Vrin, Paris, 1973, ch.V, 1-2.
(25) 「エミール」p.523：中三一二頁。
(26) 「不平等論」p.155：七三頁。
(27) 「エミール」p.818：下一九八頁。
(28) 同書、p.602：中一七四頁。
(29) 同書、p.602：中一七五頁。
(30) 同書、p.600：中一七一頁。
(31) 同書、p.600：中一七一頁。「私達の存在の原因者は、私達の本性〔自然〕に適した諸感情を与えることで、私達の保存に備えてくれたのであ〔…〕る。こうした感情は、個体に関しては、自己愛〔…〕である。しかし〔…〕人間が社交的であり得るのは、その種に関係する他の生得的諸感情によってだけである。なぜなら身体的欲求しか考慮しないならば、それは人々を近付けるかわりに分離させるからである」。
(32) Derathé, *Le rationalisme de J.J. Rousseau*, PUF, Paris, 1948, p.100.
(33) Glimsley, *The philosophy of J.J. Rousseau*, Oxford, 1973, p.67.
(34) *ibid.*, p.69.
(35) 「憐れみ」と「良心」との区別を強調する立場からの考察としては、村上保壽「ルソーの内的世界と憐れみの感情」『思索』17、東北大学哲学研究会、一九八四がある。
(36) cf. letter à D'offreville : C.c.t.9, pp.143-144 : Burgelin, note : O.c.t.Ⅳ, p.1565.
(37) Derathé, *op.cit.*, p.116.
(38) *ibid.*, p.119.

(39) ただし (cf. La problématique du sentiment chez Rousseau, AR.t.37, p.8) 彼はルソーにおける「本能」概念の重さを過小評価しているように思われる。この点は、Burgelin, *op.cit.*, p.72も参照。
(40) Fetscher, *Rousseaus politische Philosophie*, Suhrkamp, S.62.
(41) 「エミール」p.242：上一九頁。
(42) 同書、pp.505-506：中二九—三〇頁。
(43) 同書、p.600：中一七二頁。
(44) 同書、p.548：中九三頁。
(45) cf. Bouchardy, Une définition de la concience, AR.t.XXXII, p.169.
(46) Philonénko, *op.cit.*, p.282, p.286.
(47) Contract social (Ier version)：O.c.t.III, pp.282-283.

第三章　「強さ」と「弱さ」の倫理

一　問題の所在と概念規定

ルソーの影響力について、歴史家ミシュレは興味深い指摘を行っている。「熱っぽさ、胸にしみとおるメロディ、これこそルソーの魔法であった。『エミール』や『社会契約論』の中にある力は、議論の余地があり、打ち負かすこともできよう。しかしその『告白』と『夢想』によって、つまりその弱さによって、ルソーは勝ったのだ。すべての人が涙を流した」[1]。実際、少なくともルソーの著作が出始めてからフランス革命までの約四十年においては、その影響力が理論面でよりも心情面でより強かったことは、ほかにも多くの指摘がある。たとえばモルネは、ルソーが「読者の心情や感受性に話しかけ」、「読者を感動させ、彼らに涙を流させた。」ことを重視している[2]。しかしその原因を「弱さ」という観点に集約させたことで、ミシュレの着眼は未だ陳腐でないように思われるが、この観点について（自明とみたのか）、彼自身は詳しく説明していない。彼はルソーにおける「弱さ」を『告白』や『孤独な散歩者の』夢想』といった彼の自伝的著作に結び付けることで、彼の個人的資質の問題としてとらえたいようであり、確かにそうした探求は無益ではあるまい。またそれが十八世紀後半のフランス人（やドイツ人）に強く歓迎され、あるいは彼等の心情に革命を起こしたのならば、それは心性史上の問題としても探求されてよいであろう。

しかし本章で考察したいのは、人間の（強さと）弱さということについて、理論家としてのルソーがどう考えていたかということである。それは人間における「強弱」をどう評価するかという、倫理学的に重要と思われるが、正面から論じられることのあまりない一般的題目を念頭において、行われることになろう。

人間の「強弱」に対するルソーの評価を知るためには、まず彼がこの概念をどう規定しているかを明確にしなければならない。彼には二つの規定があるように思われる。第一は、「人間は他人に依存しているときは弱い(3)」というものである。第二は、「その力［force］がその欲求［besoin］を超える者は、〔…〕強い存在である。その欲求がその力を超える者は〔…〕弱い存在である。(4)」というものである。ではこの二つの規定の関係はどうか。明らかに第一のものが本源的で第二のものが派生的であろう。なぜなら、欲求ないし欲望が力ないし能力を超える存在が「弱い」のは、前者（たとえば生存の欲求）を満たすには、他者に依存せざるを得ないからである。いずれにせよこうした規定によれば、虫が強いことも獅子が弱いこともある。つまり問題の「強弱」は、自然科学的な力やエネルギーの強弱ではない。

二　幸福の観点からの人間の強弱

可能態における力が能力［faculté］であり、意識された欲求が欲望［désir］であろう。ところでルソーは「私達の悲惨が存するのは、私達の欲望と能力との不均衡においてである[5]」と言うのであるから、前期の「強弱」の概念は、「幸不幸」の観念と密接にかかわることになる。叙述の構成上もそうなっている。ルソーはまず人間の幸不幸の問題を提起し、それに接近するために強弱の問題を展開するのである。つまり強弱の問題とは、人間の幸不幸の問題（幸福論）にとって不可欠で本質的な論点として位置づけられているのであり、私達もまずこの枠において考察を行うことにしよう。

次に考えるべきことは、人間の力と欲求、または能力と欲望とが、固定したものでなく、発達するものであるということである[6]。それは個としても類としてもたどることができる。私達はまず個において（教育哲学）、次に類において（歴史哲学）考察しよう。

A　個の発達における「強弱」と幸福論

ルソーは教育論『エミール』において、強弱の問題に大きな意味を持たせているように思われる。まず第一篇の冒頭で、「私達は弱いものとして生まれる。私達には力〔強さ〕が必要である。〔…〕生まれたときに持っておらず、おとなになって必要となるものはすべて教育によって与えられる。[7]」とされ、教育の存在根拠そのものにこの問題がおかれる。さらに第二篇、第三篇、第四篇のそれぞれ冒頭でもこの問題は持ち出され、それぞれの篇の、したがって個人の発達におけるそれぞれの時期の特徴と課題とを制約していくものとみられている。

第二篇が対象とする前期少年時代までは、人は力の不足からくる弱さの状態にある。さきほどの幸不幸の規定からすれば、ルソーがこの「弱さ」を当然否定的に評価するように思われる。実際彼の、「邪悪さはすべて弱さから来る。〔…〕彼を強くしたまえ、善良になるであろう[8]」といった言葉は、強さの賛美であるように響くであろう。しかし事柄はそう単純ではない。

第一に、能力が欲求に及ばないのが「不幸」であるのは、それが「依存」をもたらすからという、より本源的な根拠に立脚していた。ところでこの時期のこどもの欲求とは、ルソーによれば、「身体的欲求」でしかなく、したがって彼の依存は本質的に事物への依存である。そしてこれは、彼によれば、幸福ではないにしても耐え難いものではない。「事物への依存」は「なんら道徳性を持たず、自由を妨げず、悪を生み出さない[9]」。したがって事物（自然）への依存をもたらす人間の弱さは、絶対にあるべからざる害悪ではない。次の文は彼の問題意識を端的に示している。「人間の本性は事物の必然性にはじっと耐えられるが、他人の悪意には耐えられない[10]」。この文の前半は、ルソーのストア派的な側面を示すものと言えよう。ここから彼は、ベーコンやデカルト、一般に近代思想の「認識関心」となる、「自然（事物）の統制・利用」にはあまり向かわないことになる。

第二に、問題の文を、その前の文と中略した文を戻して再現しよう。「ホッブズが悪人を丈夫なこどもと呼んだとき、絶対に矛盾する事柄を言ったのである。邪悪さはすべて弱さから来る。こどもが邪悪なのは、弱いからだけである。彼を強くしたまえ、善良になるであろう[(8)]」。つまりここで問題なのは、前期少年時代の弱さであって人間一般を「強くする」こと自体が勧められているわけではない。また文脈を考えれば、ホッブズの性悪説に対してこどもの邪悪さの事実を認めつつも、それが人間の本性に由来するのでなく、前期少年時代という限られた時期における弱さに由来すること、それは彼の「自然の歩み」において克服されることを述べているのである。

第三に、しかし「事物への依存」は、社会関係の中で、「人間への依存」を生み出し得る。前期少年時代は弱さの時期であるが、「自然は父母の愛着によってそれを補う[(11)]」。この「補う」ということは、しかしこの時期のこどもを弱くなくすることではない。その弱さを不幸の意識に直結させないことにとどまる。「こどもは自分の弱さを感じなければならないが、それに苦しんではならない[(12)]」。この要請の後件の理由は、こどもの幸福がルソーの教育の目的そのものであることに求められるが、前件の理由は何か。こどもの弱さそのものを除こうとする父母は、自然に逆らっているからであり、「こどもの弱さと彼等の愛着からやむなくされている相互的依存関係を、どちらの側からみても隷属状態に変えることで、〔…〕こどもの弱さをさらに助長する」に過ぎないからである。ここは注目すべき点である。まず「弱さ」が第一義的には「依存」であることが確認できる。そして「依存」[dépendance]と「隷属」[esclavage]との区別、前者の後者への転化が語られている。さらに「依存」そのもの、したがってまた単なる依存としての弱さは必ずしも悪いものでなく、「愛着」[attachement]という形態での依存は否定的に評価されないことがわかるからである。シュワルツの言うように、「依存それ自体は人間にとって必然的に悪ではない[13]」ということが、ルソー解釈にとって重要な点であろう。

こどもに自分の弱さを感じさせないということで意味されているのは、こどもに権力を与えないということである。だがここでルソーは少し話を広げて、こどもにとってだけでなく、そもそも権力というもの一般が、人間を強くするどころか弱くするという理論を展開する。その根拠としては、ヘーゲルの「主《あるじ》と僕《しもべ》」[Herrschaft und Knechtschaft] の弁証法を先取りして、「主」が実は「僕の僕」であること、つまり依存（ヘーゲル的に言えば Unselbständigkeit）であることを叙述するのである[14]。これは西洋思想史においてかなり独自性を持つ思想ではなかろうか。ルソーは「強さ」と「権力への意志」とを相反するものとし、強さのためにはむしろ権力を否定する意志を求めるのである。

第三篇が対象とする後期少年時代は、こどもの力が急速に伸び、他方欲望はまだ激化しないので、人為的に欲望を刺激されたりしない限り、「強い」状態にあることになる。

第四篇が対象とする思春期は再び弱くなるが、これは（力を超える）新たな欲望が生まれ、新しい依存が生まれるからである。この第四篇の時期の主題が依存であることについてルソーは言う。「人間はいつまでも一人で生きるようにつくられてはいない」。「伴侶を必要とするようになれば、人間はもはや孤立した存在ではない[15]」。――しかしこどもは「一人で」「孤立して」存在していたのであろうか。無論そうでなかった。この時期を「第二の誕生[16]」とするルソーの論理を介在させればわかるように、弱さの意味が異なるのであり、前期少年時代の弱さに戻るわけではない。こどもが「弱く」て他人（おとな）

に依存していたのは、その力が足りず、身体的欲求［besoin physique］を自ら満たせなかったからである。他方思春期が「弱く」なるのは、恋愛の欲望という、本人の力を超える精神的情念［passion morale］が生じるからである。

前期少年時代の弱さは、彼の能力の発達とともに克服されたが、伴侶を必要としない状態がこの後くることはないので、これは克服され得ない、いわば人間の弱さである。この意味においてルソーは言う。「人間を社交的にするのは彼の弱さである[17]」と。

この事態は幸福論の観点からはどう評価されるのか。ここでルソーは幸福の新しい概念を提出しているように思われる。

もし私達の各々が他人をまったく必要としなかったら、彼等と結び付こうとはほとんど思うまい。こうして私達の弱さ［infirmité］自体から、私達のはかない［frêle］幸福が生まれる。〔…〕何も必要としない者が、何かを愛し得るとは思えない。何も愛さない者が幸せであり得るとは思えない[18]。

幸福とは力と欲求［besoin 必要］との均衡であった。もし人が他人を必要としそれを得られるなら、それは一種の均衡としての幸福と言えよう。しかし対象が他人である以上、それを得る、あるいは保つことは、私の力だけでなく他人そのものにも依存しているので、前と違った不安定な均衡であり、まことにはかない幸福である。純粋な自然人や思春期以前のこどもは、（ルソーの考えでは、）精神的情念の対象としての他人を必要としていない。それゆえ彼等と、社会状態のおとなとでは、幸福にもまったく違う面が生じる。なお後者の愛による幸福を敢えて「はかない」と形容するのは、他者に依存しない神の幸福と比べてであるが、これが人間的幸福の価値の低さを表現するため付与されたと考える必要はないであろう。人は神にも超人にもなれず、むしろ人としての限界内にとどまることが大切な知恵とするルソーにとって、この「はかない幸福」こそが人間にとって最高の幸福、無上の幸福なのである(19)。

こうした性愛の評価は、前に問題とされた親子の愛着の場合と共通する。こうした愛による依存の肯定的評価(20)は、ルソーの反ストア主義的側面を示している。さきほどの引用の後半部、「人間の本性は、〔…〕他人の悪意には耐えられない(10)」は、これを裏付けている。ストア的な個人主義にとっては、他人の意志は「自己の権内にないもの」であるから、天災などと同様に甘受すべきだからである。しかしルソーは愛着の、すなわち共同体の幸福を望む。それゆえそれを可能にする「愛する人への依存」という人間の弱さを、彼は悪としない。むしろ逆に、他人を必要とするという人間の弱さを知らない者、それを認めようとしない者、強がる者は、愛着による依存という形で他人と結び付くことができず、そのために幸福になれない(21)。

個としての人間は、生まれたとき弱い。あるべき発達は、彼の力がその身体的欲求を越えるように強くするもので、それが妨げられると、他人への隷従という悪と不幸に陥る。他方思春期を迎えた人間は、精神的情念によって他人を必要とする新たな弱さに至るが、これは親子の愛着と同様に悪しき隷従ではなく、むしろ人間の幸福に導くものであるから、この弱さを正しく評価することが必要である。

B　類の発達における「強弱」と幸福論

類としての人間の発達において、ルソーは人間の「強弱」の問題をどう考えているのか。

まず市民社会が成立する以前の自然状態については、隷属の不在ゆえに強い状態である。その評価については、こども状態の評価と同様に、ホッブズに対抗する。ホッブズが悪人を「丈夫なこども」にたとえるのは、悪人に理性が欠けているからであり、同じ理由から未開人も邪悪とみなすのである。しかしルソーによれば、「丈夫で〔あることと〕依存していることは、自然状態においては矛盾した二想定である」[22]。未開人は強く、それゆえ独立し、それゆえ善良だ、これがルソーの論法である。

自然状態の後期は、家族および村落という社会の中にある。これはルソーが「世界の青年時代」[23]とたとえるように、精神的情念が芽生えて、愛着による依存関係が生まれる時期である。しかし彼がこれを「最も幸福な時代」[24]と評価することは、個の発達において親子や伴侶の愛を肯定的に評価したのと同様である。しかし分業と私有により市民社会が発生し、身体的必要による依存関係が生じるとこうはいかない。

こどもの幸福もおとなの幸福と同様に、自らの自由の行使に存する。しかしこの自由はこどもにあってはその弱さによって限られている。〔…〕こどもは自然状態においてさえ、市民状態におけるおとなが享受する自由に似た、不完全な自由しか享受しない。私達〔市民〕の各々は、もはや他人なしではいられないので、この点で弱く惨めに戻っている。私達はおとなになるためにつくられていたが、法律と社会が私達をこども状態に引き戻した。[25]

ここには、現実社会（市民社会）に対する否定的評価がみられる。その観点は、そこで生きる人々が（身体的欲求による）依存関係にあることにある。その点で（前期少年時代のような）弱い存在であることに、ルソーは否定的評価を下すのである。

　ではどうしたらよいか。独立した自然状態に戻るべきか。しかしルソーは「自然に帰れ」とはどこでも言っておらず、むしろ「自然（状態）には帰れない」と何度も言っている[26]。しかし社会進歩はけっして死に至る病ではなく、治療薬もある[27]。それは依存そのものをなくすことではなく、人のかわりに法をおくことであり、一般意志が支配することである。それによって政治的な法が「自然法則と同様に」なり、「人間への依存が再び事物への依存に変わる[28]」。『社会契約論』（以下『契約論』と略）の課題とする共同体の意義がまさしくここにあるのである。

　以上この節の補足として二つの表を作成してみた。第一表は、人間の「強弱」を、社会と個人の発展段階によって示したものである。第二表は、「依存」の性格を分類したものである。

第一表

	自然状態	市民状態
少年前期	弱い	弱い
少年後期	強い	強い（おとなから守られれば）
おとな	強い	弱い（①恋愛により②法と社会により）

第二表

事物への依存	自然必然性（自然法則）への依存 ○	耐える
	一般意志（「共和国」）への依存 ◎	相対的不滅
人々への依存	利益社会（同胞市民・主・僕）への依存 ×	悪
	共同社会（親子・恋人・夫婦）への依存 ○	甘美さ

三　道徳の観点からの人間の「強弱」

前節では、「強弱」に対するルソーの評価を、幸福論の観点から整理してみた。しかし百科全書派らの幸福主義を退けるルソーにとって、価値の問題は、「幸福」と「徳」を二つの焦点とする楕円状の領域となる。(29)「強弱」の問題も、今度は道徳論から検討したい。

まず『契約論』をみてみよう。その第一篇第三章は「最強者の権理について」と題されている。そこで彼は「強者の権理」という観念を徹底的に否定し、「力は権理を生み出さない」[Force ne produit pas droit.]という原理を結論づけている。(30)〈force〉は「強さ」であり〈droit〉は「正しさ」であるから、この原則をくだいて言えば、「強いから正しいというわけではない」、「強さと正しさとは無関係だ」ということになる。(31)この端的な宣言は、己れを正当化している現実の強者への根底的な批判であり、（この書物のより具体的な政治理論がそうであるのに先立って、）現実批判としての強烈な武器だったのではなかろうか。また弱者にとっては確かに大きな勇気づけであり、「弱さ」をそのものとして評価していないにしても、弱者が正しくあり得るという宣言と受けとめられたのではなかろうか。

しかし慎重に進もう。可能性は必然性ではない。「強さ」と「正しさ」とが同一でないことは確かめられたが、両者の関係がよりたちいって考察されなければならない。

「力」でないなら道徳的正しさ（道徳性）を生み出すものは何か。まず言えることは、ルソーが動機説ないし信念倫理（Gesinnungsethik）の立場にあることである。「人の言葉を評価し、その悪意あるいは善意の度合いを決定するものは、結果でなく、その言葉を述べる人の意図だけである」[32]。どういう意図か。「善人は自分を全体との関係において秩序づけるが、悪人はすべてを自分に結び付けて秩序づける」[33]。すなわち抽象的に言えば公共の福利、具体的には人類、祖国、隣人などの福利をめざす意図に道徳性は存し、意図された成果があがったかどうかにはかかわらない。勿論成果はあるにこしたことはない。そしてそれは外的条件と当人の強さ（身体的、知的、および社会的能力）に制約される。外的条件はここでは捨象しよう。残る当人の強さは、道徳上好ましい成果をあげるのに有利であり、したがって（道徳性と結び付くという条件では）望ましいものと評価できる[34]。しかしそれらを徳の条件とするならば、身体的、知的、社会的な弱者には徳は不可能となるであろう。そのようなエリート主義的道徳観はルソーはとらない。彼は生得的な——すなわち万人に存する——良心によって徳を基礎づける。

それにしても良心を持つこと（万人の事実）は徳を持つことと同一ではない。むしろルソーは「徳」における「力（強さ）」の契機を強調しさえする。「『徳』という語は『力』から来ている。力は徳全体の基礎である」[35]。――この表現は一見ルネッサンス的であるが[36]、むしろストア的思想を読み取らなければならない。この場合の「力」ないし「強さ」とは、自らの情念を実現する能力ではなく、むしろこれと闘い、これを克服する能力である。「力は権理を生み出さない」というときの「力」が、物理（身体）的、経済的、政治的な力であるのに対して、精神的な意志の力、「魂の力」である。

次にルソーは言う。「徳は、その本性によって弱く、その意志によって強い存在にだけ属する」[37]。――文脈から言えば、人間に属し神には属さないということである。なぜそうなのか。神が「その本性によって」強い存在であることは当然の前提であり、意志の強さが徳の条件であることは前段落でみた。では何ゆえ神はその本性によって強く、人間は「その本性によって」弱いのか。情念の存在の有無による。この（精神的）情念とは他者を必要とすることであり、そこから人間存在の社交性と幸福とが生まれることは既にみた。まさにそこでも神がひきあいにだされ、「孤独な存在」「自己充足した存在」は「惨め」であり、「何も愛さない者が幸せであり得るとは思わない」とされていた[18]。いまの箇所に戻れば、ここでも婚約したばかりの青年エミールに教師が説くせりふである。

では人は恋愛の情念と闘い、これにうちかたなければならないのか。ある意味では然りであり、ある意味では否である。否というのは、愛さないことや、愛するのをやめることが求められているわけではないからである。これが「本性による」弱さである以上、それを超えようとすることが、むしろ不幸と悪の原因となる。「情念を持つことと持たないこととは私達に依存しない。しかし情念を統御する［regner］ことは私達次第である」[38]。

以上をまとめよう。道徳論の観点から言えば、ルソーは「強さ」を評価する。その「強さ」とは意志の強さであり、とりわけ自らの情念を統御する力である。

四　源泉と独自性

以上にみた、人間の「強弱」をめぐるルソーの思想は、歴史的にどのように理解され、位置づけられるであろうか。

まず気づかれるのは、既に何度か言及したように、ストア派との関係である。意志の自由を強調し、人間的徳の力を重視する点で、ストア派はルソーの思想の大きな源泉であることは疑いない。むしろ彼の心の糧となったプルタルコスの伝記中の偉人たちにみられるような、古代ギリシャやローマの精神が、ストア主義とルソーとの共通の土台であると言ったほうがよいであろう。

だがルソーは単なるストアの徒ではない。素人時代の詩の中で、ストア派からの影響とそれへの批判とが既に示されている。「エピクテトスとゼノンはそのストア派的誇りで〔…〕徳だけで私達を幸福にすると主張するあの英雄的勇気を私に称賛させた。長い間輝かしい幻が〔…〕私の精神を幻惑し、私の性格を頑なにした。しかしあれだけ努力しても、こうした空しい虚構が私の心から情念を追い払ったか」(39)。「ローマ的ルソーとロマン的ルソー」という言葉があるが、ルソーにおいて、情念、なかんずく恋愛のそれを肯定し、人間の弱さをさえ評価する観点は、「ローマ的」精神からは出てこない。理性的意志でなく、「憐れみの感情」に道徳性の基礎をおき、友人や恋人や家族のまさに感情的な依存性の中に最高の幸福をみるのは、ストア的倫理ではない。後期自然状態（未開社会）が人類史上「原初的状態の無感覚［indolence］と私達〔市民社会〕の利己愛の手に負えない活動性との中庸を保つ」ものとして「最も幸せな時代」と評価される以上、原初的状態〔社会のない「第一の自然状態」〕の「無感覚［indolence］」は（少なくとも相対的に）否定的に評価されている。そして「ストア派のアタラクシアでさえ彼〔未開の人〕の〔生存と無為の〕他の対象すべてに対する深い無関心［indifférence］に及ばない」というのを連動させると、ストア派も同じ点で積極的に評価されないことになる。

ではルソーにおけるこうした反ストア的側面はどこから来たのか。キリスト教からである。ローマ人カトーに対する尊崇の念に劣らず、ルソーの心には常にイエスの姿があり、彼は福音書を高く評価し続けた。

彼にとってキリスト教の重要性はどこにあったのか。明らかに神学的形而上学ではない。「神の存在証明」を試みているものの、それは無神論者たちの論弁に対する防衛であり、彼の本領はそこにはない。神学的意味での贖罪による「救済者」としてのキリストでもあまりない。辛うじて「魂の不死」と「彼岸での報い」に存在論的重要性が与えられる。ただし彼の良心論はキリスト教でなくても、プラトンやキケロの来世信仰とも結合し得るもので、またこうした伝統的宗教倫理の枠組みよりも、カントの自律的道徳論との近さにおいてより注目されるものである。結局のところ「キリスト教」においてルソーの心を最もとらえたものは、福音書におけるイエスの人となりとその教えの人間的な「優しさ」

〔douceur〕[43]なのではなかろうか。

キリスト教が、一啓示宗教としてのそれ自体を越えてヨーロッパ精神にもたらした寄与が、アガペーとしての愛の思想であったことは、ヘーゲルの美学講義やマールの美術史研究などからもうかがえる[44]。人間的恋愛の情念も、異教的古代の文芸伝統にはあまりみられないものであった。むしろそれは、キリスト教的愛の世俗化として中世以降の西欧文芸と精神とに現れたものとも解釈される。この点で百科全書派の恋愛はむしろ、人類とともに古い欲望として「身体的欲求」と不離の情念であり、したがってキリスト教とは対立する原理であった。これに対しルソーの恋愛は精神的情念であるがゆえに、むしろ身体的欲求の次元と対立する。ルソーが人間の本性（自然 nature）について語るとき、重要なのは無論その「善性」であり、したがって彼の理論の中核とも言える「本性的善性」〔la bonté naturelle〕との関連において本性的「弱さ」も考えなければならない。ところでこの性善説はふつうキリスト教の「原罪」の観念を否定するものととらえられ、それは勿論正しい。しかし彼の「本性」概念がこうした「弱さ」の是認とも結び付いているという面では、ニーチェがそこにキリスト教への類似性をみいだしたのも[45]もっともなのである。

それゆえ彼自身の立場としては、百科全書派の一元論に対して二元論的であり、しかも単に役割分担と調和による二元論ではなく、相克を含みつつも一方を切り捨てずにとどまろうとする二元論であった。こうしたルソーの一面はまた「女性的なもの」「母性的なもの」として、ロマン主義者はもとより、たとえば古典主義のゲーテなどにも精神の半面として重視されたものであった。

こうした意味ないし性格において、ギリシャ精神とキリスト教精神とは、ルソーの中にも存しており、彼の人間把握においてこの両者を独自に結び付けているのが、「人間はその本性において弱く、その意志において強い」という命題であった。

(1) ミシュレ「フランス革命史」桑原・多田・樋口訳『世界の名著、第四八篇』中央公論社、一九七九、四八頁。
(2) モルネ『フランス革命の知的起源』上、坂田・山田監訳、勁草書房、一九六九、一三四頁。
(3) 「不平等論」p.154：七〇頁。
(4) 「エミール」p.305：上一〇六頁。
(5) 同書、p.303–304：上一〇四頁。
(6) 「力―欲求―能力の関係は力動的、構成的な関係であり、固定した静的均衡でないが、なぜなら人間はその財産目録（コンディヤックの五感、デカルトの生得観念）を描けるような自然の贈与ではなく、自然のただ中での一つの活動性だからである。」Y.Vargas, *Introduction à l'Emile de Rousseau*, PUF, 1995, p.33.
(7) 「エミール」p.247：上二四頁。
(8) 同書、p.288：上八一頁。
(9) 同書、p.311：上一一四―一一五頁。
(10) 同書、p.320：上一二八頁。
(11) 同書、p.310：上一一三頁。
(12) 同書、p.310：上一一三頁。
(13) J. Schwartz, *The Sexual Politics of Jean-Jacques Rousseau*, The University of Chicago Press, 1984, p.26.
(14) 「エミール」pp.308–309：上一一〇―一一二頁。
(15) 同書、p.493：中一二頁。
(16) 同書、p.489：中五頁。
(17) 同書、p.503：中二六頁。
(18) 同書、p.503：中二六頁。

(19) 「自己充足の概念」が「ルソーにおけるおよそ全ての肯定的価値がそこから導き出される源泉なのである」という永見文雄氏の見解（「ルソーにおける自己充足の概念について」『中央大学文学部紀要』第六四号、一九八九）には、それゆえ同意できない。『夢想』ではルソーは確かに自分が「神のように自足」した境地を語るが、これは氏も認めるように社会から疎外された状況におかれた著者の個人的かつ特権的事例であり、ルソーの理論一般につなげるには注意が必要と思われる。

(20) ルソーが男女の相互依存と、したがって性的存在としての人間の自足の欠如を強調していることについて、J. Schwartz, *op.cit.*, p.3.

(21) 初期の戯曲「ナルシス」において既にナルシシスムの「治療」が問題になっていた。ルソーにおけるナルシシスムへの批判（と対象愛の評価）については *ibid.*,p.93 et al. 永見氏は「他者、他の事物への愛着のない状態」とも定義する（前掲論文、二四頁）「自己充足」をルソーの希求とする観点から、彼が「そのすべての謂わゆる自伝的著作において」孤独への好みを表明するとみる。確かにそれは多いが、その反対の表明も少なくないので、（ルソー個人の心理を語ることは本章冒頭で示した限定からは逸脱するが）ここで二つだけ挙げよう。「私の欲求の第一のもの、最も大きく、最も強く、最もおさえられないものは、親密な、できる限り親密な社交の欲求であった」（『告白』p.414）。：「絶対的な孤独は悲しく、本性に反する状態である〔…〕。情愛が魂を育てる〔…〕。私達の最も甘美な実在は相対的かつ集合的であり、私達の真の『自己』は全面的に私達の中にあるのではない。結局この世での人間の構成はこうなので、他人の協力なしには自らを享受することにけっして至らない」（「対話」p.813）。

(22) 「不平等論」p.153：七〇頁。

(23) 同書、p.171：九六頁。

(24) 同書、p.171：九五頁。

(25) 「エミール」p.310：上一一四頁。

(26) たとえば「不平等論」p.207：「対話」p.935。ルソーに「自然に帰れ」という彼が一度も言わなかった言葉を帰すことが主に教科書を通じて大正期以後の日本に広まった経緯については小林善彦「ルソーと『自然に帰れ』について」『東京大学教養学部外国語科研究紀要』第三三篇第二号。私の知る限り、日本でルソーにこの言葉を「言わせた」最も早い例は島村抱月「囚はれたる文芸」『島村抱月評論集』岩波文庫、一九〇六、一二九頁。フランスでルソーにこの観念を帰すことは同時代からみられる（ヴォルテール、パリソなど）が、この言葉はたとえばテーヌの『現代フランスの起源』（一八七五—一八八八）などにみられる。

(27) ルソーにおける「病」と「薬」の比喩について A. Philonenko, *Jean-Jacques Rousseau et la pensée du malheur*, Vrin, 1984: J. Starobinski, *Le remède dans le mal*, Gallimard, 1989 参照。

(28) 「エミール」p.311: 上一一五頁。
(29) 第四章、参照。
(30) 「契約論」(1-3)、p.355: 二一〇頁。
(31) ルソーがプラトン、特にその『国家』から大きな影響を受けたことは言うまでもないが、その主題は「正義とは強者の利益である」という原理に対する反駁であった。
(32) 「夢想」(4)、p.1029: 六二頁。
(33) 「エミール」p.602: 中一七五頁。
(34) たとえば学問に対する評価においてこのことが明瞭に示されている。
(35) 「エミール」p.817: 下一九七頁。
(36) cf. A. Philonenko, *op.cit.*, p.127; K. Anselle-Pearson, *Nietsche contre Rousseau*, Cambridge University Press, 1991, p.41, p.43.
(37) 「エミール」p.817: 下一九七頁。
(38) 同書、p.819: 下二〇〇頁。
(39) Le Verger de Mme de Warens (v.167–74): O.c.t.II.
(40) 「不平等論」p.171: 九五頁。
(41) 同書、p.192: 一二八—一二九頁。
(42) なお永見文雄、前掲論文、二三頁参照。
(43) 「エミール」p.625: 中二〇九頁。
(44) Hegel. Vorlesungen über die Ästhethik: マール『ヨーロッパのキリスト教美術』(下)、柳・荒木訳、岩波文庫、一九九五、五四—五六頁。
(45) K. Anselle-Pearson, *op.cit.*, p.41.「キリスト教はあまりに超人的でないので、それ自体人間の弱さを神聖化するほどである。」(Feuerbach, *Das Wesen des Christentums*, Reclam, 1978, S.117.)

第四章　エルヴェシウスの倫理とルソー

一　問題の所在

エルヴェシウス（C. A. Helvétius, 1715–1772）が主著『精神論』（*De l'esprit*, 1758）を世に問うたとき、ルソーはエルヴェシウスの原理を「危険」と判断し、それを「攻撃」する必要を感じたが、彼への弾圧をみて、尻馬に乗る形になる批判をいったん差し控えた。「すべてがおさまったとき」、彼はこれを『ジュリ（または新エロイーズ）』（一七六一）と『エミール』（一七六二）において、相手を名指さずに遂行した。(1)

エルヴェシウスに対するルソーの批判は、主として三つの分野にわたり、①認識論、②倫理思想、③教育思想、に整理できる。本章ではこの②を検討課題とし、①と③についてはこれに関係する限りで言及したい。(2) エルヴェシウスのテキストの特定の箇所を直接に念頭においたルソーの文章については、ほぼ明らかにされている。(3) ただし、ルソーはエルヴェシウスへの批判を、多くの箇所で「哲学者たち」

（フィロゾーフ）一般への批判として、またはそれに含み込むかたちで行っている。「無神論の熱心な伝道者」である「近代の哲学者たち」への批判は、以前からルソーの課題の一つであった。[4] おそらくは彼等との出会いとともに胚胎したが、いさかいが決定的になり『ダランベールへの手紙』を出す一七五八年には、その機がまさに熟していた。そのとき『精神論』が出た。エルヴェシウス批判が『エミール』執筆の目的の一つというのはそのままには受け取れないが、彼に代表される「哲学者たち」の批判がこの著作の重要課題の一つであることは認めてよいと思われる。[5]

ルソーはなぜエルヴェシウスを「攻撃する」必要を感じたのか。両者の思想の対立は、倫理思想的にみてどんな意味を持っているのか。

二　一元論と二元論

エルヴェシウスの理論的出発点は、コンディヤックの感覚論である。エルヴェシウスの倫理思想をみる上では、さらに二つのことを確認したい。第一にエルヴェシウスは「意志の自由」を認めない。[6] 意志の働きは、空腹によって食物に感じる「欲望」のような受動的な「身体的感性」［la sensibilité physique］か、究極的にはそれに還元される。また「感情」を「感覚」から独立したものとは考えない。以上からエルヴェシウスにとって、「身体的感性」は、認識能力の全般的原理であるだけでなく、広く精神的能力全般の原理である、と言える。第二に、コンディヤックにとっては主として認識論として考えられている原理は、エルヴェシウスにおいては存在論化されている。それは第一の感覚一元論とあいまったとき、人間を感覚を受容する能力、すなわち「身体的感性」の主体としてだけとらえる機械的唯物論の一種となる。

ここからエルヴェシウスは、倫理的な規範原理として「個人的利害」[l'intérêt personnel]を挙げる。[7]「利害」を彼は「私達に快楽を得させ、苦痛を軽くすることのできるすべてのもの[8]」として定義している。彼の倫理は快楽主義（hédonisme）である。そして彼は「快楽」を身体的なものとし、その中でも最大のものは「女性たちへの愛」であるとする。

ルソーもまた友人コンディヤックの感覚論に大きな影響を受けていた。エルヴェシウスとルソーとは、感性を超越した原理や個人を超越した原理を認めない点で共通し、両者の思想は伝統的（カトリック的）なそれと異なり、近代的な立場にある。

しかしルソーはエルヴェシウスの倫理に同感できなかった。彼はまず認識論において、能動的な判断を受動的な感覚に還元できない能力として区別したように、倫理思想においても二元的な区別を立てることによって、エルヴェシウスとの違いをみせる。

たとえばルソーは道徳原理として「憐れみ」や「良心」の感情を挙げる。それらは個人の「感情」としてあるが、しかし「身体的」[physique、自然的]ではなく、「精神的」[moral、道徳的]な感情なのである。[9]苦しんでいる他者に私達が「憐れみ」の念を持つのは、そのような他者をみることに私達が直接に「苦痛」を感じるからであるが、この「苦痛」はなんら身体的なものではなく精神的なものである。

また「利害（関心）」にしてもルソーは自然的なものと精神的なものとを分ける。[10] ルソーは二元論に従って、エルヴェシウスの身体還元主義的一元論を批判する。エルヴェシウスの倫理的一元論がその機械的唯物論に結び付いたように、ルソーの倫理的二元論はその存在論的二元論に裏付けられている。ただし、確かにルソーはその心身二元論において伝統的、あるいはむしろデカルト的であるが、生得観念論者ではない。[11] 彼は言う、「私達の観念はすべて外からくるが、それを評価する感情は私達の中にある」[12]。生得的であるのはこの感情である」[13]。観念でなく感情に生得性を認容したこと、またこのことが含意する「人間は善の生得的認識を持っていない。しかし理性が善を認識させると、良心がそれを愛させる。生得的であるのはこの感情である」[13]。観念でなく感情に生得性を認容したこと、またこのことが含意するものとして、観念をしたがってまた事物を「評価」する主体として、感情を独立した精神的機能としたことにルソーの独自性がある。[14] これは偶然の結び付きではない。ルソーは手持ちの『精神論』に書き込みを行ったとき、「感覚」と「感情」とを区別する必要をまず述べている。[15]

要するにエルヴェシウスにとって人間とは、「身体的感性」にだけ動かされ「個人的利益」だけを追求するものである。彼は徳を「公共の利害」として定義する。しかし「個人的利害」と「公共の利害」とが一致しない場合に、私的利害を度外視して公益のために尽くす（少なくともそのようにみえる）人がなぜ存在し得るのか。また主観的にも客観的にも公益に結び付かない活動をしている人々も、「身体的快楽」を追求していると言えるのであろうか。これに対してエルヴェシウスは答える。これらの人々は「栄光への愛」という情念に動かされている。ところで人が栄光を――あるいは「尊敬」などの精神的価値を――求めるのは、それが「身体的快楽」を得る手段として役立つからである、[16] と。このような強引な還元主義がいささか詭弁的であることは、ルソーならずとも（たとえばディドロ）すぐに感じられるところである。[17] 理性はあくまでも道具であり、「啓蒙された自尊心[18]」の持ち主は、ベンサムが後に使った言葉を借りれば一種の「快楽計算」を行う。エルヴェシウスにとって人間とは、こうした「欲望する機械」である。[19]

三　社会形成の原理

次に他者関係の面から、両者の倫理思想を検討してみたい。

個人的利害を倫理の究極原理におくエルヴェシウスは、この意味で個人主義の立場に立つ。「人が他人の中に尊重するのは常に自己［soi］である[20]」と彼は言う。ではどのように人は他者とかかわりあうのであろうか。人が求めるものは常に自分の、そして身体的な快である以上は、それに役立つ限りにおいてにほかならない。他人を自分の利害の手段とする功利主義がここに成立する。他方ルソーにとっては、道徳は各個人の動機に基づけられながらも、その内容は、エルヴェシウスのようにすべてを自己の利害に従って、すなわち自己を精神世界の中心にして秩序づけることではなく、その反対に、すべての「共通の中心」としての「神」に従って自己を秩序づけることである。[21]

エルヴェシウスは言う。「身体的快苦の感性なしでは〔…〕人々は個人的利害を知らなかったであろう〔…〕。個人的利害なしでは、彼等は集まって社会をつくりはしなかったであろう[22]」。これに対してルソーにおいて社会形成をもたらすものは、人々の間の共感である。彼はエルヴェシウス的——功利主義的な——関係性は、人々の結合ではなく、分離や対立でさえあると主張する。以下その論理をたどってみよう。

ルソーにおいて、個人の生存と安楽とをもたらすのは、「自己愛」[23]の情念である。彼の二元論の図式に照らせば、これは「身体」の秩序に属する。ところでこれは社会形成の原理たり得ないとルソーは考える。「身体的欲求しか考慮しなければ、それは人々を近付けないで分散させる」[24]。「当初の〔人間の身体的〕欲求の自然の結果は、人々を離れ離れにすることであって近付けることではなかった」[25]。各人の身体的「欲求は、彼をその同胞に近付けるどころか、そこから遠ざけていた」[26]。しかしルソーがこの原理にもかかわらず、事実としては身体的欲求による社会形成を認めている箇所もある。その一つは、『言語論』における「北方」諸民族の形成である。そこでは自然条件が苛酷なので、勤労と共働とが強いられる。「〔精神的〕感情がそうするよりずっと多く、相互の〔身体的〕欲求が人々を結び付け、社会は勤勉によってだけ形成される」[27]。そこで南方での「愛して。」[Aimez-moi.]という精神的情念の言葉に対して、北方では「手伝って。」[Aidez-moi.]という身体的欲求の言葉が最初に現れる[27]。ルソーは後者を否定的に、前者を肯定的に価値づけ、この二つの社会形態を彼は地理的に南北に割り当てるだけでなく、歴史的に南方型から北方型への「変質」「堕落」をたどっている。言語に即して言うと、「新たな諸々の欲求が人々の間に導入され、各人をして自分自身のことしか考えず、その心を自分の内部に閉じ込めざるを得なくさせるとき」、言語は「堕落」する[28]。文中の「自分自身のことしか考えない」とは、無論、他人を自らの（欲求の）手段としてしか考えない、という意味であろう。これは市民社会の原理である。

身体的欲求による社会形成をルソーが認めている第二の箇所は、『不平等論』にある。最初の持続的社会である家族は、はじめ、「相互の愛着と自由とがその唯一の絆」であった。[29] 次の社会である村落共同体は、隣り合う諸家族の若い男女間のロマンティック・ラヴによって生まれる。ところが私的所有が生まれて経済的独立が失われ、「一人の人間が他の人間の援助を必要とするや否や」[30]、すなわち身体的欲求から「手伝って。」という形での社会形成が行われると、いままでの共同体は「市民社会」［la société civile］[31] に変質する。

『不平等論』でのこうした歴史は、『言語論』でのそれと同一である。泉に水を汲みに来る男女が「愛して。」という言葉を掛け合って始まる社会は、[32]「手伝って。」という物欲が支配する社会に変質していき、最後にはそれは「金を出せ。」という命令のほかには発する言葉をなくしてしまう。[33] これが個人的利害というエルヴェシウス的原理に基づく社会である。それはルソーに言わせれば「表面上の利害以上に実際上の禍のほうが常に多く生まれる[34]」ものであり、そこでは「生は人間にとってあまりよくない贈り物である[35]」。それは強者に新たな力を、弱者に犠牲をもたらすものでしかない。[36]

以上によって、ルソーが身体的欲求を社会形成の原理として斥ける理由が明らかになった。功利的社会は人間の本性に反する、疎外された社会なのである。同時にこのことで、ルソーが身体的欲求の原理を人々を「分散させ」［disperser］「離れ離れにさせ」［écarter］「遠ざけ」［éloigner］るということの深い意味も明らかにされよう。なぜならこうした社会では、他者は――たとえ隣人であれ夫婦や恋人・肉親であれ――自分にとって疎遠な者、遠い者なのであり、相手に「金を出せ。」ということしか言うことがない関係では、人々はまったく孤独に生きているからである。これはけっして恣意的な解釈ではない。ルソーがその小説で、田舎から大都会パリの「社交界」に出てきたサン＝プルーに味わわせたものは、親密な人間関係とはまったく逆のものであった。その「広大な砂漠」は、彼に「陰鬱な沈黙の支配する恐ろしい孤独を与えるだけ」である。(37) 功利性による社会形成を否認するとき、ルソーがみてとっていたものは、こうした大都会の人間砂漠だったのである。

四　自我の解放と自我からの解放

エルヴェシウスによれば、社会形成の原理は、身体的快苦に還元される個人的利害であった。これと同様の規定は、エルヴェシウスの、または一般に無神論的な「哲学者たち」の思想の規定としても与えられることになる。「無宗教と一般に思弁的で哲学的な精神とは、〔…〕あらゆる情念を個人的利害の低俗さ、人間的自我の卑しさに集中する」(38)。その「原理は、人々をその種から引き離し、あらゆる行為を秘かな利己主義へと還元(38)」する。『大ロベール辞典』は、倫理上の意味での「利己主義」〔égoïsme〕という フランス語の最初の用例として、この箇所を引いている。フランス精神史における倫理的利己主義の誕生である。エルヴェシウスの倫理的利己主義は、「人間的自我」を世界の中心にし、すべてをこれに関係づけ、諸個人に「類からの疎外」をもたらす自我哲学として特徴づけられる。そうした「自我の人」としての近代人の像を、ルソーは次のように描く。彼には利害の外にある友情[39]や人情のやさしさに慰められることもなく、孤独で惨めである。すべてを利己心で説明するので、英雄的行為や偉大な魂への熱狂や陶酔もない。しかし「善へのこうした愛を私達の心から奪えば、生の魅力全体が奪われる。卑しい情念のために、その狭い魂の中でそうした甘美な感情を押し殺してしまった者、心を自分の中に集中するために、ついには自分自身しか愛さないようになる者は、もはや〔道徳的〕熱狂を持たず、彼の凍り付いた心はもはや喜びにふるえず、快い感動が彼の目を潤ますこともない。この哀れな人はもはや感じない、もはや生きていない、彼は生ける屍である[40]」。

エルヴェシウスにとっての課題は、この自我を世界の中心として位置づけることである。逆から言えば、自らを縛り付け、従属させる一切のものから、この自我を解放することであり、束縛するものの筆頭は教会である。しかしここで注意すべきは、エルヴェシウスの主張は、現実は教会のほうが諸自我の中心になっているがそれは正しくない、ということではない。自我は既に、至るところでそして常に世界の中心であり、別様ではあり得ない。教会が諸個人（の欲望）をおさえつけているならば、それはまさにそのことに「個人的利害」を持つ自我のためである。わかりやすく言えば、宗教は民衆を支配して自らがうまい汁を吸うためにつくられた「坊主の陰謀」である[41]。いずれにせよだからたとえ宗教の秘密が僧侶たちの「個人的利害」の中にみいだせるとしても、そのこと自体は非難に値しない。宗教を非難すべきなのは、それが私利私欲をうちに隠しているからではなく、僧侶の「個人的利害」が「公衆の利害」と対立するからなのである。同じ論理に従えば、私達が「公衆の利害」または「徳」に参与することができるのも、それが徳だからではなく、それが個人的利害にかなうからであり、またその限りにおいてである。このように人間的自我をあらゆるものから解放しようとするエルヴェシウスの倫理は、同時に、人間をその自我に縛り付け、閉じ込める倫理でもある。

エルヴェシウスの自我主義へのルソーの批判は、同時に「自我」についての彼自身の見方を示す。あらゆる情念を「人間的自我に集中する」あり方は否定されなければならない。私が他者とかかわるのは打算によってではない。「溢れ出る魂の力が私を私の同胞と同化させる[42]」とき、自我は（未だ）ないが、この憐れみは快い。しかしこうした素朴な同化は、利己主義の原理に基づく市民社会と、そうした疎外態をむしろ人間の本性とする「哲学者たち」の教えによって押し潰される危険にさらされている。「偽りの思慮は人間の心を人間的自我の限界の中に閉じ込める。それを敢えて突き破るには勇気の多大な努力が必要である[43]」。良心とは、こうした努力によって「自我の限界」を自覚的に「突き破る」ことにほかならない。これは自我からの解放である。他者一般との倫理的同化にとどまらず、友情、恋愛、共同体、また宇宙全体とも「自我を共通の統一体に移す[44]」とか、「共通の自我[45]」を持つとか語る[46]。まったく異なる文脈にあるだけに、それらはそこに共通するルソーの希求、すなわち自我という牢獄から解放されたいというルソーの願いの強さを、私達は感じ取れよう。

しかしルソーこそまさに「自我の解放」の旗手ではなかったか。彼において「自我の解放」と「自我からの解放」とはどのような関係にあるのか。前者は批判原理であり、後者は建設原理である。既成の制度や因習・社会的または私的な圧力が一方的に彼の「自我」を否定し、これを押し潰そうとするとき、ルソーはあくまでも我を張り、そのことを正当なことと宣言する。しかし前にもみたように、これは抵抗であって、自我の確立・保存・拡張といったことが彼の最終目的ではなく、幸福ではない。自他の対峙は彼にはむしろ苦痛であり、それゆえ「自我からの解放」が建設的原理として不可欠である。ルソーが最終的にめざす「自我からの解放」が「自我の解放」に立脚したものであることは、「自我からの解放」それ自体が自発的なものでなければならないという制約を課す。「憐れみ」もまた単なる受動的な情念ではなく、自発的なものであるように、ただ上から――それが神であれ共同体であれ個人であれ――彼の自我をこわすのが「自我からの解放」でないことは、ルソーの思想を誤解しないためにおさえておくべきことの一つであろう。

エルヴェシウスにおいて、すべての中心である「個人的利害」は、しかし公衆の利害と合致すべきである。これはマンデヴィル的な予定調和によるものでなく、立法に課せられた仕事である。[47] 各人の「快楽」にはア・プリオリな共通性はまったくなく、「本来自分の快楽の正当な評価者としては自分しかいない」[48]からである。これは主観主義であり、相対主義に導く。現代風に「パースペクティヴ主義」と呼ぶこともできようが、彼はそれをモナド論によって基礎づけさえする。「獅子は私達の目には残酷な動物である。昆虫の目には羊がそうである。だからライプニッツが自然的世界について言ったことは、道徳的世界にも適用できる、すなわちたえず運動しているこの世界は、その住民の各々に対して、各瞬間に新しい、異なる現象［phénomène］を示す[49]」、と。こうしたエルヴェシウスの倫理を思想史的に顧みると、奇妙にもそれはジャンセニスムの人間観に通うものがある。この点はスミスも指摘しているところであるが、両者の類似点を私なりに整理してみる。[50]①どちらも、現実社会が（超個人的な大義名分ではなく）諸個人の利害・情念・欲望によって存立していると考える。もともと「社会」というものの課題が人間の道徳性とは関係がなく、その物質的利便にあると考える。②どちらも、諸個人を動かしている動機が、現世的で個人的な快楽であると考える。③ニコルは、個人的利害と公共の福祉とを調和させる手段を立法に求めた。④どちらも人間の理性は認めるが、それは魂の指導的部分ではなく、欲望の僕である。⑤選民論的エリート主義が見え隠れする。ジャンセニスムは、フランス初期市民社会思想の、したがってまた個人主義思想の宗教的形態として把握できる。それは宗教的であり、「自我」を「憎むべきもの」とする面がある点で、市民社会思想としては未展開であったが、エルヴェシウスにおいては、自我がもはや憎むべきものではなく、完全な世俗的思想になっており、ここにフランス個人主義思想の進展をみることができよう。[51]

エルヴェシウスにおいて、「個人的利害」がもはや憎むべきものではなくなったということと、彼の思想が無宗教であることとは、無関係ではない。逆に言えば、ここで私達はルソーが神を被創物の「共通の中心[21]」としたことの意味を知る。エルヴェシウスの道徳的世界——各々のモナドが世界の中心である世界——には「中心」はない。ルソーが無宗教を非難するのは、純粋に宗教的なまたは神学的な理由からではなく、道徳的相対主義や利己主義への反対という側面が強い。ルソーにとって宗教とは、あるいは公民と公民との（「公民の宗教」）、あるいは人間と人間との（「人間の宗教」）紐帯の表現であり、本質的な「社交性の感情(52)」の表れである。

五　総括

エルヴェシウスにおいて、善悪の彼岸をめざす倫理、力への意志の立場は、彼の基本的立場からのあり得べき帰結である。彼は自我を他者から解放し、道徳性から解放していわば「欲望する機械」となす。しかもその欲望は主観主義的にとらえられ、客観的な規範は存在しない。そこで解放されたエネルギーはただ「身体的快楽」と「個人的利害」を充足せんと膨れあがっていく。それは精神的・質的なものでないから、物質的・量的であらざるを得ない。イギリスの（君臨するが統治しない）王よりもアジアの専制君主のほうが望まれると彼は言う。こうしたエルヴェシウスの思想が、当時のフランスの絶対王政とカトリック支配から、個人とその欲望とを解放するものであること、したがって進歩的意義を持ったことは認めるべきである。しかしそれは同時に、性と政治における非道徳的な力の追求、自己崇拝と他者支配への傾向によって、サディズムやファシズム(53)につながる性格も持っている。この両側面の基盤としてあるものは、エルヴェシウスにおける「強者の立場」である。彼もルソーも、フランス絶対主義に対しては反体制の立場にあるが、彼は、既に実力をつけている者の立場から、現実の政治的・思想的上部構造を、欺瞞と倒錯の体制として攻撃する。それは事実によって権理をうちたてる論法である。そしてそれこそルソーにとって受け入れ難い、否打ち倒すべき論理である。「力はどんな権理も生み出さない」[54]。これがルソーの第一原理であり、ここから、倫理を考えようとする。

以上のことは、他者問題にも密接につながる。自分が他者にかかわるのは、それが自分に有益［utile］であるからだとエルヴェシウスは言う。それは他者を自己の手段とし、またかかわっても自分の得にならないような弱者は切り捨てることにつながる。ルソーによれば、私が他者にかかわるのは「溢れ出る魂の力」[42]によってである。これは自己の強さを示すものではない。反対に自己のうちに「不足」があるからこそ、人は他者を必要とする。「人間を社交的にするのは彼の弱さである」[55]、とルソーは言う。私達は一面的にこの「弱さ」を「克服」して強さをめざすべきではない。それはむしろ「超人」への道であろうが、むしろ私達は弱さをも持った人間であることを承認し合って生きるべきである。ルソーとしても強さを否定するわけではない。しかしそれは、自己の野心を追求した「勝ち誇るカエサル」の強さではなく、人間性を信じて義に生きた「腹かっさばくカトー」の強さである[56]。

（1）Rousseau, Lettres de la montagne: O.c.t.Ⅳ, p.693. ただし「ファーブル草稿」には著作名がなざされているところがある。O.c.t.Ⅳ, p.113.

（2）このうち認識論に関しては、富永厚「ルソーとエルヴェシウス（その一）」『文学研究科紀要』三四、早稲田大学大学院、一九八八、を参照されたい。また永冶日出雄「エルヴェシウスに対するルソーおよびディドロの哲学論争について」『愛知教育大学研究報告』二五―四〇（一九七六―一九九一）、はとりわけ教育思想に関して有益である。

（3）Schinz, 〈La professions de foi de Vicaire Savoyart〉 et le libre 〈De l'esprit〉, dn: *Revue de l'histoire de la litterature française*, t.17, 1910: Masson, Rousseau contre Helvétius, dn: *RHLF*, t.18, 1911.

（4）「夢想」（3）、p.1015 ff.：四三頁。

（5）Schinz, *op.cit.*, pp.455–456.

（6）Helvétius, *De l'esprit*(1–4)；Fayard, 1988, Paris, p.46 ff.
（7）「諸個人の判断を決定するものは個人的利害である。」*ibid.*(2–1), p.54.「人々の行為の価値についての唯一で普遍的な評価者は個人的利害である。」*ibid.*, p.60.「身体的感性と個人的利害とが、あらゆる正義の作者であった。」*ibid.*(3–4), pp.250–251.
（8）*ibid.*(2–1), p.53.
（9）第二部第二章、参照。
（10）cf. lettre à D'Offreville, 1761. 10. 4：C.c.t.9, p.143.
（11）ルソーを生得観念論者と誤解しているものとして、唯物論研究所編『西洋近世哲学史　フランス篇』ナウカ社、一九五〇、一七五頁：永治日出雄、前掲論文（その二）、前掲書（二六）、一九七七、三五頁。
（12）「エミール」p.599：中一七一頁。
（13）同書、p.600：中一七二頁。
（14）いわゆる知情意の三分法はテーテンスからとされることが多いが（cf. Gardiner, *Feeling and Emotion*, 1937）、ルソーに萌芽がある。
（15）notes sur 〈De l'esprit〉：O.c.t.Ⅳ, p.1121.
（16）Helvétius, *op.cit.*（3–13）.
（17）（11）のように考えている永治氏も、これを「充分に説得的と言えない」としている（同頁）。
（18）Helvétius, *op.cit.*（2–3), p.62；*ibid.*(2–5), p.77.
（19）cf. Smith, *Helvetius*, Greenwood Press, Connecticut, 1982, p.165.「動物とほとんど違わない、快苦を計算する機械」。
（20）Helvétius, *op.cit.*（2–3), p.65.
（21）「エミール」p.602：中一七五頁。
（22）Helvétius, *op.cit.*（3–4), p.250.
（23）「自己愛」と「利己愛」との区別がルソーの倫理の要をなすが、エルヴェシウスは両語を同義に使う。*Ibid.*(1–4), p.46.
（24）「エミール」p.600：中一七一頁。
（25）「言語論」（2）、p.380：二三一二四頁。
（26）同書（9）、p.396：六一頁。
（27）同書（10）、p.408：八四頁。
（28）同書（9）、p.407：七七頁。

(29)「不平等論」p.168：九一頁。
(30) 同書、p.171：九六頁。
(31) 同書、p.164：八五頁。
(32)「言語論」（9）、p.405: 七五頁。ルソーは恋愛における「身体的快楽」の要素を否定しないが、それだけのものは「低俗な恋愛」として斥ける。
(33) 同書（20）、p.428: 一三一頁。
(34)「不平等論」p.207: 一五八頁。
(35) 同書、p.202: 一四六頁。
(36) Contract social (1er version) : O.c.t.Ⅲ, p.282.
(37)「ジュリ」（2-14）、O.c.t.Ⅱ, p.231:（一）八一頁。
(38)「エミール」p.633: 中三三三頁。
(39) エルヴェシウスは友情も利害に基づける。Helvétius, *op.cit.* (3-14).
(40)「エミール」p.596：中一六六頁。
(41) cf. De l'esprit (4-13), pp.520-522.
(42)「エミール」p.523：中三一二頁。
(43) 同書、p.602：中一七四頁。
(44) 同書、p.249：上二七頁。
(45)「契約論」（1-6）、p.361：三一頁。
(46)「夢想」における「第五の散歩」の恍惚感もよく挙げられる。
(47) Helvétius, *op.cit.* (3-12), p.364.
(48) *ibid.* (4-15), p.541.
(49) *ibid.* (2-2), p.59-60.
(50) Smith, *op.cit.*, pp.122-125. ただし④と⑤はスミスにはない。
(51) 拙著『物象化と近代的主体』長井・福山・長島編、創風社、一九九一（Ⅶ「近代的自我と社会倫理思想」）参照。
(52)「契約論」（4-8）、p.468: 一九一頁。
(53) エルヴェシウスとサドとの思想的な近さについては Smith, *op.cit.*, p.77. そしてとりわけ Ansart-Dourlen, *Dénaturation et*

violence dans la pensée de J.J. Rousseau, Klincksieck, 1975、参照。

（54）「契約論」（1-6）、p.355：二一頁。

（55）「エミール」p.503：中二六頁。

（56）同書、p.596：中一六六頁。

第五章　「憐れみ」における芸術と実生活
――ルソーと啓蒙の美学――

十八世紀のフランス思想を十七世紀のそれと比べると、一般的な違いとして、理性に対する感性の復権をその特徴の一つとして挙げることができる。美学（esthètique）または詩学（poétique）においても感情（sentiment）または情念（passion）の重視が、典型的な古典主義と異なる点であり、それは完全な反古典主義ないし反合理主義とまではいかなくても、いわば啓蒙主義美学の一特徴として、社会性の重視、道徳性の重視とともに、広くみられるものである。

ところでこの啓蒙主義美学は、一般に未だ模倣（μιμησιϛ）美学に属している。この二つを総合すると、啓蒙主義美学は、芸術を主に感情または情念の模倣としてとらえることになる。そこで生じる問題は、では模倣される情念（つまり実生活における情念）と、芸術において表現される情念との関係はどうかということで、これが本章の主題である。この際特に「憐れみ」（pitié）の情念を中心的に考察するが、それは私が、美学にとどまらず「憐れみ」の問題一般について関心を持っているためと、この情念がアリストテレス以来、「恐れ」とともに悲劇における中核的な情念としてしばしば問題にされてきたからである。

一　ミーメーシスの観点から

ルソーはその『不平等論』において、人間の道徳性の源泉を「憐れみの感情」に求め、これを高く評価している。そしてこの感情の普遍性の例証として、暴君も芝居の中の不幸に涙した、という話が挙げられる。(1) しかし彼は『ダランベールへの手紙』（以下『演劇論』と略）の中では、まさに同じ例を挙げながら、悲劇における憐れみの価値を否定する議論を展開する。すなわちそれは、「それを生み出した幻想［illusion］以上には持続しない、一時的でむなしい情動、諸情念によってまもなく窒息させられる自然の感情の残りかす、幾分かの涙でいい気持ちになり、少しも人情ある行為を生まなかった不毛な憐れみ」と表現されている。(2) 実生活における憐れみは高く評価するものの、演劇に否定的な思想家であるルソーは、悲劇における憐れみを評価しない。その理由は、演劇的憐れみの非道徳性、あるいは道徳的不毛性に求められている。

これについてルソーは、デュボスを名指しで批評しながら、次のように続ける。「たとえディオゲネス＝ラエルティオスの注意に従い、心は真の禍より装われた禍により好んで感動するとしても、演劇の模倣がときおり、模倣される事物の現前そのものによる以上の涙を流させるとしても、それは、デュボス師が考えるように、情動が〔実生活〕より弱くて苦痛にまで至らないからよりも、純粋［pur］で自分自身に関する不安が混じらないからである。〔…〕これらの虚構に涙を注いで、私達は人間愛のあらゆる掟を満足させて、もはや自分の掟を何も果たさなくてよくなる。他方生身の不運な人々は、私達に配慮、助け、慰め、労苦を要求し、それは少なくとも不精な私達には骨が折れ、免れていればまったく楽である」(3)。

ここで第一にルソーは、演劇における憐れみのほうに、心理的・生理的な優位がある場合も認めている。第二にしかしその主要な理由を、まさに演劇的憐れみの不毛性においている。ルソーの文だけ読むと、A．芸術の情動は「純粋」であること、B．そしてそれが芸術的情動の心理的・生理的優位の原因となり得ることは、デュボスにはなくてルソーだけの考えのような印象を与えるが、実際はどうなのであろうか。

まず名を挙げられたデュボスの所説について、この問題にかかわる限りでまとめてみよう。ある意味ではデュボスこそ啓蒙主義美学の嚆矢にほかならない。芸術の本質を情念の模倣に、芸術の目的を情念の喚起に求めたからである。そしてジョーンズが指摘し、具体的に証明しているように、ルソーの『演劇論』は情動的水準ではダランベールへの反応だが、「知的哲学的水準ではデュボスの作品への反応にも由来して」おり、ルソーの言明には「デュボスが決定的な役割を演じている」(4)からである。

デュボスにおいて、実生活における情念と芸術における情念とは、次のように対比され得る。本質的に前者は「自然の力と活気」を持つのに対し、後者は「借り物の生」に過ぎない。ここから前者の印象は後者よりも強く、より長続きする。また、「現実でも私達に課すであろう情念をひきおこす対象について、画家や詩人がつくることのできる模倣をみて感じる快さは、純粋な［pur］快さである。それには対象そのものによっておこされるような深刻な情動が伴う不都合があとをひかない(5)」。

このようにAB問題の二つの観点は二人に共通している。ではどうしてルソーはデュボスに批判的な書き方をしたのか。第一に、ディオゲネス＝ラエルティオスの言葉は既にデュボスが挙げているもので、その引用の後で「画家と詩人とは私達が欲する限りでだけ私達を苦しめる(6)」という量的差異の指摘がくるので、ルソーはここを念頭において問題の箇所を書いたからであろう。第二に、デュボスのこの前提自体が、彼には誤りと考えられたからであろう。第三に、デュボスはこうした量的差異だけでなく、芸術的情動は「純粋」であるという質的差異にも気づいていても、それを芸術への道徳的批判に結び付けないところが、彼には不満だからであろう。

第二の点について言えば、デュボスは情念を理性からはっきりと区別し、情念を重視しつつも、両者を調和的にとらえ、むしろ理性が（直接には芸術家の理性が）情念をうまく統御できるという信念がある。この点では理性主義・古典主義がより強く残っている。しかしルソーは両者の対立をより強く意識しており、ここに大きな危機意識を持っているのである。第三点については、次の節で改めて考えよう。

ここでさらに確認したいのは、ルソーとデュボスが共通するのは、芸術を情念の模倣とみることだけではない。すなわちデュボスは、芸術の本質を感情的コミュニケーションとみ、芸術の原理を同時に社会形成の原理とみている。彼は芸術的模倣を可能にする感受性について、次のように言っている。「自然は人間に、社会の第一の基礎として、とても迅速で突然のこうした感受性をおくことを望んだ。ほとんどいつも中庸を得ない利己愛［amour-propre immodéré］に変わる自己愛［amour de soi-même］は、自分の現在および未来の利害に人々をあまりに結び付ける。」しかし他者は「私達から、推論および説得という手段ではけっして得ないものを、私達を感動させることで得る。未知の人の涙は、彼が泣いている理由を知る前でさえ、私達を動かす。人間愛によってだけ私達にかかわるある人の叫びは、あらゆる熟慮に先立つ機械的衝動によって、彼を助けに私達を飛び出させる(7)」。

デュボスがここで述べている精神の働きを、私は「共感能力」と呼ぶことにするが、これはヒュームやアダム・スミスの理論における sympathy を思わせるものである。またルソーの「憐れみ」とも、第一に理性や反省に先立つという性格において、第二に「自己愛」［amour de soi］が「利己愛」［amour-propre］に変質するのを抑制する性格において、第三に共感が経験の共通性・相互性に基づくとする点において類似する。第二の点について言えば、通常のフランス語では同義語である「自己愛」と「利己愛」とを区別することは、ルソーの人間論の根本の一つであるが、その一源泉はここにもあるのかもしれない(8)。また第三の点について言えば、デュボスもルソーもその例として、ともに『アエネーイス』の同じ詩句を引いている(9)。ではなぜ違いが生じるのであろうか。

まず考えられるのは、デュボスとルソーの間には、共感としての憐れみの受け取り方がかなり違う面もみうけられることである。デュボスは、「危険や不幸の中の同胞をみるとき、自分が関与しなければ機械的にひきおこされるあの自然な情動」や、「自分は関与せずに見る、他人がさらされている危険がひきおこす不安と驚きとを好ませる魅力」について語る(10)。そして処刑場や剣闘競技を見に行く人々のことまで、その例証として引き合いに出す。彼は喜劇よりも悲劇のほうが好まれていると考え、この――他者の苦しみを見ることに快さを覚えるという――「逆説」の解明を、著書の主要な目的と言っている(11)。したがってこの論議は、事のついでの脱線ではなく、彼のかなり中心的な思想と位置づけられるようである。他者の苦しみを見るのを喜ぶこうしたサディスティックな人間観は、十七世紀のモラリストたちから十八世紀の啓蒙思想家たちへ続く流れの奥底に潜んでいるもので、まさにサドにおいて一つの頂点に達するものである。勿論デュボスの思想はサディズムそのものではなく、彼は実生活の憐れみは、他者への助けにつながることを認める。しかしベックによれば、デュボスの美学は、当時大衆に受けていた、いささかサディスティックなクレビヨンの悲劇に対応づけられ、それは「エルヴェシウス、サド、そしてカバニスに関して」語られ得る「ショックの美学」へと道を開くものとされる(12)。

ルソーにも確かに、憐みの快さを、他者の不幸を自分はいまこうむっていないという意識に関係づけるところはある。しかしそれはすぐに、可能性としてはその不幸が共通性・相互性を持っているという原則の中におかれ、たまたま現在は自分の側に欠如していることのありがたさを意味するものになる(13)。むしろ彼にとっては、「一緒に涙を流す快さほど、心を結び付けるものはない(14)」という言葉のように、憐れみは自分を他者と同一視（identifier）させ、結合するもので、自他の区別や自己の優位――すなわち利己愛の働き――をもたらすものではない。憐れみの声を聞くまいとして耳をふさぐインテリを利己主義者として強く非難するルソー(15)には、サディスティックな喜びの是認などは、思いもよらなかったかもしれない。ラシーヌやモリエールの作品は一応は「傑作」とも言う。しかし（ベックによればデュボスの美学を関係づけるべき）クレビヨンの作品『カティリナ』や『アトレとテュエステス』にはほとんど生理的な反発を隠さない。こうした両者の違いによって、演劇的憐れみが「純粋で、自分自身に関する不安が混じらない」という同じ認識が、デュボスには利点として、ルソーには欠点としてうつるのであろう。

またルソーは、演劇の憐れみを人間愛は満足させるが私達の掟を果たさなくてすます、と言った。デュボスは人類愛を示す演劇を評価するが、ルソーにとって抽象的人類愛はうさんくさいものである。なぜなら私達（ヨーロッパ人）は「ダッタンや日本の災害について、ヨーロッパ人のときほどには動かされない」[16]からである。ルソーがより重視するのは、家族・隣人・祖国などへの愛であり、具体的な共同体の絆であって、これは『演劇論』でも貫かれている。舞台の上の不幸な人は、いわば不幸なダッタン人・日本人なのであり、私達（ヨーロッパ人）はこれに涙だけ流せば自腹を切らずに快く道徳的になれる。ルソーのデュボス批判・演劇批判は、「ダッタン人を愛して隣人を愛さない」コスモポリットたる百科全書派への批判に（ときには強引に）組み込まれる。[17]

二　カタルシスの観点から

いままでは模倣論の観点から、実生活における情念と芸術における情念との関係について、主に憐れみの場合で考察した。次にこのように芸術において表現された情念とそれが鑑賞者にひきおこす情念との関係を問題にしよう。これは実は十八世紀に表面化した新しい論点なのであるが、模倣論の延長として考えることもできる。しかしそれには大きな難点があり、たとえば愛の情念や悪人の情念などの表現を正当化できるか、というところに現れた。ここで問題になり得るのが、アリストテレスに由来する「カタルシス」論である。

アリストテレスは、悲劇が「恐れと憐れみとを通じてこれらの感情のカタルシスを行う」と述べた。基本的にこれは、登場人物の感情と観客のそれとの関係の問題として考えられている。しかし彼は悲劇における「カタルシス」とは何か、説明せずに終わったので、これについていろいろな解釈が行われることになった。(18)

ふつう古典主義美学は、アリストテレスの『創作術（詩学）』を直接間接の権威にしたことが強調され、それが後の時代の批判点ともなる。しかしその中心は「三単一の規則」であり、カタルシス概念ではない。カタルシス論に関して言えば、十九世紀に入るまで、解釈も一定せず、重視もされなかったように思われる。purgation と訳し、情念、または悪い情念を排除することだ、という解釈が比較的共通する。

キリスト教の立場からは、情念は罪深いものである。またギリシャ悲劇では恋愛はあまり扱われなかった。この点でフランス古典演劇は情念、とりわけ恋愛のそれを表現したことで、宗教界からの非難を受け、またそれを意識しなければならなかったことを想起しよう。その制作者や擁護者は弁明に努めたが、その際カタルシス論が一定の役割を果したようである。たとえばコルネイユはこう言う。野心・恋愛・憎しみ・復讐心のような（悪い）情念を抱いた主人公の不運と苦悩を見ることで、私達は彼を憐れみ、自分が似た不幸に陥るのを恐れる。そしてそれを避けたいという欲望が、「結果を避けるためには原因を除かなければならないというあの共通の、しかし自然的で疑い得ない理性により、私達が同情する人物をその不幸に落としたようにみえる情念を、私達のなかでは浄化［purger］し、緩和［中庸化、modére］し、是正し、根こそぎにさえするよう」、私達を導く[19]。これはキリスト教的であるとともに、きわめて理性主義的な見解でもある。

ラシーヌはこれと微妙に異なる。彼はアリストテレスの問題の箇所を、次のように注釈をつけつつ訳す。悲劇は「憐みと恐れをひきおこしてこうした種類の情念を浄化（し、また、緩和）する（すなわちこれらの情念を動かすことで、悲劇はそれらの過剰なものや邪なものを除き、それらを中庸を得た［modéré］理性に従う状態に戻す[20]。」ここでは浄化の対象は「憐みと恐れ」の感情そのものとされ、その「浄化」とは量的緩和または中庸化と考えられている。

デュボスは、芸術の道徳的非実践性を認めた。しかし彼は芸術が道徳に関与しないどころか、「劇詩は道徳の至上かつ普遍的な薬」であり、それが「ときに人間を正し、しばしばよくありたいという気をおこす」と主張する点でやはり啓蒙主義的である[21]。そしてその根拠はカタルシス論に求められる。

デュボスはカタルシスを、悪い情念を心から取り除くこととしての「浄化」として考え、こうした情念が描写されると、観客は「恐れと憐れみ」の感情をおこし、ここから解放されるというコルネイユの説を繰り返している。ところでこの論理には、描写された情念が、それとは反対の情念を観客に呼び起こし得る、ということが前提されている。「悲劇は、描写するあらゆる情念が私達を感動させることを意図するが、私達の感受作用が、情念を経験する登場人物と同じであることも、私達が彼の感情を体験することも、必ずしも望まない[22]」。

ここから第一にわかることは、デュボスが浄化されるべき情念を、「恐れと憐れみ」とは別の悪い情念として考えていることである。これはアリストテレスの解釈としては問題であろう。ただしデュボスが、「哲学的反省によって消されるにしてはあまりに鮮烈な情念」に対し、「ほとんど治療薬［remède guérissante］のように」浄化すると書いているのは、アリストテレスの考えに近づいているように思われる。

しかし、描写されたのと反対の情念を呼び起こすことによる浄化という説は、芸術の快さを共感能力に基づけた彼の根本思想とはどう整合するのであろうか。彼はこの解決を、作者の心構えと技術とに求める。たとえば観客を極悪人に同情させる詩人は正しくないとされる。これは、彼の言葉では、「罪人に与える憐みから罪への恐怖を減じるに至る。そうして悲劇の大目的、すなわち情念の浄化にまったく反する」からである。彼は、悲劇は「登場人物の何人かに私達の恐れと同情［compassion］とをひきおこすが、全部の登場人物にではない」とし「作品の主たる関心が極悪人に及ぶのはよくない」と勧告する[23]。

ルソーが「演劇の支持者」の議論として紹介し批判するのは、まさにデュボスのこの箇所についてである[24]。ルソーは第一に、観客の実際の心理を引照することで、デュボスを批判する。たとえばある愛欲が道徳的に是認できないものであることを作者が明瞭に描いているとしても、観客はその愛欲の心理的な快さに共感し、魅力を感じるのである。逆にあらゆる意味で観客の共感を得ない劇は成功しない。第二にルソーは、「私達はすべての登場人物と感情をともにするのではない」というデュボスの主張を認めるが、観客はその際、作者の意図にはよらず、自分が好むところの情念とその持ち主に共感する、と指摘する。これは彼の同国人でやはり反演劇論の立場のミュラ(25)を引き継ぐ観点である。こうした観点からは、デュボスがここで作者の心構えと技術によって観客の情念を正せるというのは根拠を失う。フェードルやメデの罪悪について、私達があらかじめ知識を持っていたとして、その劇を見ることによって彼等をより多く憎むようになるどころか、より少なく憎むようになるだろうとルソーは言う。この二つの引例は偶然ではない。デュボス自身が挙げているものである(26)。それゆえ劇は人の情念を正すものではなく、既に持っている情念におもねり助長し、はじめから持っていない情念に反発させるだけである。だからまた劇における道徳性とは観客の情念以外のものではなく、よい行為とは、ロンドンではフランス人への憎しみ、チュニスでは海賊、シチリアでは復讐、ゴアではユダヤ人の火炙りになり、これに反する作品は観客を得られない(27)。

ではルソーはカタルシス論を認めないのであろうか。認めない。「演劇の創作術は〔…〕諸情念を刺激することでそれらを浄化すると主張しているのは、私も知っている。しかしこの規則は実に理解しがたい。節度を持つために激情することから、賢くなるために愚かになることから始めなければならないのであろうか(28)」。これはカタルシス論の当時の解釈とそれへの批判である。

しかし反演劇論のルソーだけでなく、カタルシス理論に背を向けることは啓蒙美学一般に少なからずみられる。フォントネルは言う。「私は、情念そのものを手段とする情念の浄化を理解したことがない。〔…〕もし誰かがこの方法で浄化されるならば、結構なことだ。それに私は、憐れみから癒されることが何の役に立ち得るのか、あまりよくわからない[29]」。彼は、憐れみそのものを浄化すべき情念と解釈している。ヴォルテールも同様である。「情念の浄化について言えば、この薬が何であるか私は知らない。アリストテレスによれば、恐れと憐れみとがどのように浄化するか、私は理解しない[30]」。

ジョクールは『百科全書』（第十六巻）の項目「悲劇[31]」において、カタルシス論にふれている。彼は、アリストテレスの名を出して、悲劇の本性は「恐れと憐れみ（または同情）をひきおこす」ことだとする。芸術の目的は「悪徳を美において描き、諸情念が私達を陥らせる危険を私達の目の前におくことで、こうした情念を浄化することでなければならない」。そしてその際、「社会に有害で悪徳な情念のことだけを言わんとしている」と断る。彼は項目「喜劇」においてと同様にデュボスに依拠しており、したがってその難点も引き継いでいる。

カタルシス論の解釈を、独自な興味深さで展開しているのは、バトゥーの『四つの創作術』（一七七二）である。彼はアリストテレスのカタルシス概念を医学的比喩と解するだけでなく、同じ著者の『政治学』第八巻のカタルシス概念とも結び付け、次のように説く。「悲劇は、私達が好む恐れと憐れみを与えるが、ここから、私達の好まない行き過ぎた点や残酷な混ぜものを除きさる。悲劇は恐るべき印象を軽くさせ、もはや苦痛を伴わない快さ〔…〕にすぎなくなるまで、この印象を引き下げる。なぜなら、劇の幻想がどんなに真実らしくみえようとも仕掛けはわかり、その結果、光景が私達を苦しめるときに私達は慰められ、光景が私達を恐れさせるときに私達は安心させられるのである」[32]。

ここでは第一に、浄化すべきものを「行き過ぎ」や「混ぜもの」とする点でアリストテレスに近づいているように思われる。しかしその程度を人々の好悪という主観に求めた点ではまた離れる。そして第三に、浄化の仕組みを、演劇的幻想（illusion）の不完全性に求め、したがってこの不完全性を肯定的に評価している点が興味をひく。なぜなら啓蒙美学の目的をまさに幻想主義（illusionisme）に、表現された情念を実際の情念と、芸術を実生活ととる幻想をおこすことにみる見解もあるからである。

まとめよう。カタルシスを情念の浄化としたのは、古典主義美学にふさわしい解釈であるように思われる。啓蒙主義美学は、情念を肯定するので、デュボスやジョクールのように、浄化すべきものを悪い情念などと限定し、作者の理性によって鑑賞者の情念を統制するための戦術として立て直そうとするか[33]、フォントネルやヴォルテールのように、情念と理性の予定調和的思考からか、あっさりとカタルシス論を放棄するかした。ミュラやルソーは、おそらくより強く非合理的な情念の力と道徳的教化との対立を意識していたため、啓蒙的カタルシス論の無理をついて芸術批判に向かった。バトゥーは、アリストテレスの『政治学』に言及したわりには、カタルシス論が本来もっていたはずの社会的道徳的文脈に広げず、演劇内部における効果の問題に視野を狭めているのが恨みであるが、それでも啓蒙美学におけるもう一つの本質的問題であるイリュージョンをカタルシスからひきだしている。

三　イリュージョンの観点から

芸術において、表現された事物を芸術外の現実そのものとみなしてしまう幻想（illusion）を体験したり、意図したりすることがある。模倣美学においては、この幻想が模倣の真実性の、したがって芸術的価値の証しとされる場合がある。芸術そのものの様式美をより重視する古典主義美学に対して、よりリアリティに富んだ模倣美学に進もうとする啓蒙主義美学だけに、そこにイリュージョンの追求をみたくなるのは理解できるところである。現にたとえばルッセは、「演劇的幻想は、十八世紀のあらゆる作家によって、若干のニュアンスは別として、上演の成功に不可欠なものとみなされた」と書いている。(34) これがあたっているかどうかを、以下で検討する。

まずルッセはデュボスについて、「この点について懐疑的であるが」はっきりそう言う、として、演劇は「出来事の上演に立ち会っているのでなく、出来事そのものに立ち会っていると信じさせる」という言葉を引用する。ところがデュボスはこの後で、「この意見は私には支持しがたいように思われる」(35) と言っているのである。この根拠として第一に、幻想がやんだ後も芸術の快さは続くこと、第二に、詩人や俳優の技術をよく知っている、したがって幻想を持たない人にも、あるいは彼等をこそ芸術は感動させることを挙げる。デュボスは確かに、見巧者の知的判断でなく、情念の喚起のほうに芸術的快さの本質をみたが、そこに幻想は必要ではない。なぜならまさに「見知らぬ人の涙は、彼が泣く理由を知る前にさえ私達の心を動かす」のだから、その涙を現実とみなそうと演じられたものと知っていようとにかかわらない、「機械的衝動」として共感が働くからである。

ルソーの場合、確かに幻想が演劇の成功に必要とする面もみられる。しかし彼は第一に現実の演劇はむしろ演じられる出来事の非現実性を強めるようになっていると考える[36]し、第二に、もし幻想が実現するなら、それは興業的には成功しても道徳的には悪いことである。また彼は小説においては、作品の現実性を強く考えてもいるが、しかし演劇と異なる小説の利点がまさに幻想による自己忘却を防ぐ反省作用であるように、描かれたものを人間的本性の感性的範型とするのが目的である[37]。

ディドロについても、その絵画批評についてスタロビンスキーは、「かわるがわる対象につき、また離れる能力」あるいは「共感と自由な判断との間の往復運動」[38]を認めている。

ルッセはマルモンテルについても、「俳優の演技についての彼の体系を『幻想の原理』の上に築いている」とするが、やはり事柄はそれほど簡単ではない。彼は『百科全書・補巻第三巻』（一七七七）で執筆した「幻想」[39]で、悲劇において幻想は完全であり得ないし、あるべきでもないとしている。苦痛の場面において「これは偽りのものでしかない」と私達に告げ、それによって恐れと憐れみとを中庸化[modérer]する、あの暗黙の雑然とした反省に、悲劇の快さがあることは疑いの余地がないと言う。ここで「恐れと憐れみ」がでてくるのはカタルシス論を意識しているからで、ここはさきにみたバトゥーのカタルシス解釈に影響されているように思われる。ただし彼は、幻想と反省とがかわるがわるに現れるという説も退け、両者が同時に、したがっていわば真理と嘘との「戦い」として現れると述べる。また幻想を壊す反省は、演劇上の「礼節」［bienséance］のためにも必要とする。あまりに恐ろしい、あるいは品のない模倣は、したがってその幻想は許されるべきではないという。「恐れと憐れみとを中庸化、ないし緩和する」という考えとともに、古典主義が力を失っていないのを感じさせる[40]。

確かに啓蒙主義者は、芸術が「理性」と「礼節」が与える「規則」によって実生活との距離を広げることに反対し、二つを別世界とはしなかった。一部の啓蒙主義者や一部の作品では、実生活と同じ情念を与えることが芸術の眼目であるかのような口ぶりさえした。しかし啓蒙主義は芸術こそ真の実生活だというイリュージョニスムに至るほど、ロマン主義的ではなかった。むしろ芸術と実生活とのたえざる往復運動にこそ、その特質をみることができるのではなかろうか。

（1）「不平等論」p.155：七二―七三頁。
（2）「演劇論」p.23：五四頁。
（3）同書、p.23：五五頁。
（4）Jones, Du Bos and Rousseau, in: *Studies on Voltaire and the Eighteenth Century*, Vol.127, 1974, p.233.
（5）Dubos, *Réflexions critiques sur la poésie et sur la peinture* (1–3), Slatkin Reprints, 1974, p.29.
（6）*ibid.* (1–3), p.31.
（7）*ibid.* (1–4), p.40.
（8）ほかにマルブランシュ、アバディ、ヴォーヴナルグらが源泉として挙げられる。
（9）Dubos, *op.cit.* (1–17), p.133：「エミール」p.507：中三二頁。
（10）Dubos, *op.cit.* (1–2), pp.12–13.
（11）*ibid.*, pp.2–3.
（12）Becq, *Genèse de l'esthétique française moderne 1680–1814*, Albin Michel, 1994, pp.260–261.

(13)「エミール」p.504: 中二七頁。
(14)「告白」p.529: 下一五一頁。
(15)「不平等論」p.156: 七四頁。
(16)「政体論」p.254: 二九頁。
(17)『演劇論』では、表面のダランベール、背後のヴォルテール批判であるとともに、その原注の一つでディドロとの絶交も表明した。またほぼ同時期にエルヴェシウス批判にもとりかかった。すなわちこれら「百科全書派」との決別の時期にあたる。
(18) アリストテレスのカタルシス概念についての筆者の解釈については、拙著『共感の思想史』創風社、二〇〇六を参照されたい。
(19) Corneille, Discours de la tragédie: *Œuvres complètes*, Gallimard, t.1, 1961, p.33.
(20) Racine, Extraits de la poétique d'Aristote: *Œuvres complètes*, Gallimard, t.2, 1967, p.923.（　）内はラシーヌの注釈。
(21) Dubos, *op.cit.* (1-44), p.460.
(22) *ibid.*, pp.462-463.
(23) *ibid.* (1-15), p.120.
(24)「演劇論」p.19: 四八頁。
(25) Muralt, *Lettres sur les anglais et les français*, Statkine Reprints, 1974, p.244.
(26) cf. Jones, *op.cit.*, p.234, p.235.
(27)「演劇論」p.20：四九頁。
(28) 同書、p.19: 四七頁。
(29) Fontenelle, *Réflexions sur la poétique*, t.3, p.144.
(30) Voltaire, Commentaires sur Corneille.
(31) Jaucourt, Tragédie:「百科全書」。
(32) Batteux, Quatre poétiques.(松浪信三郎「カタルシスに関する一解釈」『フランス哲学史論集』創文社、一九八五より引用。)
(33) 拙著『共感を考える』（第二部第四章「演劇を通して見た啓蒙教育思想」）創風社、二〇一五、参照。
(34) Rousset, notes〔de Lettre à D'Allenbert〕: O.c.t.V, p.1320.
(35) Dubos, *op.cit.* (1-43), p.451.
(36)「演劇論」p.24: 五六頁。

(37) ルソーの芸術思想については第六章、参照。
(38) スタロビンスキー『絵画を見るディドロ』小西嘉幸訳、法政大学出版局、一九九五、一一二頁。
(39) Marmontel, illusion：「百科全書」(補巻第三巻)。
(40) 十八世紀フランス美学を「イリュージョニスム」的傾向にひきつけてとらえる佐々木健一氏は、これを「反動」と解釈している(「幸福としての共生」『思想』一九八九年二月号、岩波書店、三二頁)。

第六章　ルソーの芸術思想におけるリアリズムとロマンティシズム

ルソーと言えばロマンティスム、かもしれない。実際、「ルソーのロマンティスム」や「ルソーとロマンティスム」について多くが語られてきたのは、不当ではない。しかし本章では、これとは異なるルソーの他の面について、むしろ問題にしたいと思う。その視角としては、ルソーの文芸作品そのものよりも、彼の、文芸思想を中心とする芸術思想を手掛かりとし、その視角により便利な方法として、「ロマンティシズム」と「リアリズム」という概念を用いることにする。これは考察のために理念的に設定されたもので、おそらく日常語としての用法により近いと思われるが、フランス文芸史上の実在の思潮としての「ロマンティスム」(romantisme) および「レアリスム」(réalisme) とは——勿論関係を持つが——、同一のものではないことを、はじめに断っておきたい。

一　ルソーの芸術思想

ルソーが文名をあげたのは、ディジョンのアカデミーの懸賞論文、「学問と技芸の復興は習俗の純化に寄与したか」に否定で答え、当選したときであった（以下『学芸論』と略。一七四九）。そこでの芸術批判はきわめて厳しいものであったので、修辞上の逆説ととった人が多かったほどである。しかし、音楽で身を立てようとして上京し、実際この後にオペラ『村の占い師』の作詞・作曲で大成功をおさめながら（一七五二）、カルヴァンの都ジュネーヴで育ったルソーの芸術批判は本心からのもので、その後も『演劇に関するダランベールへの手紙』（一七五八、以下『演劇論』と略）をはじめ、批判の手を緩めなかった。そこには今日でも興味深い多くの論点がある。

しかし、ルソーは全面的に芸術を否定したわけではない。音楽・演劇・文芸における彼の活動を、単純な「言行不一致」として咎めることはできない。芸術批判におけるほどまとまった形で述べられてはいないが、彼には――少なくない条件の下においてであるが――、芸術を肯定的に評価する思想もある。本章では、ルソーの芸術思想のうち、この肯定的評価のほうをとりあげる。

ルソーが芸術を肯定的に評価している箇所としては、小説『ジュリ、または新エロイーズ』の序文冒頭における、「大都会には演劇が必要であり、腐敗せる民には小説が必要である。(1)」が挙げられる。『学芸論』においてルソーは、芸術は習俗を腐敗させる、それゆえ有害である、と主張した。しかしいったん堕落した民族にはかえって芸術が必要となる、というのである。

ところでこうした芸術の効用面について、ルソーはさらに二つの面を考えている。すなわち消極的効用と積極的効用とである。消極的効用については、自作の喜劇『ナルシス』の序文で述べている。演劇は、人々の邪悪さに気晴らしを与えるものであり、悪人が芝居をみている間は犯罪を忘れるならば、そしてそれが国民に善を行わせないにしても、せめて馬鹿げたことに専念させることで悪事からそらせるならば、ためになっている、というのである。(2) これに対して国民の習俗の改革につながるならば、芸術は積極的効用を持つと言えよう。ルソーは、演劇については、それが積極的効用を持つことは不可能であると、『演劇論』で証明しようとしている。しかし『ジュリ』の「第二の序文」においては、彼は小説にはそれが可能であることを示そうとしている。本章では、こうした芸術の積極的効用についての彼の思想に、焦点をあてたい。芸術が習俗の改革に寄与し、積極的効用を持つのは、どのようにして可能なのであろうか。

二　ルソーにおける二つの傾向

ルソーにおける芸術の評価を考えるにあたって、読書の効用について彼が述べている二つの箇所を、出発点にしよう。一つは、『ジュリ』の中の、家庭教師サン＝プルーによるものである。そこで彼は、人は善や美の生得的感情を持っているから読書によって得る必要はない、としたうえで書く。「しかし非常に善いもの、非常に美しいものの例は稀であり、それほど知られていません」。虚栄心、怠惰、そして悪徳は、それを空想とみなさせるが、「この誤りをこそ打ち破らなければなりません」。そのためには、「そういう偉大な対象を感じかつ見ることに、〔読書を通じて〕慣れなければなりません。そういう崇高な模範を眺めると魂は高揚し、心は燃え立ちます。〔…〕それに似た者になろうと努め、〔…〕耐え難い嫌悪を覚えずには、凡庸なものを我慢できなくなります」[3]と。もう一つの箇所、『エミール』でルソーは言う。人が青年に歴史を読ませるやり方をみると、彼等を歴史上の偉人に（想像上）変えてしまい、自分以外のものにはなれない恨めしさを感じさせるものである。「私のエミールは、そういう比較で、自分とは別のものになりたいと思うようなことがたった一回でもあるとしたら、それがソクラテスだろうとカトーだろうと、万事は失敗したのである。自分を自分自身に疎遠なものにし始める者は、まもなく完全に自分を忘れてしまう」[4]。

以上の、一見矛盾したルソーの要求は、彼の芸術思想における二つの傾向に対応しているのではなかろうか。私はその一つをロマンティシズム、他方をリアリズムと呼ぶことにする。前者が理想の鼓吹に価値をおき、後者がむしろ現実そのものを重視する精神態度に基づくからである。ロマンティシズム的芸術観、すなわち理想的美の提示、そこに向けての模倣衝動と自我の高揚は、『告白』における少年ジャン＝ジャックにそのまま現れたものである。彼は、プルタルコスの伝記を読むと、自らローマの英雄に変身して、自分の手を火の中にかざさなかったであろうか。[5]

こうしたルソーの両傾向を、美学史の上で位置付けるとどうなるのか。一見すると、彼のリアリズムは古典主義に、彼のロマンティシズムはロマン主義美学に対応するもののように思われる。古典主義が、「芸術は自然を模倣する」を公理としたのに対して、ロマン主義は、「自然は芸術を模倣する」と宣言するからである。後者についてはさほど問題はなかろう。問題は前者である。これはルソーにおける古典主義の残存物なのか。それとも、現れ始めたロマンティスムに対して、早くも呼び返された反動なのであろうか。いずれも説明としては不十分で、つじつま合わせをあまり出ないように思われる。このことはルソーの芸術観が、基本的には既に古典主義というより啓蒙主義に立っていることを考えると、さらに大きくなる。そこで私としては、「ルソーのリアリズム」あるいは「反ロマンティシズム」の意味を考えることは、「ルソーのロマンティシズム、ないしロマンティスム」を考えること以上に、大きな意味を持つと考える。また反ロマンティシズムのほうに、より多くのルソーらしさがあるのではないか、と思われる。これは、ルソーの思想全体の構造から解明されなければならないであろう。

三　啓蒙主義美学からの照射

啓蒙主義の芸術思想が古典主義のそれと異なる第一の点は、後者が「真」を目的とするのに対して、前者が「善（または有用性）」を目的とすることにある。「真なるもののほかに美しいものはない」[6]として、客観世界の模倣と認識をめざす古典主義は、ある種のリアリズムを精神態度とすると言えよう。しかし国民の教化をめざし、かならずしもあるがままの現実からは導き出せない価値（たとえば「寛容」）の提示をめざす啓蒙思想は、ある種のロマンティシズムと、より親和するように思われる。

ルソーもまた、芸術を社会改革につなげて位置づけようとするときには、このような啓蒙的ロマンティシズムの立場にある。たとえば、『ジュリ』の「第二の序文」において、ルソーは、「悪を防ごうと思うなら、その源に遡らなければならない。国民の習俗について何か改革を企てなければならないとすれば、家庭の品行から手をつけなければならない」[7]と告げる。そして主人公ジュリと夫ヴォルマールの家族について、読者が「こんなに甘美な模範に倣おうと思わないでいられれようか」[8]と期待する。また『告白』によればこの小説のはじめの意図として、敬虔なジュリと「有徳な無神論者」ヴォルマールとの夫婦関係において、キリスト教徒と「フィロゾフ」(当時の反キリスト教的な知識人)たちとが互いに自他の長短両面を知り、両者が宥和することをもくろんだ、と述べられている。[9]こうしてみると、ルソーのリアリズムを、単なる古典主義によって理解することはできまい。

啓蒙主義でありながらなぜロマンティシズムを拒んだのか、それをみるために、啓蒙的ロマンティシズムと、純粋な、いわばロマン主義的ロマンティシズムを比べてみよう。啓蒙主義がロマンティシズムを採用したのは、ありのままの現実にはない理想を提示するためであった。しかしその理想は、あくまでも現実世界において実現されるべきものであった(こうした啓蒙的ロマンティシズムの実作例としては、レッシングの『賢者ナータン』を挙げたい)。しかしロマンティスムそのものになると、理想は現実世界とまったく別の秩序のものとなり、両者の間の無限の深淵は、いわば詩人の翼によって飛び越えられるだけである。確認しておけば、ルソー自身の中にもこうした傾向がないわけではない。しかしそれ以上に彼は、こうした二世界論、または理想を彼岸におく立場に対して、強い反感を持っていた。言い換えれば彼の反ロマンティシズムは、彼の徹底した現実主義的傾向に根差している。政治論においても教育論においても、彼の中の理想主義は、純粋な理想を構想させるが、同時に彼の中の現実主義は、それが夢であり狂気でさえあることを、彼自身に冷静に意識させる。そして美しい夢は、彼にとって、哀しい現実を慰め、それを乗り越えさせるものにはなり得ない（ロマン主義者なら、夢の夢こそまこと、と言うかもしれないが）。ルソーのメロドラマ『ピグマリオン』に対するゲーテの批判は、この事情を明らかにするのに役立つ。芸術創造についてのこの伝統的主題をとりあげたルソーは、生命を得た大理石像が作者にふれて、「ああ、これもやっぱり私！」と言うようにした[10]。ゲーテはこれを、芸術家が完全な創作そのものについて満足せず、芸術を、自然、または地上の自己のほうに下降させることを望む、という点で、ルソーを非難するのである。

四　芸術批判からの照射

ルソーの反ロマンティシズムは、彼における芸術のロマン主義的把握そのものから出てくる。芸術はもともと（つまりロマン主義芸術でなくても）、「自分自身を自分に疎遠なものになろうと」させ、「自分を忘れ」させる。人は芝居を見に行き、虚構に夢中になり、「自分の友人、隣人、身内のもののことを忘れる」[11]。その虚構がすばらしいものであればあるほど、自分の実際の位置と義務に対する関心は薄れてしまう。このとき芸術は、「私達を縛る鉄鎖を飾る花輪」[12]になる。しかし私達は、なぜ自己を忘れてまで虚構の対象に同化しようとするのか。それは、「人間は模倣者である」[13]からである。模倣の力の大きさについて、ルソーはきわめて意識的である。模倣衝動そのものは自然に属するが、「それは社会〔市民社会〕においては変質して悪徳となる[13]」。芸術は、悪しき社会において、模倣を通じて自己疎外をもたらす。

古典主義美学には、この点についての注目はなかったのであろうか。それが定是にしている「自然の模倣」は、芸術家が「自然」を模倣することであるが、鑑賞者が芸術作品を模倣することは、あまり考えられていない。それはなぜであろうか。『ジュリ』の中でエドワード卿の芸術鑑賞が、「知識よりも感情により、規則よりも効果による(14)」とされるが、この逆が古典主義的鑑賞と言えよう。すなわち作品が規則に基づいているかどうかを理性によって判断するのをしかるべき鑑賞とするので、鑑賞者の模倣などは問題にならないのであろう。また「真」を目的とする古典主義では、すぐれた芸術作品は現実との同一性が重要である。ところが運動としての模倣または同化は、両者の差異を前提してはじめて成り立つものであるから、古典主義にはなじみにくいのではなかろうか。

もっとも古典主義の時代にも、芸術におけるこうした同化作用に注目した人々はいた。パスカル、ニコル、ボシュエらの反演劇論の中にみられる。彼等は、演じられた情念が観客に模倣される点を指摘し、そこから演劇の有害性を結論づけた。疑いなくこれは、ルソーの反演劇論の一つの源泉であろう。こうしてみると、ルソーの反ロマンティシズムは、芸術そのものに対する否定の論理とかなり重なり合う。では彼が芸術にも効用を残しておくのは、どのようにして可能なのであろうか。芸術のこうした範例的機能を逆用することによってである。

鑑賞者は芸術作品を模倣する。しかし人は模倣によって「自分に疎遠なもの」になるべきではない。ではどうしたらよいのか。芸術作品が、鑑賞者そのものの姿を示してやればよいのである。ここにルソー的リアリズムの意義が生じる。ただしこの模倣が、空虚な複写ではなく、生産的な運動であるのは、何によってであろうか。それは、ロマンティシズム的模倣が自己忘却であるのに対して、リアリズム的模倣が自己想起であることによってである。私達は自分自身の姿を忘れているので、芸術によって思い出す必要があるのである。仮面を被っているので、芸術によって仮面を剝いでもらい、わが素顔をみいだす必要があるのである。ルソーのリアリズムはこの意味で、ミーメーシスであるとともにアナムネーシスである。

このことは何を意味しているのか。自己疎外と自己忘却は、芸術によってはじめて起こるのではなく、市民社会の物質的過程そのものの産物であることである。「自分で一度も見たことのない国を失って嘆いている君主がどれほどいることか。インドに手をつけるとパリで泣き言を言う商人がどれほどいることか[15]」とルソーは問う。未開人と異なり、私達は常に「自分自身の外に生きて」いる[16]。外的な時・所・人々・事物に依存し、自分から遠いところへ、否その向こうにひっぱりだされ、ついには、私達がいるところにはもはや存在せず、私達がいないところにだけ存在するのである[17]。現にある芸術は、こうした社会的疎外の一部であり、この疎外を強めるものである。たとえば、「自分自身を不幸だと思っているばかりに不幸になっている田舎の人間」は、小説によって「この偏見を拡大、強化」する。そこに読む宮廷人、高位高官、軍人、はやりっこの婦人たちに憧れる。彼等はもはや田舎っぺではいたくなくなって都に出、父親は山師になり、母親は賭博場を開き、娘はそこに来る不良を引き寄せ、三人ともスキャンダルの末に貧困で死ぬ、というのが「よくある例」になるのである[18]。これは現にある芸術の大きな害毒と言わなければならない。

五　幸福観からの照射

なぜ私達は自分を忘れるべきでなく、思い出すべきなのか。第一に、私達は、夢を追うのでなく、自分の家族、隣人、祖国に対する義務を果たすべきだからである。第二に、幸福は平凡な日常生活の中にこそあるからである。第三に、模倣は実現可能なものであり、自己超越でなく自己回復でなければならないからである。

確かにジャン＝ジャック自身はロマンティストでもまたあり、その幸福は、波乱万丈で自由な冒険生活にもあった。しかし『告白』においてさえ、それだけが彼の幸福とされてはいない。レ＝シャルメットの牧歌は、ロマン主義者からすれば、既にいささかの俗っぽさによって不純とされよう。それでもそこには何かしらおとぎ話めいたものがあるのに対して、テレーズとの同棲時代の叙述[19]などはどうであろうか。そこには生活感いっぱいの幸福が、みずみずしいリアリズムでとらえられており、十八世紀フランスの「四畳半フォークソング」と言いたい気がする。生島遼一は、フランスの『告白』読解がルソーの「病的な面」に過敏であり、その「健康的な面」が等閑にされがちであることを遺憾としている[20]。これと重なる形で私は、従来のルソー受容が過度にロマン主義的ではなかったか、と問題提起したいのである。『ジュリ』における農村生活の描写（これはそれまでのフランス文芸になかったものであるが）

もまた、こうした民衆的な幸福観に支えられたリアリズムの発現と言えよう。少年エミールに範例として与えられる唯一の小説が、泥くさくさいっぱいのリアリズム小説『ロビンソン・クルーソー』であること(21)も、ここで言及しておこう。

六　ルソー的リアリズムの性格

ルソー的小説の登場人物は、作者が想像力によって生み出した理想であるとしても、同時に読者そのものの姿でもある。それゆえ、堕落した社会において自分を見失っている読者は、それを読んで自分の真の姿を思い出すことになる。しかしもし小説が、「街頭を歩く鏡」として写し出すようなリアリズムであるならば、写された人間も自己忘却と自己疎外にむしばまれており、読書体験は救済につながらないであろう。こうした現象論的なレアリスムの理念（スタンダール）は、その哲学的な源を感覚論に求められよう（コンディヤック、エルヴェシウス）。ルソーはこの流れに半分は棹さしているが、微妙な、しかしかなり重要なところで袂を分かつ。また言うまでもなくルソーのリアリズムは、「科学的真理」の名の下に、人間を、遺伝と環境と本能とによって決定される獣とみるレアリスム（ゾラ）でもない。このレアリスムまたはナチュラリスムの哲学上の祖先としては、機械的唯物論（ラ・メトリ、ドルバック）が挙げられようが、これはルソーが強い嫌悪感を抱かずにはいられなかったものである。

ではルソーのリアリズムとはいったい何を描くものなのか。それは、人間の本質である（ルソーの用語では〈nature〉にあたるが、ここではより一般的に「本質」と言うことにする）。平面描写的なリアリズムが、現実の人々［les hommes］の現象を「ありのままに」描くのに対して、ルソーは人間［l'homme］の本質を形象として描きだす。確かに本質は現象せざるを得ないが、それは無媒介的にではない。ルソー的に言えば、本質はヴェールで覆われているのであり、芸術はこのヴェールを剝ぐ［dévoiler］否定的媒介である。

しかしここで私達は、次の質問に戻されよう。なるほど現象と本質との違いはわかった、しかしそれなら本質と理想との違いは何であるのか、と。答えは簡単である。本質は実在するが理想は考えられた存在に過ぎない、ということである。

しかしさらに問われよう。ルソーの言う「人間の本質」ははたして実在するのか、それともそれ自体ルソーによって考えられた一つの理想（ないし理念）にほかならないのではないか、と。ここで肝心なのは、二つの問題を区別することである。第一は、ルソー自身の意図として、「人間の本質」を理念ではなく実在として考えていると言えるのか、という問題である。第二は、客観的に、ルソーが考えている「人間の本質」が実在するものと言えるのか、という問題である（ここにはそもそも「人間の本質」というようなものが実在概念として成り立つのか、という問題も含まれ得る）。ここでは、ルソーが考えていること自体をまず正確に理解する、という立場から、第一の問題をとりあげる。

そうしてみると、さきの問い、ルソーの言う人間の本質などというものは、実在ではなくて、ルソー個人が拵えあげたものではないか、という疑問に、ルソーは予め気づいており、予め答えており、そしてなぜそのような疑問が出てくるかにまで論じ及んでいる。『エミール』の第五編、エミールとソフィの恋物語の中でルソーは言う。「人間的自然のロマンは十分に美しいロマンである。それが私の著作にしかみいだされないとしたら、それは私が悪いのであろうか。これは私の種〔人間〕の歴史になるはずであろう。人間を堕落させているあなたがたが、私の本をロマンにしているのである[22]」。ここで言う「ロマン」（まさにロマンティスムに縁の深い語）とは、「小説」という意味とともに、作り事、嘘でもある[23]。ここでルソーは、彼の言う人間の本質とは、人間の実在的本質（「種の歴史[24]」）であること、それがロマンに思えてしまうのは、それ自体疎外の産物であることを述べている。なおここで呼びかけられている「あなたがた」とは、現代人一般というより、とりわけ哲学者や文士といった「最も堕落した連中」のことととれよう[25]。同様に『ジュリ』の「第二の序文」において、読者代表のNがまず問題にするのは、手紙の虚構性であり、ジュリは「拵えものにきまっている」し、「別世界の人間だ」ときめつける。これに対して作者を代理するRは、「そう言われちゃ我々の世界に気の毒な気がするね。」ときりかえし、「変種をなすものと種の本質をなすものとを区別する術を知る」ことに言い及ぶ。そして「美しい魂」という銘句を「立派な言葉さね！」とあざわらうNに対して、「おお哲学よ、汝は人の心を狭くし、人間を小さくすることになんと骨をおっているのだ。」と慨嘆する[26]。ルソーは、彼の言う人間の本質が、（少なくとも彼のつもりとしては）理念的な創作物ではなくて実在するものであることを、必死に主張しているのである。ルソーの「自然」は、プラトンのイデアであるよりもアリストテレスのエイドスである。そうであるからこそ、自分の作品の登場人物は模倣され得る、と考えたのである。

勿論ルソーは、自分の抽象的な哲学だけで、一般の読者が登場人物の実在を感じ取れると思うほど、素朴ではなかった。『ジュリ』は、一方でロマン主義的な想像のほとばしりを糧としつつも、他方でリアリスティクな造形に配慮されている。[27] ジュリが駆け落ちをしないで父の定めた男と結婚したことは、「当時のインテリには不満を与えた」が、「一般人は、このあきらめは現実的と受け取られた」のであり、むしろ「ジュリが勝手に家出したりしたら、空想的とされたであろう」という指摘がある。[28] またジュリの肖像画について、サン＝プルーは、画家が彼女の欠点を描き落としたことを不満とし、あらゆる欠点のまま写すように、修正を企てる。[29] またギュイヨンによる異本の丹念な比較をみると、筆を加えるほど、ロマン主義的な効果（時にラシーヌばりの韻律や美辞麗句）を犠牲にして、より多くのリアリティーを与えようとする傾向さえ、感じられる。

こうしてルソーは、芸術におけるリアリティーとそれによる模倣効果ということに意を用いた。その結果はどうだったか。実に興味深いものがある。モルネによれば、『ジュリ』を読んだ作家のうち、そこにはルソー自身の心の真実が描かれている、と見抜いたのはラクロ一人であったが、ルソーに手紙を書いた大衆読者は、みなこれを実話だと信じたそうである。[30]「第二の序文」において、物語が実話なのか虚構なのかということが最大の主題になっていることは、私達（今日のインテリ読者）にとっては奇異に思われようが、いまやその意味がわかりかけてきたのではなかろうか。

わが子をエミールのように育てている、と書いてきた読者に、ルソーが、「それはお気の毒なことです」と答えたのは、[31] 今日の研究者には広く知られている。しかしルソーの批判は、模倣が現象の水準にとどまる「猿の模倣」であって、本質に媒介されたものではないことによるのではなかろうか。『エミール』第五篇において、成長したエミールに教師は、「君は同国人のお手本になるがいい。君が示す範例は、私達の書物のすべてよりも、彼等のためになろう」[32]と言うのである。——『ジュリ』『エミール』、そしてそれだけではない。彼の自伝的作品もまた、ルソー自身を範例として示すという欲望を含んではいないであろうか。[33]ルソーの最後の言葉も、「エッケ・ホモ」だったのではなかろうか。

芸術におけるリアリズム的要素を重視したこと、そしてその理由として、鑑賞者の模倣作用を考えていたことでは、ディドロの演劇改良運動も同じである。しかしたとえば『百科全書』の項目「美」では、未だ古典主義的な模倣論にひきずられながらも、科学的認識の立場からのリアリズム論も芽を出している。[34]彼は『ラモーの甥』に、「人はけちなすりには唾をひっかけるが、大罪人には一種の尊敬を感じざるを得ない」と言わせている。[35]悪に対する彼の一貫した関心からは、道徳家としての彼をはみ出る、知的好奇心の強さが感じられる。ルソーもまた善悪の彼岸にあるデモーニッシュなものをみないわけではないが、けっして悪への賛嘆まではいかない。「道徳的リアリズム」と「科学的リアリズム」ということを言うならば、前者がルソーにおいてより強く、後者がディドロにおいてより強い、と言えよう。このうち「科学的リアリズム」のほうが、十九世紀レアリスムにつながっていくことになる。シラーの概念を借りれば、ディドロがより「素朴」でルソーがより「感傷的」とも言えよう。この二人が、かなり共通するものを持ちながら、どうしても異質なところが出てくるのは、芸術理念においても言えそうである。

ルソーのリアリズムは、いわゆる「批判的リアリズム」とも異なる。彼は、現実の否定面を暴くどころか、むしろ肯定的対象を描くことに意を配る。彼は『ジュリ』に本来の悪人を描かなかったことを誇り[36]、悪人は、私達が本や舞台でみるカティリナのように、私達に害を与えることができなくても、悪人であるがゆえに私達に反感をおこす、と述べている[37]。ルソーの芸術においては、悪は描く必要がない。『カンディード』のような作品は、彼が嫌悪するところであろう。彼は『エミール』の序文において、「私達の時代の文芸と知識とは、建設することよりも破壊することにはるかに多く向かっている[38]」と、批判的に指摘している。

この思想構造については、スタロビンスキーの卓越した解明がある[39]。ルソーにとって、フィロゾーフの行う現実暴露は、それだけでは不十分なものである。それどころか、物質的・精神的な支配者が民衆に示しているヴェールを剝ぎ、その下の「利己愛」を暴いたところで、その利己愛こそ人間の本性だと開き直られる（エルヴェシウスはそうである）なら、ルソーにとっては腹立たしい限りである。ルソーは仮面より素顔が美しいと考えるのであり[40]、その認識が彼の、批判的というよりは肯定的なリアリズムの根拠になっている。

癒しは外からもたらされるのではなく、自然そのものの中にある。とはいえ、既に「社会的な人間が完全に人為的［artificiel］にならないようにするには、多くの人為［art］を用いなければな[41]」らない。人為［art］としての芸術の効用がここにある。

しかし同じことは学問にも言えよう。あるべき人間や国家の範例を描くのは、芸術でなくても可能である。では芸術固有の使命は何か。それは模倣に必要な感情の喚起である。「善を知ることは善を愛することではない[42]」というのがルソーの立場である。アルプスの牛追い歌を聞くと、フランスのスイス人傭兵が脱走して故郷へと向かうように[43]、人間がその本性への望郷の念を抱くことが、めざされているのである。

ルソーの芸術思想は、非常に独自で複雑な性格を持っている。ロマンティスムをはじめとするルソー受容は、必ずしもこれを理解し、あるいは受け継いだようには思われない。それはそれで実りのないことではなかったのだが、ルソー自身の芸術思想の解明は、既に与えられていることではなく、むしろ課せられたままでいることなのではなかろうか。

(1)「ジュリ」(序文)、p.5:(一)一一頁。
(2) Narcisse: O.c.t.Ⅲ, pp.972–973.
(3)「ジュリ」(1–12)、pp.58–59:(一)九三—九四頁。
(4)「エミール」p.535:中七四頁。
(5)「告白」p.9:上一三頁:cf. J. Rousset, Le phénomène de l'identité dans la lecture de Rousseau, AR.t.XXIX.
(6) Boileau, Epistre, IX, 41.
(7)「ジュリ」(第二の序文)、p.24:(一)三四頁。
(8) 同書、p.23:(一)三三頁。
(9)「告白」pp.435–436:下九頁。
(10) Pygmalion: O.c.t.Ⅱ, p.1231.
(11)「演劇論」p.16:四二頁。
(12)「学芸論」p.6:一四頁。

（13）「エミール」p.340：上一五六頁。
（14）「ジュリ」（1-45）、p.125：（一）二〇八頁。
（15）「エミール」p.307：上一〇九頁。
（16）「不平等論」p.193：一二九頁。
（17）「エミール」p.308：上一一〇頁。
（18）「ジュリ」（第二の序文）、pp.19-20：（一）二七頁。
（19）「告白」pp.353-355：中一八八―一九〇頁。
（20）生島遼一「ルソーの『告白』」「研究」二九六頁。
（21）「エミール」p.455：上三二五頁。
（22）同書、p.777：下一三三頁。
（23）cf. Burgelin, note：O.c.t.Ⅳ., p.1665.
（24）ビュフォンを連想させる言葉である。彼の〈histoire naturelle〉が自然（博物）史であるよりも自然（博物）誌であるように、ここでルソーの〈histoire〉も、「歴史」というよりも「事実の記述」という意味が強いであろう。
（25）「摂理論」p.1063.
（26）「ジュリ」（第二の序文）、pp.12-13：（一）一三頁。
（27）「『新エロイーズ』は、同時に写実主義的でも〔…〕理想主義的でもある〔à la fois réaliste et idéaliste〕小説、幻視者かつ明晰な観察者の作品である。対立する二要素のこの緊張が、その本質的な力をつくっている。それが小説分野に革命をもたらしたのは、とりわけこのことによってである。」B. Guyon, note：O.c.t.Ⅱ, p.1351.
（28）桑原武夫「ルソーの文学」「研究」三〇六頁。
（29）「ジュリ」（2-25）、p.291：（二）一七三―一七四頁。
（30）D. Mornet, Introduction, dn.: *Nouvelle Héloïse*, Hachette, Paris, 1925, p.285.
（31）cf. Richard, Introduction, dn.: *Emile*, Garnier, 1964, XXXⅧ.
（32）「エミール」p.859：下二五九頁。「私達の本」については注（25）の箇所を参照。
（33）たとえば次の箇所。「私はと言えば、ありとあらゆる不幸を重ねた末、公共善と正義とへの愛だけに動かされ、陰謀にも支えられず、徒党の後ろ盾も持たず、自らの無垢だけを自覚し、人々に公然と真理を告げて憚らぬ、そういう人のために、他日模範〔exemple〕となるべく定められていた。」「告白」p.223：上三一八頁。

(34) Diderot, article 〈beau〉,：「百科全書」。
(35) cf. Diderot, *Le neveu de Rameau*, Droz, Genève, 1950, p.72.
(36) 「ジュリ」（第二の序文）、p.13：（一）一七頁。
(37) 「エミール」p.597：中一六七頁。
(38) 同書、p.241：上一八頁。
(39) Starobinski, *J.-J. Rousseau: la transparence et l'obstacle*, Gallimard, 1971, p.92ff.
(40) 「エミール」p.525：中六〇頁。
(41) 同書、p.640：中二二七頁。
(42) 同書、p.600：中一七二頁。
(43) Article 〈musique〉, dn.：Dictionaire de la musique：O.c.t.V. p.924.

補章一　森村敏己著『名誉と快楽——エルヴェシウスの功利主義——』

ソ連・東欧における旧体制の崩壊は、私にもいろいろなことを考えさせた。種々の問題の所在や、したがってまた遅かれ早かれ改革が起こるであろうことは、前からわかっていた。しかし「改革」が再生よりも瓦解に導いてしまった点、その動因として、東側旧体制における「自由の抑圧」に劣らず、西側先進国の「物質的豊かさ」への欲望が強かった点は、率直に言って驚きであった。ここ二十年の日本の動向をみるにつけても、思想研究に携わる者として特に感じるのは、功利主義（およびその根底としての快楽主義）と「自由主義」との強さということである。おそらく私達はそれを過小評価していたのであり、その「強さ」を支えているものを学び直す必要があろう。そしてより真剣に、その再検討・再批判に取り組む必要があろう。

こうした問題意識を持ちつつ思想史を顧みるとき浮かび上がってくる一人が、フランスの思想家エルヴェシウス（Helvétius, 1715–1771）である。彼は、倫理思想においては「身体的快楽」（le plaisir physique）を原理とする快楽主義、社会思想においては「個人的利害」（l'intérêt personnel）を出発点とする功利主義を説いたからである。

もっともこうした現代的関心をぬきにしても、エルヴェシウスは紹介・研究されるべき重要な思想家である。日本におけるフランス啓蒙思想の受容には大きな偏りがあることを自覚しなければならない。ルソー（スイス人）への人気・注目が群をぬいており、ヴォルテール・ディドロが少しは翻訳、研究も増えてきた。あとはモンテスキューの『法の精神』が受験知識としてあるのを除けば、一般にはほとんど知られていないであろう。しかしフランス啓蒙思想と言えば、ヴォルテール・コンディヤック・エルヴェシウス・コンドルセというのがどまんなかの道である。モンテスキュー・ダランベールらもどちらかと言えばこちらに入る。これに対し、ラメトリ・ルソー・ディドロ・ドルバックらは、理念形としての「フランス啓蒙思想」から言えば、ずれる面が少なくない。

森村氏の著書は、日本ではじめてのエルヴェシウス研究書である。いままでの研究の欠落ないし偏りを正す意味で貴重な成果である。何事であれはじめは大変なものだが、本書のとりえは、著者が謙遜して言うようにそれだけなのではない。ヨーロッパにおける研究蓄積や新しい研究をふまえ、エルヴェシウスの周辺の状況、論議も取り込み、手堅いとともに見通しの利く研究書となっており、叙述も、踏み込みの深さとわかりやすさを両立させている。エルヴェシウスそのものに強い興味を抱く読者でなくても、十八世紀の仏英の社会思想について、より明晰で立体的な理解が得られよう。

第一部は主に倫理思想を、第二部は政治思想を、第三部は経済思想を扱う。すなわち教育思想（永治氏の先駆的研究が役立つ）を除けば、エルヴェシウスの主要な論題が扱われている。

第一部では、まずエルヴェシウスの認識論的土台がコンディヤックの感覚論であることが示される。

しかし後者がキリスト教との一致を（本気で）考えていたのに対し、彼はこの枠を超えていたことが説明され、弾圧の理由が理解される。しかし今日より興味深いのは、反キリスト教を旗印とする啓蒙思想家たちからも、彼が総攻撃を受けたことである。著者はそれを、彼の露骨な利己的人間観が、人間の本性的な善性を認める思想と対立したり、利害を離れた友情や美徳、あるいは正義の存在を不可能にし、あまりに強引な演繹主義に陥っていると思われたためとする。そしてここに彼の理論の弱点を認めつつも、「名誉心」を彼のもう一つの原理として強く押し出すことによって、「これまでしばしば歪められてきたエルヴェシウス像を修正」（九五頁）しようと試みる。

第二部の政治思想では、また彼が「啓蒙専制君主」の支持者でないことを論証する。彼はモンテスキューの影響の下に「穏やかな君主制」をめざすが、後者と違う点は、彼の「名誉」が公衆の評価であり、これを動因として市民の政治参加を図る共和主義的要素の強さである。

第三部の経済思想は、奢侈（贅沢）論争を中心にみられている。快楽主義に立つエルヴェシウスは、貧しく有徳な共和国というモデルを退ける。しかし奢侈が不平等を拡大するというルソーの指摘はうけとめ、とりわけ金銭欲が名誉心（による道徳的制裁）を弱めることを恐れる。そこで所有権にふれることは避けつつも、相続権を制限して土地の再分配を繰り返すことによって、平等を維持する政策が示されることになる。

以上の展開を貫くキーワードが表題の「名誉と快楽」、とりわけ「名誉」である。「快楽」がエルヴェシウスの根本概念であることは間違いない。しかし「名誉心」は彼自身術語化しておらず、二つを並べるのはむしろ著者の戦略的視点と言えよう。確かにそれはエルヴェシウスに即して妥当性を持ち、この本に即して有効性を持っている。ただし著者が、「名誉」をもって「快楽」の短を補うような見方をしているのには疑問も残る。エルヴェシウスの「名誉心」（あるいは「栄光への欲望」）は、あくまでもそれが身体的快楽をもたらすがゆえに価値なのであり、前者が自立化する事態があるとしても、それは彼の観点からは倒錯なのではなかろうか。またこの「名誉心」は、道徳的人格としての、あるいは共同体の成員としての意識からくるものではなくて、他から抜きん出たいというぎらついた名声欲からくるもので、「身体的快楽」（ちなみに彼は文明国民を動かすほとんど唯一のばねは「女性たちへの愛」だと言う）を抑制するよりもその拡大である。著者は彼の「名誉心」が「良心」や「道徳感情」と「実質的には同じ機能」（一〇七頁）「実質的に同じ」（一二〇頁）とするが、賛成できない。強いて言えば、この「実質的」というのは「結果から言うと」ということで、まさに功利主義的発想に属するもので、異なる立場には説得力を持たないであろう。

エンゲルスは、「俗物が唯物論と言えば、牛飲馬食、目や肉の楽しみにふけること」と言った。私はエルヴェシウスをむしろこうした「俗物の唯物論」の偉大な理論家としてみたい気がしてしまう。そして「俗物の唯物論」の強さを直視するとともに、より真剣な批判を試みる必要を感じる昨今である。

（法政大学出版局、五一五〇円）

補章二　競争と倫理

「競争」という言葉で第一に私に思い浮かぶのは、受験競争である。「同級生殺し」などは、その最も痛ましい結果の一つであるが、受験のための競争がこどもたちの心と生活を深く蝕んでいることに、憂慮している人は多いであろう。またおとなのほうも企業において、労働者同士、または労働者の「小集団」相互の競争が少なからず存在する。それらは過労死の原因となったり、上役に気に入られるための「仕事以外の仕事」をもたらしたり、労働本来の喜びを仲間（敵？）をやっつける「喜び」に歪めてしまったりする。またそもそも私企業間に激烈な競争があり、幸せな人生を願うあらゆる人々にとって、それが直接間接にどれほど多くの犠牲と試練とを強いるものであるかは、資本主義社会――すなわちこの競争社会――に生きる人間なら誰でも知っている。

では競争は悪いものなのであろうか。

しかし私達はまた、オリンピックなどで力や技の限界に挑む人間の姿を好ましく思い、芸術や文化の発達を利益なしでも喜ばしく享受するが、これは競争なしではあり得ないのではなかろうか。またごくふつうの仕事においてさえ競争は能率をあげるのであるから、その成果が他人に横取りされない限り、競争は望ましいものなのではなかろうか。現に資本主義的「自由競争」を批判する人々でさえ、「社会主義競争」を行っている。

私は競争が「よいか悪いか」問題を立てた。すなわち私はいま競争を主として倫理的観点から考えてみようと思っている。ところで単なる好悪（趣味）の問題と違って善悪（倫理）の問題は、何らかの一般性を持たなければならない。趣味の問題なら「好きだから好きだ」でも話はすむが、善悪の問題はなぜそれがよい（悪い）のか、あるいは何に照らしてそれがよい（悪い）のかが問われなければなるまい。

そこで私の「倫理」のとらえ方が概略なりとも示される必要があるが、そのいちばんの基本は「人間の幸福」にある。これは各個人の自己実現とか救いとか言ってもよいが、ある人間がこのままの社会において、言い換えれば他の人間が救われないままで、完全に救われることはあり得ないと私は考える。そうすると個人の幸福のためにも、人類の幸福、または救済が考えられなければならない[(1)]。したがって競争を倫理的に考えることは、競争が人間社会の救済にとってどんな意味を持つのかを考えることになる。

しかしそれだけでは問題の立て方は未だ抽象的すぎる。「救済」を可能にする一般的条件が示され、その中に「競争」の意味が位置づけられる必要があろう。救済はある日突然、神仏や天才の力で成就するのでなく、人類の労苦に満ちた歴史全体の成果として現れ得るものと思われる。いままでの歴史はこの救済のための諸条件を（無自覚的に）成就させてきた過程と考えることが可能である。またこれからの歴史はこの過程の自覚的完遂であることができるし、またそうあるべきであろう。このような観点からみられた人間の歴史は人間の発達史である。しかしこの観点は同時に、人はみな勿論「主観的目的」としては自己の救いをめざしながらも、それが完全に実現されることはなかったこと、言い換えれば疎外されていたことを示している。発達は疎外の中でしか行われ得なかったが、同時に疎外の進行そのものが新たな発達の条件を生み出さざるを得なかった。この意味で発達論は同時に疎外論である。この小論において競争の問題を全面的に扱うことは不可能であるが、本章の扱い方の基本的な枠組みがこの発達論＝疎外論にあることは予め断っておきたい。

競争の問題をこのような発達論＝疎外論の枠組みの中で考えようとするとき（そこには基本的な考えの相違点もあろうが）、私の問題関心と最も近く、したがって最も参考になるように思われるのは、芝田進午氏の所説である。

「競争」に関する芝田氏の理論の要は、ソレヴノヴァニエとコンクレンツィアの区別にある。[2] 氏はこれをマルクスとレーニンに依拠するものとしているので、これから検討してみよう。

芝田氏はマルクスが競争の「人間的な形態」をWetteifer、その「野蛮な形態」をKonkurrenzと区別したと述べているが、どこでなのか出典を挙げていない。「人間的な形態」と「野蛮な形態」という形容は後に述べるレーニンのものであるが、これにちょうど対応する用語使用がマルクスにもあるのか。ここで氏は「元来、『競争心』ないし『競争』そのものは、いかなる社会形態のもとであれ、協業にともない、不可避的にうまれる」と述べている。そして他のところで、マルクスが協業に関して、「単なる社会的接触が競争心と活力の独特の刺激とを生み出す[3]」と述べたことを引用している。ここの

「競争心」は Wetteifer であり、他方マルクスは確かに Konkurrenz という言葉（ロシア語コンクレンツィアはこれに対応する語）も随所で使っているので、氏は右のように考えたのかもしれない。しかしこれだけでは臆測の域を出ず、たとえば Wetteifer を競争心という主観面を Konkurrenz を客観的な競争そのものを示す言葉として使っている可能性などを排除できないのではなかろうか。(4)

次に芝田氏はレーニンの「論文『ソヴィエト権力の当面の任務』の最初の草稿」の参照を求める。(5) 私達もまずレーニンの文章をみてみよう。「社会主義者の攻撃は、けっしてソレヴノヴァニュそのものに向けられたことはなく、もっぱらコンクレンツィアに向けられていた。コンクレンツィアとは、資本主義社会に固有な・また一片のペンと市場における勢力、地歩をめぐる個々の生産者の闘争という点にある・ソレヴノヴァニエの特殊な形態である。生産者の市場とだけ結びついた闘争としてのコンクレンツィアの絶滅は、けっしてソレヴノヴァニエの廃棄を意味しない——反対に、ほかならぬ商品生産と資本主義の廃絶こそ、ソレヴノヴァニエをその野蛮な形態ではなく、人間的な形態で組織する可能性に道をひらくものである」(6)。さて芝田氏は、レーニンが競争の「人間的な形態」をソレヴノヴァニエその「野蛮な形態」をコンクレンツィア「とよんで両者を区別し、競争（コンクレンツィア）は、競争（ソレヴノヴァニエ）の疎外された特殊な一形態と、歴史的な一形態にすぎないことをあきらかにした」と書いている。この主張の前半と後半とは明らかに両立不能であり、レーニンの説は後者のほうである。なおレーニンは革命直後の一九一八年一月に既に論文「ソレヴノヴァニエをどう組織するか」(7) を著し、社会主義がソレヴノヴァニエを廃さないだけでなく、これを実際に勤労者の大多数に広めて、「彼等がここで自分の本領を発揮し、その能力をのばし、まだ一度もくみだしたことのない泉として人民の中に潜んでいる・そして資本主義が幾千幾百万となくもみくちゃにし、おしつぶし、しめ殺してきた・天分を発揮する可能性をはじめてつくりだす」としている。ところで奇妙に思われるのは、文献「……最初の草稿」の完成稿である「ソヴィエト権力の当面の任務」ではソレヴノヴァニエとコンクレンツィアとの区別を述べた部分がないことである。私はこの理由はわからないが、完成稿で「競争の組織化」を論じている箇所はソレヴノヴァニエの言葉を使っている。(8)

最後に芝田氏はスターリンの論文「大衆のソレヴノヴァニエと労働熱意」(9)の参照を求めている。そこでスターリンもソレヴノヴァニエとコンクレンツィアとを区別している。彼に言わせれば後者の原則は「一部のものの敗北と死、他のものの勝利と支配」であり、前者の原則は「一般的高揚を達成するために、すすんでいるものがおくれているものを同志的に援助すること」である。彼の区別はレーニンのそれと一致していない。彼はソレヴノヴァニエを社会主義的なものに限っており、他方彼のコンクレンツィアはレーニンの言うソレヴノヴァニエの「野蛮な形態」にあたる。このようにみると、芝田氏はまずスターリンの区別を念頭におき、これによってレーニン、さらにはマルクスを遡及的に解釈しているのではないか、という疑問が起こる。

ところで言葉の使い分けというものはきわめて重要であり、それは芝田氏自身も強調するところである。(10) ソレヴノヴァニエとコンクレンツィアとを日本語としても区別する必要があるのではなかろうか。

いま学習者用の露和辞典(11)を手にとってみると、どちらも「競争」の訳語があるが、ソレヴノヴァニエの用例としてはまず七つ、スポーツの分野からひかれ、次に「資本主義体制と社会主義体制との平和的な競争」、「コルホーズ間の競争」、最後に「社会主義生産競争」が出ている。他方コンクレンツィアのほうは「売りこみ競争」「自由競争」が出ており、ロシア語としては使い分けられていることがわかる。そこで試みに、たとえばレーニンの言うソレヴノヴァニエを〈競い合い〉コンクレンツィアを〈競争〉とでも言うことを提唱したい[12]。おそらく、〈競争〉を論ずる人々の間でも、いままでこの区別について必ずしも意識的でなかったが、それには言葉の上での区別が十分でなかったことも一因になっているのではなかろうか。

次に問題になるのは、〈競争〉と区別された〈競い合い〉は、はたして歴史貫通的なもの、この意味で人間にとって本性的なものと言えるかどうか、という点である。近代以前の社会において、〈競争〉が成立する条件がなかったり禁じられていたとしても、そこにどんな〈競い合い〉もあり得なかった、と考えることは本当らしくない。人は体力や器用さや知恵、歌や踊りなどで〈競い合う〉ことがあり得たであろう。この意味で〈競い合い〉が少なくとも相対的に言って、「人間性」に属することを想定してもさしつかえなかろう。

ではなぜ人は〈競い合う〉のか。「競争心」による説明は、ブルジョア的人間を「人間なるもの」に仕立てる誤りであることは明らかとしても、「競い合う心」が本来人間に備わっているのであろうか。しかしそれはいまだ観念的説明であり、行動の数だけその行動への「欲望」をあげつらうのと一般であろう。

芝田氏はさきに引用したマルクスの言葉を挙げて、〈競い合い〉の物質的（経済的）基盤として「協業」を考える。これに対しては私も何の異議もない。しかしこれで〈競い合い〉の理由の説明として十分であろうか。言い換えればなぜ人は協業において〈競い合う〉のであろうか。

これに対して「純経済的」、ないし利益の点からの説明は不可能ではなかろうか。確かに〈競い合い〉の結果として労働生産力があがれば、（原始人にとっては歌や踊りも呪術的なものとして労働と一体のものとして意識される面が強かったであろう。）彼等の生活は豊かになる。しかし生産力の向上は必ずしも歴史貫通的に追求されている意図ではなく、また逆に協業がない場合でもその意図は追求され得る。問題は、まさに協業においてこそ人が労働能力を高めようとするのはなぜか、という点にある。

他者に対する「優位」を求める性悪論的・「心理学主義」的な説明も、利益を求める「経済学主義」的な説明も、ここでは役立たない。問題なのは富についての純経済学的な概念ではなく、人間学的な概念である。別の言い方をすれば、市民社会的立場からでなく、「人間的社会」または「社会的人類」の立場からの「富」の把握である。この立場からすれば他の人間は「人間にとって最大の富」であること(13)をマルクスは明らかにした(14)。芝田氏も引用するように、協業は人間の「類的能力」をあらわにする(15)。ところでフォイエルバッハも言うように、人間（個人）と類との真の媒介は他の人間（個人）である。人間は鏡を持って生まれてくるのでも、私は私であるというフィヒテ流の哲学者として生まれてくるのでもない(16)。他者において人は、自分自身の中の潜勢的能力を自覚し、その現実化に向けて刺激される。これが〈競い合い〉において起こることである。科学的真理、道徳的な行為と人格、すばらしい芸術作品に接することは、たとえそれが「純経済的な」利益をもたらさないにしても、真善美への誘因となる。また対他関係においてこそ、こうした人間性発達の究極的な目的である——と私は考えるのだが——他者からの承認を望むことができる。真の承認は相互承認としてだけ可能であり、したがってこれを他への「優位」を得ようとすることに矮小化してはならない。以上のようにみたとき、〈競い合い〉は人間性そのものに立脚するとともに、人間性の発達の一つの原動力となるものであり、また発達の目的としての救済に対する、直接、および間接の条件となるものである。直接というのは、とりわけ道徳的な意志と心情の現実態は、それ自体としてもある程度までは、他の人間の救いになり得るからである。

こうした〈競い合い〉に対して、〈競争〉はその疎外された形態であると言い得る。競争原理に基づく社会では、各人は人間商品として随所で——教育、生産、消費等々の現場で——競争し合う。この結果「競争的人格」または「競争人」とも呼び得る人間疎外が起こる。芝田氏は商品経済がもたらす日常的幻想として、個人主義、主観主義、経験主義、状況主義、宿命主義などを挙げているが[17]、さらに次のようにも言えるであろう。「競争的人格」にとっては他人は「最大の富」であるどころか、彼の最大の敵であり、せいぜいのところ、彼をひきたたせ、あるいは彼にかつがれる「利用価値」に過ぎない。人間はそれゆえ「尊厳」でなく「市価」を持つ。彼のあらゆる活動は他人に対する優越を得ることを目的とする。そこに行ったことを自慢する「喜び」のために、好きでもない音楽会を我慢して聞く、といった滑稽な事態も起こり得る[18]。彼の人間観は性悪説であり、彼の原則は弱肉強食であり、勝ち負けと一元的序列だけが彼の価値基準である。

しかし〈競い合い〉と〈競争〉とを、両者の区別と関連との統一において把握することは、それほどやさしくない。たとえば運動会や展覧会そのものは、〈競い合い〉の場として考えることができよう。しかしたとえば小学校の徒競走で順位をつけることは〈競い合い〉であろうか〈競争〉であろうか。少なくとも建て前としては敗者の打倒や支配を目的としてはいない、という点では、〈競争〉とは言えないであろう。しかしそうした行事が人々の心に「競争原理」を浸透させるのにかなり影響力があること、また少なからぬ人々がそれを実社会の〈競争〉の雛型として、また準備練習として考えていることも否定できないであろう。教育現場の場合、絶対的到達度や努力度による評価ができるものも多い。しかし順位や勝敗を競うものはすべて否定すべきであろうか。そうすると音楽や美術のコンクールはすべて賞なしになり、球技や格闘技は成り立たなくなる。あるいはそれを認める場合、そうした順位や勝ち負けが目的でなく、それを通じて各人の能力が伸ばされることが肝心なのであるが、実際には転倒した事態も起こりがちである。これを防ぐには、〈競い合い〉の組織者が、単に「勝ち負けが問題ではない」と「訓戒」しても不十分であろう。言い換えれば〈競い合い〉の〈競争〉への転化を防ぐ具体的な諸条件の考察がさらに必要であろう。[19]成績をあげたいばかりに安易に〈競い合い〉に頼る教育方法——学校だけでなく家庭でも[20]——がむしろ有害であることは、言うまでもない。

「競い合いをどう組織するか」をめぐる以上の問題は、純教育的次元だけの問題ではない。さきにあげたレーニンやスターリンの場合、「社会主義的競い合い」に人間性の発達という観点が十分でないことは指摘できよう。確かに生産力の発達はその土台となり得るが、人間性は少なくとも「常に同時に」、目的自体でなければならないのである。実際、映画『大理石の男』などにみられるように、「社会主義的競い合い」が〈競争〉に転化して人間性を疎外し、かえって社会主義に否定的な影響を与えた事実もある。経済や政治においては――そしてとりわけ資本主義体制の中ではこの疎外の克服をめざすそれらにおいてさえ――、量の問題も確かに大切である。しかしそのために内部的に組織される〈競い合い〉において一人ひとりの人間性が軽視されるとき、私は敢えて軍隊用語を借りて「員数主義」という言葉を使いたいと思う。しかしまた逆に攻勢的に、〈競争〉をいかにして〈競い合い〉に転化するか、という問題もあろう。いずれにせよ人間の救済をめざす思想や運動においては、「競い争いをどう組織するか」という問題に対して、きわめて慎重である必要があるのではなかろうか。

自民党文教部会は一九七五年、教育改革第三次案において、「競争原理は、自由主義社会における原理であるとともに、人間の原理でもある」と断定した[21]。私としてはそれはむしろ弱肉強食のケダモノの原理であると考えるが、こうした露骨な競争原理の思想に対して、〈競い合い〉の中で、知・情・意を含めた一人ひとりの人間性を豊かに発達させ、幸せを共に産み出す協調原理の思想をつくりあげ、広めていく必要があろう。

「競争」を扱った本章においてもし新しい内容があるとすれば、それは、①〈競争〉と〈競い合い〉とを、事柄においてとともに言葉においても区別することの提起、②「他の人間」を「人間にとっての最大の富」とする観点を〈競い合い〉の人間学的基礎とする思想、③〈競い合い〉と〈競争〉との相互移行の条件に関する探求の提起、などであろう。この小論はそれらの問題を含めて、「競争」の問題を疎外論＝発達論的観点から位置づけようとする試みの一端である。

(1)「救い」（救済）というやや宗教的な表現に抵抗を感じる読者もあるかもしれない。これはある人々が「解放」という言葉で考えていることとだいたい同じ内容であろうと思う。もし「幸福」が「福徳一致」という表現に示されるような狭い意味でなければ、「幸福」と言ってもよい。すなわち道徳性も含めた「最高善」として、たとえば「罪からの解放（赦し）」も含めて考えるならば。ただし私は「宗教的」前提から立論しているのではないが、人間の「解放」をめざす科学的思想が「宗教」をどう扱っていくべきかについては、稿を改めて展開したい。なお私は人がそれのために、またはそれをめざして生きるところのものを「救い」と呼ぶ。

(2) 芝田進午『人間性と人格の理論』青木書店、一九六一、一九四頁。

(3) Marx, *Das Kapital*, Bd.I, Dietz, Berlin, 1947, S.347：マルクス『資本論』大月書店、第一分冊、七五頁、ただし訳は一部変えた。

(4) ただしマルクスは社会運動や社会形態について「粗野な」と「人間的な」を対照的に用いるところがいくつかある（『経哲草稿』や『資本論』初版序文など）。

(5) 大月書店版全集では「ソヴェト」、芝田氏の引用では「ソヴエト」だが、「ソヴィエト」と統一して表記する。

(6)「論文『ソヴィエト権力の当面の任務』の最初の草稿」『レーニン全集』大月書店、第二七巻、二〇九―二一〇頁：ロシア語版レーニン全集第四版第二七巻、一八〇頁。

(7)「ソレヴノヴァニエをどう組織するか」同、第二六巻、四一五頁：ロシア語版同全集第二六巻、三六七頁。

(8)「ソヴィエト権力の当面の任務」同第二七巻、二六二頁：ロシア語版同全集第二七巻、二三〇頁。

(9)「大衆のソレヴノヴァニェと労働熱意」『スターリン全集』⑱、大月書店、一二八―一三一頁。

(10) たとえば芝田進午「核時代の人間存在」『理想』一九八二年八月号、理想社、参照。

(11)『博友社ロシア語辞典』一九七五。

(12)「競争」という漢語は、日本では江戸期まではあまり使われなかったように思われる。幕末に福沢諭吉が幕府に頼まれて経済書を訳したとき、competition「と云ふ原語に出遭ひ、色々考へた末、競争と云ふ訳字を造り出して之に当てはめ」たところ、「『争ひ』と云ふ文字が穏かならぬ」と言われた。商売をしながらも人間相譲るとか国家のためには無代価でも売るとかいうような文字を、幕府のほうはみたいのであろうが「夫れは出来ないから」「競争の文字を真黒に消して目録書を渡した」という

（『〈改訂〉福翁自伝』岩波文庫、一七七頁）。興味深い逸話である。なお〈競い合い〉と〈競争〉という言葉自体には固執しないので、よりよい用語があれば教示されたい。

(13) Marx, Ökonomisch-Philosphische Manusripte: MEGA, Bd.1/2, Dietz, Berlin, 1982, S.397: マルクス『経済学・哲学草稿』城塚・田中訳、岩波文庫、一四四頁。

(14) この観点からすると「発達論」における「他者」の意味について、私は同人誌『ディアレクティケー』第一号（一九八五）、第二号（一九八六）に著した拙稿「ヘーゲルの二つの誤りについて」、「教養における自己実現と自己否定」でも考察してみたので、興味ある読者は参照していただければ幸いである。

(15) Marx, *Das Kapital*, Bd.I, S.349: マルクス『資本論』第一分冊、四三二頁（ただし訳語は変えた）。

(16) *ibid*.S.67: 同書、七一頁。

(17) 芝田進午『人間性と人格の理論』一七三頁。

(18) 内田義彦『社会認識の歩み』岩波新書、一九七二、一四六頁。

(19) これらは教育やスポーツ（アマとプロとの区別において、また関連において）などの具体的な諸分野において、事柄に即した細かい考察が必要であろう。

遠山啓『競争原理を超えて――ひとりひとりを生かす教育――』太郎次郎社、一九七六は教育思想における「競争原理」の批判として共鳴できる。ただし全面発達の観点が不十分なこと、「好奇心」を手放しで評価する点に疑問を持つ。

基礎経済科学研究所編『人間発達の経済学』青木書店、一九八二は意義ある研究であるが、第三章「勤労者相互の競争と全面発達」では、「競争」と「人間発達」とのもっとつっこんだ分析がほしい。

(20) 学校における「競争原理」や「序列主義」を批判する親も、家では安直に「誰々さんをみなさい」式にこどもを叱ってはいないであろうか。

(21) 山崎正人『自民党と教育政策』岩波新書、一九八六、一四四頁より。

あとがき

本書は、約三五年間にわたり、私がいろいろなところで発表した文章がもとになっている。初出は以下の通りである。

第一部
第一章『紀要』第二一号、大東文化大学第一高校、一九九一
第二章『紀要』第二二号、一九九二
第三章『紀要』第二四号、一九九四
第四章『紀要』第二六号、一九九六
第五章『教育学論集』第四〇号、中央大学教育学研究会、一九九八
第六章『研究年誌』第四七号、早稲田大学高等学院、二〇〇四
第七章『研究年誌』第五三号、同、二〇〇九
第八章『国際地域学研究』第十四号、東洋大学国際地域学部、二〇一一

第二部
第一章『哲学世界』第七・八号、早稲田大学大学院哲学専攻、一九八三、一九八五

第二章　『研究紀要』第十五号、早稲田大学大学院文学研究科、一九八八
第三章　『倫理学論集』第四八号、日本倫理学会、一九九九
第四章　『フィロソフィア』第八二号、早稲田大学哲学会、一九九四
第五章　『フランス語フランス文学研究』第六九号、日本仏文学会、一九九五
第六章　『日本仏文学会関東支部論集』第二号、一九九四
補章一　『思想と現代』第三七号、白石書店、一九九五
補章二　『リベルテ』（社会科学研究セミナー文集）第七号、同編集委員会、一九八六

最後の『リベルテ』は、故芝田進午先生主催の「社会科学研究セミナー」の学生有志による文集であり、その趣旨から、私も芝田先生の論のとりあげかたに即するかたちで論じている（掲載時のまま敬称を残した）。ルソーが直接には出てこないという点で本書の他の部分とは異なるが、内容上それらと関連することは了解されるものと思う。それを含め全体的に、初出と比べて良くも悪くもほとんど変更はない。

日本にルソーのファンは多いが、奇妙なことにルソー研究者でルソー好きというのはかなり少ないように思われる。無論研究と好悪は別問題であり、ナチズムの研究者がヒットラーのファンである必要はまったくない。またルソー研究者も多くは、ルソーをなんらかの面でまたなんらかの程度で「歴史的意義」は認めるのであるが、「好きですか」という素朴な質問に肯定する者は少ない。ではなぜ研究を、

と素朴な質問を続ければ、そこで彼の「歴史的意義」は大きいから、その研究にも意義がある、というのがいわば定番の答え方である。近頃も大きくはそれが主流であろうが、ただこの「歴史的意義」については否定的に設定するものが増えたようである。つまりルソーの思想や理論が与えた悪い影響や、ルソーその人の悪いところについての指摘や研究である。私はルソー好きであるが、彼の一言一句を金科玉条として信奉する者ではないので、批判的研究も必要性や有用性は認める。ただ、(理解不十分による批判については言わないにしても) その批判が当人にとってまさに切実なものであったり、現代社会にとって肝要であったりするのかという点で、疑問を感じさせられることもある。素朴な「評価」よりも格好よく見え、意地悪い揚げ足取り的な批判で自分ないし仲間内の、不毛な満足に終わりはしないかとの危惧である。もっと悪いのは、「研究業績」のため、流行の手法での「読み」や「解釈」の材料にルソーを使ったお遊びに過ぎないようなものへの疑問である。

以上には「新傾向」に対する違和感という以上のものも含まれ得る。つまり私のこの感想に対して、そもそも研究は何かの「ためにする」ものではないという原理的反対がありそうだからである。だがそれこそルソーが学問における疎外として告発したところであり、だから「ルソー研究」などもともとルソーの思想に反するもので、ルソー「研究者」がルソーに好感を持たないのは「奇妙」でないとも言えるのだ。これは単なる皮肉ではなく、私自身ある意味ではルソーを「研究」などしても仕方がない、と思っている。ルソーを生きることや生かすことが大事なのだと。日本でそれを行ってきたのは、ルソー「研究」者でなく、自由民権の活動家たち、自然主義の作家たち、新教育の教師たち、自然保護の活動家たちなどだったとも言えよう。そのルソー理解には、一面性はもとより、誤解や歪曲があることも事実である。しかしだからこれらの運動や活動は駄目だったとは言えないので、もっとわかりやすい例を挙げてみよう。自称または他称の「キリスト教徒」の言動が、イエス・キリストの精神とは正反対であることも、そう珍しくはない。マルクスなどがみたら、これこそ革命によって倒すべき制度や思想だとされるに違いないものが、社会主義・共産主義と名乗ったり言われたりすることも少なくない。そのとき、『聖書』なり『共産党宣言』なりで実際に説かれていることは何なのかを、研究者が（彼自身の賛否は棚に上げて）明らかにすることは、人々の信仰や政治におおいにかかわる、大事な仕事であろう。このような意味では、私はルソー研究もあってよいと考えている。

以上が私がルソー研究を（も）行ってきたスタンスである。北樹出版は、前著『ルソーの理論』に続いて刊行を快くお引き受けいただいた。嬉しいことである。困難な出版事情の中で会社を引っ張っていく役目を引き継いだ新社長の木村慎也氏、また前著同様実務の担当にあたられた同社の古屋幾子氏に、この場で感謝申し上げたい。

二〇一九年六月二八日

索　引

ア　行

カ　行

サ 行

タ・ナ 行

ハ　行

マ　行

ヤ・ラ 行

著者紹介

仲島　陽一（なかじま・よういち）

1959 年東京都生まれ。早稲田大学卒業。早稲田大学大学院博士課程単位取得。

学習院大学・放送大学・早稲田大学等の講師を経て、
現在、東洋大学・東京医科大学等講師。

著書『共感の思想史」（創風社、2006 年）、『共感を考える』（同、2015 年）

　　『入門　政治学』（東信堂、2010 年）、

　　『ルソーの理論―悪の原因と克服―』（北樹出版、2011 年）、

　　『哲学史』（行人社、2018 年）等。

訳書『両性平等論』（プーラン・ド・ラ・バール著、共訳、法政大学出版局、1997 年）。

ルソーと人間の倫理　――自由・平等・友愛に向かって――

2019 年 7 月 25 日　　初版第 1 刷発行

著　者　仲　島　陽　一
発行者　木　村　慎　也

・定価はカバーに表示　　印刷　日本ハイコム／製本　新里製本

発行所　株式会社　北樹出版

〒 153-0061　東京都目黒区中目黒 1-2-6

電話(03)3715-1525(代表)　FAX(03)5720-1488(代表)

ISBN978-4-7793-0608-2